大器晚成

乾坤未定，你我皆黑马

〔美〕里奇·卡尔加德 —— 著
（Rich Karlgaard）
范斌珍 —— 译

天津出版传媒集团
天津科学技术出版社

著作权合同登记号　图字：02-2020-172

图书在版编目（CIP）数据

大器晚成 / (美) 里奇・卡尔加德著 ; 范斌珍译
. -- 天津 : 天津科学技术出版社, 2020.8
ISBN 978-7-5576-8469-3
Ⅰ. ①大… Ⅱ. ①里… ②范… Ⅲ. ①成功心理
Ⅳ. ①B848.4
中国版本图书馆CIP数据核字(2020)第120977号

大器晚成
DA QI WAN CHENG
责任编辑：刘　颖
出　　版：天津出版传媒集团 / 天津科学技术出版社
地　　址：天津市西康路35号
邮　　编：300051
电　　话：（022）23332372
网　　址：www.tjkjcbs.com.cn
发　　行：新华书店经销
印　　刷：北京中科印刷有限公司

开本690×980　1/16　印张17　字数210 000
2020年 8 月第 1 版第 1 次印刷
定价：56.00元

赞誉

“《大器晚成》是一本极具借鉴意义的书。它将以影响巨大而又令人愉快的方式，改善无数孩子、家长、老人的生活——我们所有人都能够从中受益。”

——史蒂夫·福布斯（Steve Forbes），福布斯传媒董事长兼主编

“它是一颗瑰宝。人类的一个惊人特质就在于我们很容易被周围人的情感、思想和行为所左右。有时候，这个特质颇具破坏性，比如过度追捧少年得志者的荒唐现象就属于这种情况。卡尔加德关注的就是这个问题。他将这种现象称为‘皇帝的新衣’。他以清晰有力的论证表达了养育子女必须守得住耐心，重视经历及发挥智慧的观点。”

——布鲁斯·佩里（Bruce Perry），儿童创伤协会（Child Trauma Academy）高级研究员、医学博士，美国西北大学范伯格医学院精神病和行为科学教授，《被当成狗养育的男孩》（*The Boy Who Was Raised as a Dog*）作者

“里奇·卡尔加德的《大器晚成》就像及时照进人类真理的一束光——无论我们究竟是年轻有为，还是大器晚成，每个人都可以发掘自己的天赋，释放出自己的所有潜能。正如他所言，生命并非一场赛跑，而是一段旅程。”

——阿里安娜·赫芬顿（Arianna Huffington），全球繁荣（Thrive Global）创始人兼首席执行官

“里奇·卡尔加德在《大器晚成》这本书中指出了一个重要观念——如果我们不重视因材施教，那么，我们的社会和民族就会不幸。”

——黛安娜·塔弗纳（Diane Tavenner），萨米特公立学校（Summit Public School）联合创始人兼首席执行官

“卡尔加德抓住了人才成长中的一个事实。我们其实都是天赋异禀之人，只要给我们一点耐心，为我们营造合适的环境，我们就都有可能取得登峰造极的成就。”

——托德·罗斯（Todd Rose），哈佛大学心智、大脑和教育项目主任，《告别平庸》（*The End of Average*）和《黑马》（*Dark Horse*）作者

“《大器晚成》这本书真是直击要害。我们获得成功的能力并不会因年岁渐长而枯竭。我们发掘自身潜能的情况也同此理。在军队中，年轻的军官也经常会向军衔不如自己但身经百战的老兵请教。能否利用智慧的经验是决定成功与失败的关键。”

——斯坦利·麦克里斯特尔（Stanley McChrystal）将军，美军特种作战司令部指挥官，《赋能》（*Team of Teams*）作者

“我们需要针对当代年轻人承受的压力和普遍焦虑展开一场全民对话。我们需要向那些能够不慌不乱地成就事业的人取经，向他们耐心等待开花结果的心态看齐。里奇·卡尔加德的《大器晚成》就是一本发人深思和极具可读性的国民推荐好书。希望有无数人可以通过阅读此书获得启发。”

——约翰·奥伯格（John Ortberg），门洛帕克长老教会主任牧师，《永恒进行时》（*Eternity Is Now in Session*）作者

“《大器晚成》就像一节福音。它鼓励我们所有人都先进行一番自我剖析，了解自己是谁，而不是被动地等待世界来定义我们是谁。”

——埃里克·瓦尔（Erik Wahl），行为艺术家、励志演说家，《创意与训练》（*The Spark and The Grind*）作者

“里奇·卡尔加德打破了那些阻碍我们前行的迷思。无论你年岁几何，也无论你想在何种领域创造伟业，都应该看看这本书。”

——罗伯特·C. 沃尔科特（Robert C.Wolcott），TWIN Global 董事长兼联合创始人，美国西北大学凯洛格商学院创新实习教授

“在这个竞争极其激烈的社会，每个未满 18 岁的孩子都在被鞭策着走向诺贝尔奖获得者、奥运会金牌运动员、大提琴演奏家之类的成功之路，但本书却像一股清流般让读者深深地松了一口气。《大器晚成》让我们记住，生命是一段漫长而精彩的旅程，人人都应该在寻找自己的出路时，体验一段健康的探索之旅。这本书充满鼓舞人心的逸事、严肃的科学依据、发人深省的故事，还有作者本人走向辉煌成就的曲折历程。总之，这是一本会让你手不释卷的好书。”

——泰德·丁特史密斯（Ted Dintersmith），风险资本家，教育改革倡导者，《未来的学校》（*What School Could Be*）作者，斩获多个奖项的纪录片《极有可能成功》（*Most Likely to Succeed*）制作人

“虽然大众总是很喜欢追捧‘神童’令人瞩目的成功故事，但卡尔加德却以有力的笔触让人们意识到，那些默默地积累韧性、视野和智慧的人，也有可能在晚年走上人生巅峰。卡尔加德让‘大器晚成’这个隐晦的褒扬变成了一种荣耀，鼓励人们按照自己的节奏实现个人成就。他让大器晚成变成了一种骄傲。”

——汤姆·凯利（Tom Kelley），《创新自信力》（*Creative Confidence*）联合作者

“里奇·卡尔加德证明，大器晚成者的成才其实根本就不晚，他们只是没有按照社会期望的步伐前进罢了，毕竟我们的社会更关注的是少年成才的传奇。《大器晚成》是一本意义重大的书。不但大器晚成者或者自认为是大器晚成者应该看看这本书，这些人的父母、老师、配偶和雇主也不应该错过这本好书。”

——杰弗里·普拉特（Jeffrey Prater），家庭系统治疗临床心理学家

“感谢里奇·卡尔加德，因为他揭露了美国人痴迷神童现象的问题。谢谢你对我们这些大器晚成者的支持，谢谢你提醒大家记住，我们都有非凡的潜力、旅程和终点。”

——丹尼尔·斯特鲁帕（Daniel Struppa），查普曼大学校长

致所有年龄的晚熟者，

一切都是最好的安排。

CONTENTS

目 录

第三章
尊重人才成长的节奏

第四章
大器晚成者的六个优势

第五章 树立积极的自我意识

第六章 放弃也可以重获新生

第七章 克服自我怀疑的魔障

第八章
告别过去，重塑自我

第九章
人生是一场马拉松

引 言

这一切其实都不是我们的错。

我们没有拿到全 A，没有在大学入学考试中取得好成绩，没有进入心仪的一流大学；我们在 21 岁的时候迷失了人生方向，错过了一份完美匹配自己才华和激情的理想工作；我们没有在 22 岁时赚到数百万美元；我们没有在 30 岁时成为亿万富翁，并登上《福布斯》（*Forbes*）封面；我们到 35 岁时也没有消灭疟疾，解决中东的冲突问题，成为总统顾问，或者第三次获得奥斯卡金像奖，这些都不是我们的错。

我们没有在人生刚起步阶段就发光发热，这并不代表我们就是失败的，这都不是我们的错。但 21 世纪初的社会是如此急功近利，它似乎在策划一场阴谋，让我们为这一切感到羞愧，因为我们没有爆发出奥运会短跑选手的那股冲劲——我们没有早早地成为人生赢家。我在这里用了“阴谋”这个词，但我并不是在暗示有些卑鄙之人正在幕后操纵一切，让早露锋芒的人生赢家收获了经济和社会回报。我所说的“阴谋”的确存在，但它并不邪恶。我们也是这场“阴谋”的共犯。我要说的是，父母、学校、雇主、媒体和公众都在疯狂追捧少年成才的现象，似乎这种成功才是一流的成就，甚至是唯一的成就。我们如此迷恋这种现象，以至于大器晚成都会变成一种并不光彩的事迹。

但过去好像并非如此。

· · ·

53 岁的乔安妮就是一个“大器晚成者”。她少年时期的生活既不稳定，又不快乐。她母亲疾病缠身，患有多种硬化症。她父亲赚的钱虽然够养活一家老小，但他对妻子甚为冷漠，对她的病情不闻不问。乔安妮和父亲之间也很少说话。

乔安妮在学校几乎就是一个无人在意的“透明人”。她的成绩虽然能够达到中上等，但还没达到够拿奖学金的水平。有一位老师回忆称乔安妮是个聪明但也很普通的学生。她性格内向，高中毕业后几乎没有多少人记得她。她报考了几所心仪的大学，但都被拒绝了。她在退而求其次的大学中,仍然只是一个泛泛之辈。她考试可以轻松过关,但成绩并不是特别出众。据一名教授称，她并不是太关注自己的学业，对另类摇滚乐倒有几分兴趣，可以一天听好几个小时的摇滚乐。

和许多心智健全但并不引人瞩目的毕业生一样，乔安妮最理想的出路就是留校任教，比如当个英语老师。实际上，她的第一份全职工作是从事更为普通的行政岗位。她曾一度在本地商会办公室担任秘书。

厌倦了这种庸常生活的乔安妮，后来与一位她偶然结识的异国男子结了婚。他们生了一个女儿。但这只是一段同床异梦的婚姻——乔安妮是个爱幻想的女子，而她丈夫却是个性情多变和隐含暴力倾向的人。虽然有了孩子，两人的婚姻还是不到两年就结束了。他们因家庭暴力问题而分道扬镳。

在年近 30 岁时，乔安妮仿佛一眼看到了人生的尽头。她没有工作，还带着个拖油瓶一样的孩子。她的人生当然也就开始每况愈下。她被诊断出得了抑郁症，时常会冒出自杀的念头。抑郁症导致她无法卖力地工作。

她的生活穷困潦倒，她说："我只是个还不至于流落街头的穷人罢了。"更糟糕的是，她的前夫开始跟踪这对母女，迫使她不得不向法院申请禁止令，以免前夫靠近她们。

其实，乔安妮并非一无所长。她有一项无人知晓的绝技。她所接受的教育并不能挖掘出这项技能，也没有一位教师曾经看出她的潜力，她的同学同样对此毫不知情。但这项天赋一直就在那里，等待某天释放能量。在她生活艰难，依靠领取救济金来养育女儿的那几个月中，她开始放飞自己的想象力，书写童年时代的幻想。在社会看来，这就是一种不负责任的逃避现实的行为。奇怪的是，就是这种行为让她更贴近自己的天赋。只有在乔安妮放飞想象力时，她的天赋才能够浮现和绽放异彩。

68岁的肯是另一个大器晚成者。他是家中三个小孩中排行最小的一个。他的昵称Poco在西班牙语中就是"小"的意思。肯的大哥是一个明星运动员，是老师的得意门生。他不但帅气，而且有一副好口才。他赢得了"洛克菲勒奖学金"，并进入了斯坦福大学。而肯却不是这种少年得志者，他在学校表现平平。他开始认为Poco对他而言就是"渺小的存在"的意思。

肯在加州的高中毕业后，就进入了本地大专院校就读，不久又退学了。他无奈地耸耸肩："我没有明确的方向。"后来他又重新申请入学，再次修习自己挂科的课程，毕业后又考入洪堡州立大学，在那里主修林业学。他发现与林业学专业对口的更多是和造纸有关的工作，而不是那种在森林中徒步冒险的事业。他预感自己的理想又幻灭了。

后来，肯就跟随父亲从商。他的父亲是一位知名的财务顾问。他和父亲相处得并不融洽，他说："我爸爸患有一种所谓的'阿斯伯格综合征'（一种近似孤独症的病症），他总是焦躁不安，不停地走来走去，不断地拍手。他没有办法理解其他人的感受。他可能会恶语伤人，实际上他并不是个恶毒之人。"

经过六个月的磨合，肯还是离开了父亲的公司。他自立门户，成了一名财务顾问。他手上没有多少客户。多数客户不到几年时间就和他断了来往。他有一段时间处于无所事事的状态。为了赚钱，他接了一些工程项目，甚至不得不去酒吧弹吉他卖唱。剩下的时间，他就用来看有关管理和商业的书刊。他一个月可能会看 30 份商业杂志。在这十年中，他形成了一个理论，那就是要重视有点不同寻常的公司。

患有阿斯伯格综合征的父亲，并不是肯在领导力方面的好榜样。所以，他的首位兼职秘书只干了 9 个月就走了。这位秘书声称肯是个令人讨厌、专断跋扈的老板。今天的肯也承认“我过去可能的确如此”。

在肯 20 多岁的那几年，虽然他的财务顾问业务发展艰难，但是他通过读书掌握的理论让他在风险投资领域小有收获，其中一笔投资还让他当上了临时 CEO（首席执行官）。他觉得自己壮志未酬，所以就继续在这一行努力进取。

下面是肯的一段自我感悟：

这家公司大约有 30 名员工。我之前从来没有管理过任何一个人。现在我却不得不担起这个重任。没想到我做得还可以——这远远超过我的预期。你知道我学到了什么吗？我学到了当领导最重要的一点就是人要在场。我原来并没有意识到这一点。我看过的书也没有提到这一点。我很确信，我并不是从我爸那里学到了这个经验。我发现，领导表现出来的渴望具有感染力。我将 CEO 办公室迁移到了一个开放式的玻璃会议室中，这样每个人都可以看到我在办公室里的情况。我成了每天第一个到公司上班、最后一个下班的人。我每天都带员工去吃午饭和晚饭——虽然不是什么大餐，但可以让他们看到我在此投入的时间和诚意。我经常四处走动和他们交谈，关注他们的想法。

这个举动产生了让我震惊的效果——我的关注点也变成了他们的关注点。我突然就领悟到了身为领导是一种怎样的体验。

肯 30 岁之后才开始挖掘出自己的潜力。

看到这里，你能判断出这两个人是谁了吗？给你一点提示：乔安妮和肯都是自力更生的亿万富翁，他们是《福布斯》富豪榜上的常客。没错，乔安妮·凯瑟琳·罗琳（Joanne Kathleen Rowling）为人熟知的名字是 J. K. 罗琳（J.K.Rowling），她就是《哈利·波特》系列的作者。肯·费希尔（Ken Fisher）就是费希尔投资（Fisher Investment）的创始人。这家公司掌管着全球 5 万多名客户的价值达 1000 亿美元的股票和债券。

在西蒙和加芬克尔 20 世纪 60 年代合唱的一首流行歌曲《罗宾逊夫人》（*Mrs.Robinson*）中，有一句歌词是“乔·狄马乔，你在哪里？”歌曲制作人保罗·西蒙意识到动荡的 20 世纪 60 年代已经颠覆了 20 世纪四五十年代推崇的那种谦逊低调的作风。年轻、嬉皮和率性才是 20 世纪 60 年代的文化新宠。

在这个极具颠覆性和剧烈变化的经济时代，我们可能也要发问：大器晚成的人，你们都在哪里？

我之所以提这个问题是因为，像罗琳和费希尔这种成功的大器晚成者，他们都经历了早年的尴尬和失败，起步缓慢，到中年才从容不迫地走向成功。他们的故事与今天崇尚新潮的社交媒体文化并不合拍。罗琳现在已经 50 多岁了，费希尔也 60 多岁了。这又不禁让我们发问：时至今日，那些励志的大器晚成者在哪里呢？美国、英国，这些富裕的社会都已经停止创造大器晚成的佳话了吗？这其中还有别的原因吗？大器晚成者缓慢探索的步伐，真的与这个竞争极其激烈、充满数据分析和时时面临压力的社会格格不入了吗?

我认为大器晚成者没有得到应有的社会认可,导致人们为此备受折磨。这种现象就是促使我对这个主题展开调查并撰写此书的原因。我认为在这个社会环境下,人们很有必要且迫切需要了解那些大器晚成者的故事。

· · ·

在这个成功天平的另一端就是少年得志的人,也就是早年走上巅峰的人生赢家。身高 1.55 米的赖利·韦斯顿(Riley Weston)就是个奇迹。她 19 岁时就同沃特·迪士尼旗下的试金石(Touchstone)电影公司签订了 30 万美元的合约,为美剧《大学生费莉希蒂》(它讲述的是加州大学洛杉矶分校大一新生的故事)编写剧本。韦斯顿也因为在主流电视领域早早起步的成就而被《娱乐周刊》评选为好莱坞最有创意的人士之一。

这里只有一个问题。赖利·韦斯顿当时其实并非 19 岁,她实际上已经 32 岁了,她的真实身份是金柏莉·克雷默(Kimberly Kramer),住在纽约州波基普西市。她在为自己辩解时表示:"如果他们知道我已经 32 岁了,就没人会接受我了。"她说的可能也没错。

人们似乎从来没有像现在这样,将早慧视为一种优势。2014 年,17 岁的巴基斯坦女生马拉拉·尤素福·扎伊(Malala Yousafzai)成了史上最年轻的诺贝尔和平奖获得者,她还获得了萨哈罗夫奖[①]及西蒙娜·德·波伏娃奖[②]。在科技领域,Oculus VR(虚拟现实设备公司,以 20 亿美元被

---

① 译者注:Sakharov Prize,亦称萨哈罗夫人权奖,是欧洲最高人权奖。

② 译者注:Simone de Beauvoir Prize,表彰女性自由的国际人权奖项,2008 年起授予为男女平等及反对人权侵害而抗争的个人或团体。该奖取名自法国作家和哲学家西蒙娜·德·波伏娃,她的名作有 1949 年的女权论述《第二性》。

脸书收购）的创始人、年仅 21 岁的帕尔默·洛基（Palmer Luckey）变成了虚拟现实的代言人。14 岁的少年罗伯特·内伊（Robert Nay）开发的手机游戏《泡泡球》（*Bubble Ball*）让帕尔默·洛基在两周时间内就吸金超过 200 万美元。2017 年，Snapchat（色拉布）公开募股让 26 岁的埃文·斯皮格尔（Evan Spiegel）身价飙升至 54 亿美元。但和脸书创始人马克·扎克伯格（Mark Zuckerberg）相比，斯皮格尔只能算是小巫见大巫。2018 年，34 岁的扎克伯格已经变成了成熟稳重的企业家，他的身价达到了 600 亿美元，是世界顶尖的五大富豪之一。

即使是在平凡的国际象棋界，也出现了挪威人马格努斯·卡尔森（Magnus Carlsen）这种年仅 25 岁就三度成为世界冠军的奇才。他 21 岁时就成了史上最年轻的国际象棋世界冠军，23 岁时被《时代周刊》（*Time Magazine*）评选为“100 位世界最有影响力的人物”之一，30 岁时就获封国际象棋大师。

少年精英是当今杂志百谈不厌的主题。《福布斯》每年都会评选“30 位 30 岁以下”的成功人士，其中不乏今天的行业变革者和明日之星。不只是《福布斯》一家杂志在热捧这些少年得志的名人，《纽约客》（*The New Yorker*）也经常推出“20 位 40 岁以下”的精英名单，《财富》（*Fortune*）杂志有“40 位 40 岁以下精英”，*Inc.* 有“35 位 35 岁以下精英”，《时代周刊》有“30 位 30 岁以下精英”之类盘点青年才俊的榜单。

但不要误解我的意思。赞美和鼓励这些少年成名的现象并没有什么错。所有类型的成就都值得大众肯定和称赞。但今天强大的时代思潮让人们认为，仅仅获得肯定是远远不够的。在社会过度追捧少年成就——考试分数、光鲜的工作、金钱、名气的风气之下，多少人忽略了在背后不断作怪的虚荣心：如果我们自己或者我们的孩子没有在高考中出类拔萃，进入顶尖的十所名校，推动一个行业变革，或者在高大上的企业找到第一份工作，我们就多少有点失败，注定要在后半生中接受陪跑的命运。

我认为，正是这些潜移默化的心理暗示造就了一个患上“少年成才狂热症”的社会。这导致教育工作者和家长在评估儿童成长的过程中犯了许多的错误。这种评估方式既给孩子们施加了过多压力，又让家庭承受了冷漠无情的心理负担。

在高压的城市生活环境下，一些精英早教机构也在推波助澜，利用富人害怕三四岁的儿女落后他人的恐惧心理大发其财。位于亚特兰大的亚特兰大国际学校就针对三岁幼儿推出了“全沉浸式第二语言课程”，每年学费高达 2 万美元。但和纽约的哥伦比亚文法学校相比，这个价格已经很划算了，后者每年学费达到 3.7 万美元。三四岁的幼儿将在这些学校参加“严格的学术课程”，在三个图书馆、六个音乐室、七个美术工作室之间来回奔波。美国《亲子》（*Parenting*）杂志指出“哥伦比亚文法学校课程的宗旨就是为孩子的未来做铺垫——将他们送进名牌大学”。

啊，原来这就是真相。还有比这更能说服家长，让他们慷慨掏出 4 万美元为三岁子女打造一个理想人生起点的理由吗？根据这些奢侈早教机构的说法，这种投入就是一种明智的投资——这可以让你家刚学步的孩子在 15 年后进入顶尖大学。这种说法够直接也够可怕。如果你的子女最终没有进入“名校”，那么，他们的人生就会很艰难坎坷。

就算已经把孩子送进体面的早教机构，家长面临的压力依旧没有减轻。斯坦福大学前招生办公室主任伊蕾娜·史密斯（Irena Smith）曾告诉《大西洋月刊》（*The Atlantic*）：“有许多家长联系我说，看到 14 岁的子女在暑假时总在虚度时光，这让他们很是苦恼。”史密斯目前在加州帕洛阿尔托经营一家大学招生咨询机构，其客户在此方面的投入一般都在 1 万美元以上。

即使如愿进入了名校，这些家长也还是需要为此支付高昂的学费。在美国排名前20的私立高校中，任意一所大学的四年费用现在已经超过了25万美元（包括住宿、膳食、书本和学费）。虽然排名前20的公立大学的学费相对较低，但根据各学生的居民身份情况，其四年费用平均也达到了10万至20万美元（包括住宿、膳食、书本和学费）。

说实话，人们对少年成才的渴望，让学院和大学这些负责张贴成才标签的官方机构赚个盆满钵满。我们其他人却只能无奈为之买单，甚至因此债务缠身。美国大学的助学贷款总额目前已达1.3万亿美元，还债违约率达到11.5%。人们以各种方式冲向少年成才这条路上的现象，创造了一个可能比2008年的房贷泡沫更大的潜在信贷危机。

这一切真的值得吗？我们不妨停下来思考一下。我们可以先想想这个问题，少年成才究竟是不是实现人生成功和圆满的必要前提？说实话，我并不觉得这个说法有什么根据。事实上，我见过许多相反的例子。

以最近的体坛赛事为例。在2018年的超级碗[①]中，费城老鹰队和新英格兰爱国者队的首发阵容中都没有多少五星球员。简单地说，就是在这44名首发队员中，只有6人在高中时曾经是被人看好的明日之星。

再看看四分卫的队员。新英格兰爱国者队的汤姆·布雷迪（Tom Brady）在高中时甚至没有一次进入第一名或第二名。他在高中时的排名为NR（No Ranking，没有排名）。战绩辉煌的老鹰队四分卫尼克·福尔斯（Nick Foles）是2018年超级碗最有价值的球员，他在高中时获得了三次排名。他在该赛季中实际上多数时候只是老鹰队的替补队员。他在首发四分卫卡尔森·温茨（Carson Wentz）膝盖受伤的情况下，才下场和球队继续走完赛季之路。温茨和布雷迪一样，在高中时的排名都是NR。因此，在高中

① 译者注：超级碗（Super Bowl）是美国职业橄榄球大联盟（即美式足球）NFL的年度冠军赛，胜者被称为“世界冠军”。超级碗一般在每年1月最后一个或2月第一个星期天举行，那一天被称为超级碗星期天（Super Bowl Sunday）。

三年级时，温茨并非主要的四分卫队员。他在校时的球队曾将他列为外接手。

由于高中时没有排名，大学球队也都不愿意接纳温茨，因此温茨就进入了北达科他州立大学。温茨在大学时代才开始大显身手，按橄榄球运动员的标准来说，这其实算是大器晚成了。现在再看看我们自己。我们有多少人可能以自己的方式成为潜在的卡尔森·温茨？我们有多少人在高中时“榜上无名”，在事业上默默无闻，甚至到现在还是一个透明人？我们可能有哪些尚未被发掘，但却有可能让我们展翅高飞的天赋和激情？

谷歌曾经一度迷信这种少年成才的领先优势，因为这家公司的创始人是两名斯坦福大学毕业生，他们的 SAT（学术能力评估测试）数学成绩都很惊人。在创业头两年中，谷歌就依据这两名天才创始人的标准，聘用了许多年轻的计算机科学家和数学神童。但之后谷歌就发现公司的人员结构失衡了，这里具有分析头脑的人太多，却很缺乏具有艺术感和常识的员工。这种失衡现象导致谷歌主页设计犯下了代价高昂的错误。后来谷歌发现，拥有很高的 SAT 分数和名校学历，并不足以预测一名员工在公司的职业成就。

少年得志者的确是当代洪流，但大器晚成者的价值同样不容小觑。畅销小说作家珍妮特·伊万诺维奇（Janet Evanovich）于 1943 年出生于新泽西州的一个蓝领家庭。这名已婚家庭妇女直到 30 多岁才发现自己具有写作的热情和天赋。但在后来 10 年中，她的写作之路屡屡受挫，总是被退稿：“我向编辑和媒体发送自己写的古怪故事，然后把收到的退稿信放进一个大纸箱里。这个纸箱被塞满时，我就一把火烧掉了它，把自己拾掇了一番就去一家临时机构上班了。”

伊万诺维奇直到 40 多岁时才开始写悬疑小说：“我有两年时间和执

法机构人员一起喝啤酒，学会了开枪和飙脏话。在那些年快结束时，我创作了‘斯蒂芬妮·梅’（*Stephanie Plum*）系列。”

亿万富豪黛安·亨德里克斯（Diane Hendricks）是奶农的女儿，她曾经在威斯康星州当过房产中介，经历过结婚和离异，10 年后遇到了从事屋顶装修的第二任丈夫肯。这对夫妇耗尽积蓄成立了 ABC Supply 公司，供应窗户、排水沟和盖屋顶的原料。今天的亨德里克斯掌管着一家价值达 50 亿美元的公司。她还投资拍摄好莱坞电影。提到电影，就不能不提一下汤姆·汉克斯（Tom Hanks）这位演员。他是医院职工和兼职厨师的儿子，他早年经历并不出彩，进入本地的社区大学时也看不出什么前途。著名宇航员斯科特·凯利（Scott Kelly）曾在太空逗留超过 500 天，是美国驻守太空时间最长的宇航员。他表示自己的高中时代非常无趣，是班上成绩中下游的学生。通用汽车 CEO 玛丽·芭拉（Mary Barra）曾经在通用汽车的一家工厂勤工俭学，负责检修挡泥板和车篷，以便支付大学学费。施乐公司（Xerox）前 CEO 乌尔苏拉·伯恩斯（Ursula Burns）从小在低收入者的公共住房中长大，工作早期曾担任行政助理。珍妮·考特尼（Jeannie Courtney）创办全球知名的问题少女治疗寄宿学校时已经 55 岁了，她并没有接受过这方面的正规培训，只有一些听起来十分混杂的教育背景，是一个十足的普通人。她担任过八年级的老师，开过音像租赁店，还当过房产中介。

《了不起的盖茨比》作者弗朗西斯·斯科特·菲茨杰拉德（F. Scott Fitzgerald）曾说过“美国人的生活没有第二幕”。菲茨杰拉德本人其实是个年轻有为的家伙：他进入了普林斯顿大学，才 20 多岁就收获了巨大的文学成就。这其实就是他人生的顶点了。在菲茨杰拉德 30 多岁时，他的人生就开始走下坡路。在这个过程中，他肯定遇到过各种大器晚成者，以及那些一路向上和东山再起的人。他 44 岁时就不幸地在凄惨中死去。雷蒙德·钱德勒（Raymond Chandler）在44岁时才刚开始写侦探小说。钱德勒在1939年他51岁那一年，才出版了自己的第一本书《长眠不醒》（*The Big Sleep*）。

· · ·

现在这一切有什么不同吗？少年得志者都上了新闻头条，但他们后来真的像媒体让我们看到的那样，一生春风得意吗？事实上，有许多少年得志者并不能承受这一切。在斯坦福大学附近的甘恩高中，就有3名学生在2014—2015学年因少年有成的压力而自杀身亡。这3人都是努力进取的好学生。在同一学年的三月份，该校有42名学生因产生了自杀念头而入院就医或接受治疗。

这种现象并非个例。在过去五十年中，美国青年的抑郁症和焦虑症发病率不断攀升。今天，达到重度抑郁或焦虑症诊断标准的高中生和大学生数量至少是20世纪60年代的五倍，甚至是八倍。美国疾病控制中心最近发现，在美国高中生中，有“16%的学生曾认真考虑过自杀这个选择，13%的学生制订了一个自杀计划，还有8%的学生在参加调查之前12个月就曾试图结束自己的生命”。

这些数据真是让人脊背发凉。除了许多美国文化潮流，我们自己似乎也在对外输出自己的焦虑情绪。世界卫生组织在2014年发布的一项调查结果表明，抑郁症是导致全球青少年患病或致残的主要原因。

如果你认为进入名校就可以缓解这种焦虑，那你就错了。在过去十五年中，美国大学生的抑郁症患者翻了一倍，自杀率也增加了三倍。加州大学展开的一项研究发现，在五年的跟踪调查中，在自己反映存在心理健康问题的学生中，大一新生所占比例最低。事实上，2013年美国大学资讯协会执行的一项调查发现，几乎所有高校的心理健康主任都反映，其所在学校患有严重精神问题的学生数量正在增加。

自称精神痛苦的学生比例也同样不断增长。美国大学健康协会在2014年展开的调查发现，54%的大学生表示自己在过去12个月中“感到了无法承受的焦虑”。

患有心理疾病的年轻人比例不断上升的现象值得我们警醒。这种比例增长，部分可以归因于更好的诊断方法、更多的救助渠道，以及患者更愿意接受帮助等情况。但多数专家认为，这个趋势在很大程度上要归咎于多变的社会期望。这些基于强化的评估方式的期望，似乎让学生们变得比以往更加脆弱。

· · ·

过去如果有人被当成潜在的大器晚成者，就意味着他们的活力、耐性和勇气得到了肯定。如今，人们越发将大器晚成视为一种缺陷（你起步晚肯定是有原因的）及一种安慰奖。这是一种糟糕的趋势，它会弱化那些让我们长大成人的要素——我们的经历、韧性和终身的成长能力。

即使是少年有成者也难免因为遇到挫折而受到质疑。早年出类拔萃的女性尤其容易因为后来不尽如人意的表现而感受到外界的恶意。卡罗·费舍曼·科恩（Carol Fishman Cohen）就是一个少年有成者：她曾经是波莫纳学院的学生会主席，后来进入哈佛商学院学习，毕业后进入了洛杉矶的一家投资银行，在30岁前就成了那里的明星员工。后来她的人生发生了转折——自从生养了四个孩子，科恩的人生就迅速跌落到了低谷。当她试图重返投资银行时，却发现职场的大门已经向她关闭了。经过一周的挫折和抓狂，她开始怀疑自己的能力：“我感觉自己的信心完全崩塌了。在我离开的那段时间，这里已经发生了翻天覆地的变化，从金融交易方式到发送邮件、编辑短信和 PPT 展示，一切都不同了。”

科恩怀疑自己并不是唯一感受到这种落差的人。她在马萨诸塞州的剑桥市开创了一家公司 iRelaunch。公司关注的是经历过事业中断期并希望重返职场和开启事业第二春的职业人士。该公司的自我定位是“重返职场”的专家和顾问，面向的客户是有意回归职场的职业人士和打算雇用这些人员的企业。科恩针对这个话题在《哈佛商业评论》上写了许多文章。这位曾经的少年有成者，现在就成了一个重新起步的大器晚成者的典范。

· · ·

事实上，我们许多人都是某种类型的大器晚成者（或者潜在的晚成者）。我们会在某些节点上进入瓶颈期。我就有许多年一直没有什么成就。25 岁那一年，虽然我有名校的本科文凭，却只能干一些洗碗工、守夜人和临时打字员这种工作。那时候的我实在是天真幼稚。这种始终处于人生起步状态的境况，当然也就毫不意外地加重了我内心深处的自卑感。回首那段岁月，我已经能够原谅 20 多岁的自己，毕竟我大脑的前额皮质，也就是大脑研究人员所称的行动能力的区域，当时发育得并不是十分完善。实际上可以说，我的大脑并没有做好一飞冲天的准备。

这是不是也很像你的情况？你家的小孩也是这样吗？如果在学业和事业早期，我们背负了过多成功的压力，我们就会产生恐慌情绪。但神经系统科学告诉我们，我们应该按照自己的节奏，更轻松地前行。大脑的行动能力完全成熟的年龄应该是 25 岁左右。我直到快 27 或 28 岁时才开始意识到自己可以理性地思考，提前制订计划，像成年人一样行事。此时距离我参加SAT考试(并获得中等成绩)已经过去了整整十年,我(以中流成绩)从大学毕业也已经有五年了。我开始战栗不安地思考，如果这两次失败成了我人生的终极评判标准，我究竟会有什么下场。(我很庆幸那时候社会对少年有成者的筛选机制并不像今天这样管用。)美国宇航员斯科特·凯利这名大器晚成者，在校期间甚至算不上是个优等生。他告诉我：“我大部分时间都在盯着教室窗外。就算你拿一把枪逼我，我可能也还是无法专心听课。”凯利的大脑在那时候还没有做好起飞的准备。

比起马克·扎克伯格，我们许多人更容易在斯科特·凯利的身上看到自己的影子。我们也有一些笨拙摸索的起点，经历过彷徨困惑，跌至事业或教育上的低谷，染上一些坏习惯，撞上霉运，或者缺乏自信。不过我们大部分人很可能因为机缘巧合，获得一些智力或精神上的觉醒，从此走上一条新的康庄大道，找到自己的人生出路。还有一部分人会深陷泥潭，或者认为自己注定没有机会出人头地，所以从来不去开发自己的潜力。我认为，如果有人在自己的一生中都没有找到起飞的方向，这不但是其本人的悲哀，更是社会的灾难。

你可能会想，在人类寿命延长，人们更晚步入成年，有更多机会开创新事业的情况下，这个社会才会变得更好。其实，人们无论在哪个年龄或哪个阶段，都应该清楚自己可以有一番作为。

那么，成为一名大器晚成者究竟是什么意思?简单地说，大器晚成者就是指比预期更晚发挥潜能的人,他们通常具有他人原先没有看到的天赋,并且会频频以新颖和出人意料的方式，发挥自己的潜能，让身边最亲近的人都大吃一惊。他们并不打算咬紧牙关，迎合父母或社会的期望，因为这种期望是一条通向衰竭和脆弱，甚至是抑郁和疾病的错误路径。正如奥普拉·温弗瑞(Oprah Winfrey，美国著名女脱口秀主持人)所言：“人人都有一个终极宿命。”大器晚成者就是那些按照自己的计划，以自己的方式找到终极宿命的人。

在撰写本书的调查过程中，我询问过一些学者、心理学家和其他社会科学家，想了解他们如何定义和看待大器晚成者。我想知道，究竟有没有一种有力而广泛的研究方式，可以通过挖掘出一些潜在线索或者可辨识的标志找到这个群体。

答案是没有。直到现在，还是没有什么人针对大器晚成者展开正式的研究。许多学者似乎忽略了这个特殊的人才发展问题，只有少数与发育紊乱相关的研究涉及过这个话题。换句话说，大器晚成通常被学界当成机能障碍或机体失常进行研究。即使是在学术研究领域，大器晚成者也得不到什么尊重。

最近，有一些学者才开始探索大器晚成者的概念，揭露了“平均值的迷思”，研究个人发育过程中错综复杂的情况。托德·罗斯（哈佛大学心智、大脑和教育项目主任）和斯科特·巴里·考夫曼（Scott Barry Kaufman，宾夕法尼亚大学积极心理学研究中心想象力研究所科学主任）本身就是引人瞩目的大器晚成者，他们高中时曾因需要补考而差点退学。尽管如此，现在仍然没有出现一种针对大器晚成者的具体而通用的定义，也没有任何有助于对大器晚成者进行分类的标准。

为了填补这个空白，我开始研究历史上和当今的一些大器晚成者的人生轨迹。除此之外，我还采访了上百名很晚才取得成就，或者正在走上这条路的人，研究他们如何定义自己的成功轨迹，如何看待这一路上遭受的挫折，他们究竟是如何克服了困扰着大器晚成者的社会环境和自信方面的难题。

· · ·

我调查过程中的论点就是，社会过度关注少年成就，并以此作为个人未来成功潜力的评判标准，导致了许多人没有得到应有的重视。我原先假定潜在的大器晚成者，也就是大部分被少年成才传送带导向了“二流”终点的人，只需要掌握新技能、新习惯和新技巧，他们就可以重回那条传送带。我曾认为这些人只要甩掉过去的思想包袱，就可以重新开创人生。

但我发现事实并非如此。我所采访的多数大器晚成者后来并不是通过模仿少年有成者的习惯、技能和职业路径而实现成就的。事实上，这种做法几乎只会导致他们受到打击和失败。

我们应该重新思考大器晚成者的起点在哪里。他们很有可能怀有被社会和教育制度所忽略的技能和优势。毕竟，这种所谓的教育体系只能评估人的一小部分技能，它关闭了一个人进行探索、获得鼓励和发掘潜力的路径，并没向这些人开启成功的大门，因为它根本就看不到这些人的存在。所以，大器晚成者没有什么必要为之投入全新的意志、坚定的决心、更多的训练和助学贷款，重返和少年有成者一样的传送带。

潜在的大器晚成者要做的其实是离开这条传送带，找到新的探索路径。我真心希望本书可以让你或者你的子女获得这种启发。

· · ·

《大器晚成》的结构安排如下：开头两章研究的是我们的社会如何患上了少年有成的狂热症，以及个人和社会为此付出的巨大代价。第三章揭示了与个人成就概念有关的最新神经系统科学和认知研究成果——不仅仅针对少年、成年人，它们也适用于人一生中的各个阶段。这意味着我们当前对少年有成现象的迷恋，只是一种人为的构想，并没有什么科学根据。我相信看完第四章内容，你就会十分意外，内心释然和充满希望。第四章解释了六种独特而强大的晚期释放天赋方式。本书后半部分深入挖掘了大器晚成者的其他并不明显的优势；实际上，它们一开始可能更像是人生障碍。但只要我们具有足够的洞察力，加以练习和耐心等待，就可以驾驭这些品质，走上收获成就的人生道路。

希望你可以从本书获得愉快的阅读体验，并得到更多感悟和启发，推动社会对这个问题的思考和讨论。

第一章

急于求成的社会焦虑

神经系统科学领域的热门作家乔纳·莱勒（Jonah Lehrer）是一个非常典型的少年有成者。他从小在洛杉矶长大，15岁时就在纳斯达克赞助的作文比赛中赢得了1000美元奖金。莱勒后来考进了常春藤盟校之一的哥伦比亚大学，主修神经系统科学，并与人联合撰写了一篇研究“唐氏综合征”遗传起源的论文。年轻的莱勒不仅是一名科学神童，还涉足哥伦比亚的政治和文学界。他曾担任《哥伦比亚评论》（*Columbia Review*）撰稿人，两年后就成了备受尊敬的杂志编辑。

莱勒后来拿到了罗德奖学金，这个结果并不让人意外。之后他进入了牛津大学的沃弗森学院，追寻该学院创始人以赛亚·柏林（Isaiah Berlin）爵士的步伐，学习哲学。可以说，年轻的莱勒简直是博学多才，他和托马斯·杰斐逊（Thomas Jefferson）[①]一样是世间少有的跨学科专家。莱勒和杰斐逊一样笔锋犀利。2007年，莱勒出版了自己的第一本书《普鲁斯特是个神经学家》（*Proust Was a Neuroscientist*），该书广受好评。紧接着他又分别在2009年和2012年推出了《如何做出正确决定》（*How We Decide*）及《想象：创造力的艺术与科学》（*Imagine: How Creativity Works*）。这些书都进入了《纽约时报》的畅销书榜单。

---

① 译者注：托马斯·杰斐逊，美国第三任总统（1801—1809年），《美国独立宣言》主要起草人，美国开国元勋之一，除了政治事业外，杰斐逊同时也是农业学、园艺学、建筑学、词源学、考古学、数学、密码学、测量学与古生物学等学科的专家，又身兼作家、律师与小提琴手，也是弗吉尼亚大学的创办人。许多人认为他是历任美国总统中智慧最高者。

莱勒不但是个跨学科奇才，还是个多媒体能手。他不但能够驾驭多种文体——图书、随笔、专栏和博客的写作，还曾担任美国国家公共电台节目《科普电台》（*Radiolab*）的主持人，同时也是《科尔伯特报告》（*Colbert Report*）等电视节目中睿智诙谐的嘉宾。

这种名气让他迅速致富。据称，在莱勒凭借《想象：创造力的艺术与科学》获得了 100 万美元稿费后，他开始从事利润可观的副业，变成了一名有偿演说家。虽然他的演讲收费还不及他的《纽约客》同事、作家马尔科姆·格拉德威尔（Malcolm Gladwell）每场 8 万美元的档次，但他的演讲收费也很可观了。财源广进的莱勒，年仅 29 岁就在加州好莱坞山购置了价值 220 万美元的豪宅“舒尔曼屋”（Shulman House）。

莱勒很早就取得了巨大的成就，他凭借过人的才华成了人生赢家。

“年轻就是新的全球硬通货”

在莱勒成为出版与新闻界的明星之时，社会也刮起了一股“神童典范”的狂热风潮［这个词借鉴了苏珊·凯恩（Susan Cain）在《内向性格的竞争力》（*Quiet: The Power of Introverts in a World That Can't Stop Talking*）这本书中的“外向者典范”一词］。“神童”这个词从字面上看就是“神奇的孩子”。在 21 世纪头几年，莱勒从天赋异禀的学生一跃成为畅销书作家和媒体宠儿的现象，为大众塑造了一个新的文化英雄——少年有成者。他们的起点甚至可能超过了我们的顶点。像莱勒这种典型的神童，通常很早就绽放光芒，走向名利双收之路——在公众面前刷足了存在感。他们可能天资超凡或者才华横溢，具有非凡的吸引力或者优越的家庭背景。这些神童不但比其他人更早在特定领域崭露头角，而且很容易在此过程中暴富。

我们可以在媒体强大的镜头下观察和追踪这些神童崛起的轨迹。在此，不妨借用一下各个媒体平台在过去数十年使用的字眼。谷歌搜索结果显示，自 1960 年以来，“神童”（wunderkind）一词在书籍、文章、报纸和其他媒体中出现的频率增加了 10 倍以上。也难怪，这个时代成了盛产少年名人的黄金时代。在流行音乐歌手中有泰勒・斯威夫特（Taylor Swift）、阿黛尔（Adele）、蕾哈娜（Rihanna）、赛琳娜・戈麦斯（Selena Gomez）和贾斯汀・比伯（Justin Bieber），说唱歌手中有威肯（The Weeknd）和钱斯勒・乔纳森・班尼特（Chance the Rapper），演员中的詹妮弗・劳伦斯（Jennifer Lawrence）、玛格特・罗比（Margot Robbie）、亚当・德赖弗（Adam Driver）以及唐纳德・格洛沃（Donald Glover），模特中的肯德尔（Kendall）、凯莉・詹娜（Kylie Jenner）、吉吉（Gigi）和贝拉・哈迪德（Bella Hadid）等，这些都是拥有文化影响力的跨界名人。他们都在二十多岁甚至十来岁的时候就成了新星。

互联网这个最新的大众媒体平台也充斥着一群年轻的“网红”。YouTube（影片分享网站）和 Instagram（图片分享社交应用）平台上的莉莉・辛格（Lilly Singh，网名 IISuperwomanII）、杰克・保罗（Jake Paul，网名 jakepaul）、马克・菲施巴赫（Mark Fischbach，网名 Markiplier）、佐伊・萨格（Zoe Sugg，网名 Zoella）及乐乐・旁斯（Lele Pons ，网名 lelepons）将他们的数百万甚至是数千万粉丝变成了一个个迷你的媒体帝国，借此推出企业广告，兜售产品，贩卖见面会门票。这些网红都在十几岁和二十岁出头的年龄收获了名利。

在体坛，小小年纪就体能过人的运动员同样很有优势。很早就在田径或体操项目上获奖的运动员才有资格进入国家队，接受最好的训练，获得最好的资源。这是体育界固有的传统，唯一不同的是这些运动员被选入国家队的年龄会出现变化。欧文・帕波埃（Owen Pappoe）14 岁时就得到了佛罗里达州立大学、圣母大学、路易斯安那州立大学、俄亥俄州立大学和亚拉巴马大学等高校的橄榄球队提供的 30 项奖学金邀请。其他获得这类奖学金的年轻橄榄球明星包括卡登・马丁（Kaden Martin），获奖时年仅 13 岁，以及 11 岁的泰坦・拉卡登（Titan Lacaden）和 10 岁的本奇・扬（Bunchie Young）。但和年仅 9 岁就获得内华达大学橄榄球奖学金的小哈文・芬尼（Havon Finney, Jr）相比，他们都已经算是比较成熟的运动员了。不光是橄榄球，其他体育项目中年轻有前景的明星运动员也是这样从大众中选拔出来的。将近 30% 的长曲棍球、足球和排球运动员新秀都是在远未达到进入大学的年龄时就获得了相关奖学金。

在这个时代，不仅仅是运动员越发年轻化，教练亦如是。明尼苏达大学金地鼠队的 P.J. 弗莱克（P.J.Fleck）仅 36 岁就成了十大联盟[①] 史上最年轻的球队主教练。林肯・莱利（Lincoln Riley）才 33 岁就成了俄克拉何马大学捷足者队（常居美国前 20 名的球队）主教练，年薪达 310 万美元。洛杉矶公羊队的肖恩・麦克维（Sean McVay）30 岁就已经是现代 NFL（职业橄榄球大联盟）史上最年轻的主教练了。

那么那些球队总经理，那些叼着雪茄、在幕后操控球队阵容和聘用（或解雇）教练的经纪人又是什么情况呢？在我撰写本书时，有不下十个职业棒球大联盟的经理未满 40 岁，其中最年轻的是密尔瓦基酿酒人队经理大卫・斯登（David Stearns），年仅 31 岁。但是和才 26 岁的约翰・查卡（John Chayka，国家冰球联盟的菲尼克斯野狼队经理）相比，斯登已经算是“老人”

① 译者注：十大联盟（Big Ten Conference，又可译为大十联盟），创立于 1896 年，是以体育为中心的美国大学联盟。

了。查卡是主流职业体育运动史上最年轻的经理。

众所周知，科技领域是年轻人唱主角的舞台，但这个群体的年轻化程度还是刷新了人们的认知。在2016年，位于西雅图的在线薪酬调查公司PayScale针对科技行业最成功的32家企业的员工年龄中值展开了调查。结果发现：只有6家公司的员工年龄中值超过了35岁；有8家公司的年龄中值还没有超过30岁。虽然这些调查结果可能就在人们的预料之中，但还是让人深感震惊。要知道，根据美国劳工统计局数据显示，美国工人整体的年龄中值是42.3岁！在PayScale调查的企业中拥有众多年轻员工的公司包括脸书（年龄中值为28岁，薪酬中值为24万美元）及谷歌（年龄中值为29岁，薪酬中值为19.5万美元）。

那么企业经营者、高管和CEO们的情况又如何呢？《福布斯》最近列出了未满30岁的十大亿万富豪，其中包括Snapchat公司CEO埃文·斯皮格尔及Snapchat联合创始人鲍比·墨菲（Bobby Murphy）。这两人在22岁时就合伙创立了Snapchat。

那么在执掌国家大权的政坛又是什么景象呢？35岁以下的国家政治顾问包括洛雷拉·普雷利（Lorella Praeli）、詹娜·洛温斯坦（Jenna Lowenstein）、西蒙娜·桑德斯（Symone Sanders）和本·韦塞尔（Ben Wessel）。在白宫，斯蒂芬·米勒（Stephen Miller）才31岁就成为总统的高级政策顾问了。霍普·希克斯（Hope Hicks）担任白宫新闻主任时年仅28岁。现在希克斯已经辞职了。

媒体乐此不疲地报道神童崛起的传奇。我自己就职的杂志《福布斯》就将“30位30岁以下精英”榜单变成了一个产业来运营。《福布斯》根据全球不同国家和会议的情况，列出好几个不同的榜单。现在，几乎每份主流杂志每年都会推出介绍这些少年有成者的专刊。商业、时尚、广告、娱乐、职业烹饪、诗歌甚至连肉类加工行业等各界都会推出自己的“40位

40 岁以下精英”和“30 位 30 岁以下精英”榜单。

但千万不要以为登上“30 位 30 岁以下精英”榜单就是年轻有为的标志——就个人成就的表现而言，现在的 30 岁已经相当于过去的 50 岁了。在 2014 年，《时代周刊》甚至开始推出年度“最具影响力的青少年”榜单。没错，青少年才是这里的主角。人们对年轻和少年有成的追捧已经进入了如此狂热的地步，就连时尚潮人西蒙·杜南（Simon Doonan）都在说：“年轻就是新的全球硬通货。”

在此我要澄清一下，承认和赞扬这些年轻人的成就并没有什么错，他们的成就的确值得肯定。但我们社会对少年有成的痴迷现象的确会对大部分人（以不同方式和节奏实现发展的人）产生有害影响。它传递的一个信息就是：出名要趁早。如果你在少年时期没有成名、重塑一个行业，或者获得七位数的收入，那么，你的人生就算是比较坎坷了。

我认为，这种信息的危害性不容小觑。

出名要趁早：少年有成的压力

大约从 20 世纪中叶开始，精英政治击败了贵族政治（见第二章）。这个趋势在 20 世纪后半叶不断加速。今天，人们普遍认同英才教育与贵族政治实际上是两面一体的。这些世界新贵并非坐拥信托基金的富豪，他们掌握的是一种更为现代的财富形式，比如像乔纳·莱勒这样的新贵在十六七岁时就拿到了 SAT 高分，获得了进入顶尖名校的通行证。

在这种新精英政治的风气之下，我们开始膜拜考试分数和大学排名。

青少年会参加大学预备考试——SAT（学术能力评估测试）或者 ACT（美国大学入学考试），或者两者都参加，现在的报考比例远超以往。2017 年，超过 160 万学生参加了 SAT 考试。同年，参加 ACT 考试的学生数量首次超过了 SAT 考试人数，比后者多了 2000 人。许多学生同时参加了这两项考试，在他们初中和高中阶段参加了多次 SAT 和 ACT 考试，此外还参加了 SAT 预考、SAT II 科目考试及大学预修课程考试。实际上，在 2016—2017 学年，完成 SAT 或 SAT 预考相关评估的学生人数就突破了 670 万。

高昂的大学教育成本和不断增长的助学贷款负担，很容易让人忽视申请大学所需投入的巨大成本。学生们在准备申请大学的时候，实际上就开始进入一个破财通关的阶段。他们参加商业备考课堂，接受 SAT 和 ACT 考试指导，这些都是需要花钱的项目。这些考试衍生了一个面向考生的产业——备考产业。备考产业每年可以创收将近 10 亿美元，为超过 11.5 万人创造了就业机会。

更夸张的是，有些面向富人家庭的课外私教或一对一在线辅导课程，动辄收费数千美元。这种高昂的成本部分要归因于庞大的个人辅导需求。富人可以轻松投入大笔资金。住在硅谷的家长们可以随意为上高中的子女掏出 5 万美元的辅导费。由普林斯顿考试辅导中心（Princeton Review）和卡普兰考试培训学校（Kaplan Test Prep）等公司提供的集体课程是比较大众和相对经济的选择。例如，普林斯顿考试辅导中心提供了 30 小时集体备考课程。该课程收费介于 1000~1600 美元（具体视班级人数而定）。而一对一的个人辅导通常价格最为疯狂。有一名纽约辅导老师安东尼·詹姆斯·格林（Anthony James Green）最近因为每小时辅导收费 1000 美元而引起关注。这些价格清楚表明，学生和家长们都在参加大学入学“军备赛”，这正是美国国家公平与开放测试中心（FairTest）的公共教育主任罗伯特·谢弗（Robert A. Schaffer）的看法。对于多数人来说，花钱考取高分并不是一个值不值得的问题——而是一个必需选项。只要高利害的考试仍然是考生大军的必行之路，就永远会有人想掌握更多获胜的筹码。

学术界之外的人们也同样面临着这种少年有成的压力。以体育为例，最近的《华盛顿邮报》有一则报道称，70% 的儿童在 13 岁时就不参加运动了。为什么？这些孩子不假思索地回答："我没兴趣了。"究竟为什么会这样呢？这主要是因为越来越小的孩子们接触到了极其专业的训练和残酷的竞争。那么，为什么越来越小的孩子们接触到了极其专业的训练和残酷的竞争呢？这主要有两大原因。

其中之一是传统习性使然：有些小孩就是希望尽量施展自己的运动天分。他们想参加区域性的田径运动会，想进入高中棒球队，或者赢得名校的橄榄球员夹克衫。富有运动细胞和雄心壮志的孩子们就会不断进取，挑战自己的极限，看看能不能与大学运动员一较高下，赢得大学奖学金，之后再获得赞助或者进入奥运会参赛队。每个时代的孩子心中都有让自己的形象登上麦片盒的梦想。但生活富足的社会加剧了这种趋势，年仅 8 岁的运动员也有机会参加夏季运动训练营，10 岁时就可以得到最好的运动装备，14 岁就能得到最好的教练指导，甚至是拥有私人教练。总之，今天要在体育界取得杰出成绩所需的时间和金钱成本更高了。

另一个在助推体坛低龄化现象的因素较为微妙，也更具腐蚀性。《华盛顿邮报》指出："我们的社会风气已经不再支持较年长的孩子为乐趣而参加运动。培养'成功者'的压力在暗示他们，我们希望他们成为最棒的人。如果他们没有做到，我们就会怂恿他们及时止损，专注于其他有可能让他们出类拔萃的领域。我们在中学的管弦乐队就能看到这种现象，没有坐在首席的孩子们就会心生挫败感和萌生退意。"

想让他们单纯因为热爱运动和音乐而参与活动？都什么年代了，怎么可能！对许多学生来说，体育运动只是一个证明他们先天优点的途径而已。

顶尖学习中心（Score at the Top Learning Center and Schools）的认证教育规划师朱迪·罗宾诺维茨（Judi Robinovitz）也证实了运动项目可以为简历加分的思想。罗宾诺维茨本人的工作就是帮助孩子们进入一流大学。她还出版了一本名为《进入大学的十大要素》（*The 10 Most Important Factors in College Admissions*）的指导书。她建议客户们“不断提高在挑战型学科中的分数”，争取得到“过硬的SAT分数”。这一点也不让人意外。她还强调了课外活动的重要性，为客户提供了参加课外活动方面的建议，以便他们在申请大学时获得最大化的优势。其中两点非常重要：

（1）要积极参加一些能够体现领导能力、主动权和影响力的活动。深度而非广泛的经历最为重要。大学需要的是富有激情和“棱角”的学生，而不是“面面俱到”的“通才”。

（2）特殊的才能或经历可以为“通才”型学生增加亮点。那些能够在体育、研究、写作和艺术等领域深入发展一门特殊才能的学生可以增加入学的筹码。

今天，很多孩子的头上仍然悬着考大学的利剑。你有没有发现，大家都不再提“激情”和“有趣”的字眼了？有趣已经被搁置一旁。一个孩子必须在某个体育项目（或者音乐、戏剧、辩论甚至是担任志愿者）上取得出色的成就。没有人关心他究竟喜不喜欢这项活动。大学招生标准要求学生们必须使出浑身解数，展示自己的非凡之处。他们得找到自己擅长的一项活动，将其他人都排挤出局，以便“获得优势”和“脱颖而出”。

这有什么不对吗？现在进入大学要比以往更困难了——就连过去那些被视为“备选方案”的普通大学也同样抬高了准入门槛。从以下表格就可以看出，自2001以来，美国十大顶尖名校的入学竞争越发激烈。

招生录取率（%）

学校	2015	2014	2013	2012	2011	2010	2009	2008	2007	2006	2005	2004	2003	2002	2001
哥伦比亚大学	7	7	7	7	10	10	11	11	12	12	13	13	14	14	不适用
杜克大学	11	11	13	14	16	19	22	23	23	24	22	21	23	26	不适用
哈佛大学	6	6	6	6	6	7	7	8	9	9	9	10	10	10	11
约翰·霍普金斯大学	14	16	18	18	19	22	28	26	26	28	35	31	31	35	34
麻省理工学院	8	8	8	9	10	10	11	12	12	13	14	16	16	16	17
普林斯顿大学	7	7	7	8	8	9	10	10	10	10	11	13	10	12	12
斯坦福大学	5	5	6	7	7	7	8	9	10	11	12	13	13	13	13
芝加哥大学	8	9	9	13	16	19	27	28	38	40	40	40	40	42	44

续表

学校	2015	2014	2013	2012	2011	2010	2009	2008	2007	2006	2005	2004	2003	2002	2001
宾夕法尼亚大学	10	10	12	13	12	14	18	17	16	18	21	21	20	21	22
耶鲁大学	7	6	7	8	8	8	9	10	9	10	10	11	13	14	16

2001年，芝加哥大学招生录取率为44%。到2015年时，它的录取率降至8%。约翰·霍普金斯大学在2001年的录取率为34%，在2015年降至14%。2001年，有22%申请宾夕法尼亚大学的学生获准入学，但在2015年这个数据下降了一半以上。实际上，在这个表格的十所大学中，有八所大学在过去十五年中的录取率下降了一半或三分之二。这意味着仅在一代人的时间中，大学的入学竞争就上升到了异常惨烈的程度。参考历史情况，斯坦福大学在1950年时的录取率将近85%，但在1990年时就降到了22%。今天，这个比例仅为4.6%，是全美录取率最低的大学。

不仅仅是一流名校的大门难进。在过去十年中，整体大学和院校的录取率都出现了骤然下降的趋势：美国东北大学的录取率也已经从过去的62%降至32%；塔尔萨大学的录取率从76%降至40%；杜兰大学的录取率从55%降至26%；科罗拉多学院的录取率从58%降至22%；范德堡大学的录取率从46%降至13%。那些“备选”院校呢？就连那些学风不甚浓厚、素有“派对狂欢学校”之称的圣迭戈州立大学和加州州立大学长滩分校的录取率也只有以前的三分之一。全美所有正规大学院校在过去十年中的录取率都下降了 10%。还有一个基本事实就是，全世界已经没有多少高等院校放宽入学标准了。

这种强烈的压力催生出了不计代价地鞭策孩子和年轻人奋发向上的产业。在亚马逊上随意搜索，就会有无数类似《培养孩子的勇气》（*Grit for Kids*）、《青少年勇气指南》（*The Grit Guide for Teens*）、《如何培养出成功的孩子》（*How Children Succeed*）、《正向引导》（*Positive Pushing*）、《天才小女养成记》（*How I Turned My Daughter into a Prodigy*）、《全班第一》（*Top of the Class*）、《虎妈战歌》（*Battle Hymn of the Tiger Mother*）等书名跃入眼帘。就连《傻瓜系列》（*For Dummies*）合集也推出了《为傻瓜培养聪明的孩子》（*Raising Smart Kids for Dummies*）。没错，益智类产品已经形成了一个庞大的产业，人们设计和推广旨在将孩子培养成天才的玩具、儿童 DVD、软件、游戏和早教课程。原属迪士尼的小小爱因斯坦是一家年入 4 亿美元的公司，主要制造旨在增强婴幼儿认知能力的多媒体玩具。这些承诺能够“充实婴儿大脑”的玩具在沃尔玛、Target（塔吉特公司）和亚马逊均有销售。市场上还有许多这类公司和产品，它们形成了一个销售益智维生素、STEM[①] 玩具及其他科技玩具的幼教产业——所有产品都在承诺它们能够让你家小孩在竞争中快人一步。我们当然不能让自己的孩子输在起跑线上。

据美国运通公司调查显示，家长们每年暑假在软件编程培训班、科技学院、音乐和舞蹈班、课外作业辅导班和家教上的投入达到了 160 亿美元。少儿体育竞技已经变成了一个年入 150 亿美元的产业。家长们愿意聘请每小时收费 100 美元的教练，让孩子接受肌力体能训练、私人击球或传球训

---

① STEM 是科学（Science）、技术（Technology）、工程（Engineering）、数学（Mathematics）四门学科英文首字母的缩写。

练，加入全明星旅行队。据《时代周刊》所述：

> 本地联盟已经被私人俱乐部团队抛弃了，因为它是一个组织松散的群体，其中包含发展职业体育运动的院校和由经验不足的兼职教练运营的区域小队。最有竞争力的团队会选拔优秀的人才，角逐国家锦标赛。

有些家长不惜为孩子的报名费、出行、训练和装备投入 10% 的家庭收入，目的就是让孩子在赛场上获得成功。

但是在今天，光让孩子们接受训练是不够的。你得让他们以“正确的方式”进行训练——遵从心理学家安德斯·埃里克森（Anders Ericsson）所提出的“刻意练习”的概念。马尔科姆·格拉德威尔在其 2008 年畅销书《异类》中提到的“一万小时定律”就是从埃里克森的调查结果中总结出来的。根据埃里克森的描述，刻意练习可以帮助人们系统地实现个人进步，这要求人们关注定义明确的目标和自己擅长的领域。希望自己的子女接受刻意练习的家长就必须聘请一名专业的老师或教练，由他们来提高子女在国际象棋、芭蕾舞或音乐等领域上的造诣，并为子女提供持续的反馈。这就要求这些孩子不断在自己的舒适区之外进行练习。

作家兼企业家佩内洛普·特伦克（Penelope Trunk）在描写自己 11 岁的儿子时曾经很传神地描述了刻意练习的严厉和疯狂程度。她的儿子是一名大提琴手，在茱莉亚学院的预科课程进行试听时，连续六个月每天都要花三个小时练习一首四分钟的曲子。“他通过改变曲子的节奏进行练习。他和一名调音师一次练习一个音符，他学会了用不同的节拍器演奏每一个音量，然后他花了二十分钟缓慢地演奏了这首原本只有四分钟的曲子。”有一次，她的儿子及其大提琴私人教师花了整整一个小时来练习五个音符。没错，他最终当然如愿进入了茱莉亚学院。

看起来似乎每个孩子只要足够专注，都有可能通过训练成为首席芭蕾舞演员、国际象棋冠军、数学天才或者米其林主厨。根据时下盛行的毅力、专注和训练理论，任何孩子只要接受了足够的刻意练习——再加上父母足够的财力，他们就有可能成为专业大提琴演奏家或者奥运会马术运动员。他们攀向这个高峰的训练经历就是他们进入大学的敲门砖，以及收获完美事业的垫脚石。

那么，与这些趋势背道相驰的行为会有什么结果？

压力下的心理健康危机

这种高度紧张的少年有成压力，已经在损害许多孩子的身心健康。有数百万美国儿童在服用注意力缺失症（ADD）的药物，这主要是因为这种病症损害了他们在校静坐和集中听讲的能力，他们的学习成绩也因此受到影响，这最终会摧毁他们上大学的前程。利奥纳德·萨克斯（Leonard Sax）是一位医生和心理学家，他分别于2007年和2010年撰写了《问题少年》（*Boys at Risk*）和《问题少女》（*Girls on the Edge*），他告诉我：

现在，美国儿童接受ADD药物治疗的概率是英国儿童的14倍。美国儿童被诊断出躁郁症并为此接受治疗的概率是德国儿童的40倍。美国儿童服用利培酮和奥氮平（抗精神病药）来控制其行为的概率是意大利儿童的93倍。其他国家都不会像美国现在这样——使用医疗手段来对付那些考试拿不到A或者无法在教室静坐的儿童。其他国家都不会这么做，这是美国独有的现象，也是一个相当新奇的现象。

可能有人会说，在21世纪的社会，考不上大学就会被当成病人来看待。现在，人们比以往更加重视大学文凭，认为这是获得幸福生活的先决条件。但在大学录取名额几乎没有增长的情况下，家长们实际上是在极力将数量不断增长的孩子推进一直在收紧的通道。

我们是否该扪心自问：高昂的学费、紧张的家庭氛围，以及各种活动，真的能为孩子换来更美好、更富足或者更快乐的人生吗？这真的可以帮助孩子成才吗？对于大多数孩子来说，这种做法只会适得其反。这种少年有成的压力存在一个难以为人察觉的阴暗面：它会导致年轻人心理脆弱，不堪挫折。我们强迫青少年接受像职业人士一样的训练强度，让他们追求完美，让他们在少年时（甚至更小的时候）就做出人生抉择，这实际上是在伤害他们。这种揠苗助长的行为，会阻碍他们的成长，关闭他们进行探索的路径，让他们更加脆弱。在我们本该鼓励孩子们心怀梦想、勇于尝试和从生活的失败中吸取教训的时候，我们却在不遗余力地教他们如何小心翼翼地避免犯错。这便导致他们活在害怕失败的恐惧中。将孩子锤炼成神童，实际上是一个让他们陷入脆弱的过程。新闻记者梅根·麦克阿德（Megan McArdle）写过许多关于年轻人被害怕失败的恐惧所折磨的文章。她在2014年叙述了自己同一位心怀抱负的高中生的对话：

有一天，我完成一个采访后，遇到了一位10年级的女孩，她腼腆地问我能不能腾出一分钟时间。我通常都会花一分钟时间同害羞的10年级学生交谈，因为我过去就是这种学生。她就问我："我理解你所说的尝试新事物和挑战困难的内容，但在我目前参加的一个国际文凭课程中，我们班上只有5%的人可以拿到4.0的分数，我该怎么去尝试一门自己可能拿不到A的科目？”

我们可以这样理解麦克阿德对这个女孩的回答：如果你到了10年级还不敢尝试新事物，那么，你什么时候才敢尝试呢?

斯坦福大学心理学教授卡罗尔·德韦克（Carol Dweck）是2006年畅销书《终身成长》（*Mindset: The New Psychology of Success*）的作者，她非常重视这方面的研究。我在去年夏天曾经与德韦克交谈。我们讨论了她在教学生涯中发现的大一新生的变化。她告诉我：“我认为社会已经陷入一场危机。今天的孩子们似乎更脆弱、更容易筋疲力尽。我现在比以往更加害怕失败，害怕评估。我在许多孩子身上看到了这一点，大家都想保护好自己。他们并不想被他人评价，不想陷入不得不成才的处境。”这些孩子都是如愿进入斯坦福大学的“人生赢家”。年轻人本该具有的乐观心态，似乎已经被扭曲成了极度害怕失败的恐惧。

实际情况可能更糟。从2011年以来，青少年抑郁症和自杀率就在急剧攀升。这真是一个悲剧，因为大多数年轻人的生活习惯都在改善：美国青年的酗酒、抽烟和吸毒比例在下降；青春期少女怀孕的现象也处于历史低点。但是很显然，青少年的心理健康问题十分紧迫。

在过去二十年中，青少年的抑郁症和焦虑症比例飙升了70%。因精神问题到心理健康门诊或咨询机构求助的年轻人数量自2009年以来增加了一倍以上，在过去三年中，因进食障碍而住院治疗的青少年也几乎翻倍增长。在美国，高中生和大学生患上抑郁症的概率是五十年前的年轻人的五到八倍。

不光美国有这个问题。全世界的青少年都在青春期时因抑郁症状而备受煎熬。世界卫生组织（WHO）在2016年发布的调查结果表明，抑郁症是全世界青少年患病和致残的普遍原因。由 WHO 展开的世界心理健康调查发现，有半数曾经遭遇心理健康问题（包括抑郁症）的人，初次经历这种困境的年龄是 14 岁。这种情况很容易酿成一些悲剧。

美国疾病预防控制中心（CDC）在 2017 年 8 月的报告中指出，青少年自杀率正以令人担忧的速度上升。在过去四十年中，女孩的自杀率始终高于男孩。从 2007 年到 2015 年，男孩自杀率上升了 40%，女孩自杀率比男孩高一倍以上。到 2011 年时，死于自杀的青少年数量在最近二十多年来首次超过了该群体死于他杀的人数。在青少年众多的死因中，只有交通事故产生的青少年死亡率高于自杀的情况。青少年的其他死因都处于下降趋势，自杀现象却一直有增无减。青少年试图自杀的行为亦是如此。CDC 统计人员莎莉·柯腾（Sally Curtain）不无悲哀地表示，“这些死亡数据只不过是真实情况的冰山一角”。

令人费解的地方就在这里：这些不断增长的焦虑与现实世界中的危险并没有多大关系。这些变化与普遍的饥荒、贫困、战争、安全威胁或任何通常会影响心理健康的类似事件并没有什么瓜葛。在大萧条时期、第二次世界大战和越南战争时期，美国青少年的抑郁症比例远低于今天。心理健康问题的比例上升似乎与青少年体验世界的方式有关联。

今天的孩子们承受了更多考试和分数施加的压力。他们在学校度过的时间比以前的学生更长。在课外时间，他们又忙于接受成人提供的各种辅导、培训、排名和奖励。在孩子们的焦虑和抑郁不断增长的这半个世纪中，研究人员所谓的“自由玩耍”（我们多数人将其称为无所事事）逐渐淡出了他们的视线，而由学校和成人指导的活动，例如有组织的体育项目却稳步上升至重要地位。在所有的这些事件中，操纵大权的始终是成人，而不是儿童和青少年。这似乎就是导致他们不快乐、焦虑、患上心理疾病甚至走向更糟糕后果的原因。

吉恩·M. 特文格（Jean M.Twenge）撰写过 140 多篇青少年科学论文，并出版过相关专著，她称“可以毫不夸张地说，年轻一代濒临最近数十年最严重的心理健康危机”。特文格认为青少年抑郁的逐代增长现象与他们的人生目标从“内在”转向“外在”有关。内在目标与你的个人成长有关，例如你有能力参加自己选择的活动，或者形成一种强烈的自我意识。而外在目标则与物质收获和其他地位评估有关，比如考试拿高分、工作高收入和拥有高颜值。特文格提供的证据表明，今天的青少年要比过去更重视外在目标。在一项年度调查中，大一新生将“经济上的富足”视为比“形成一种有意义的人生观”更重要的选择。而 50 年前的情况则截然相反。

社交媒体在“贩卖焦虑”

我们在追求少年成才的路上——让他们在考试中尽量拿高分，进入顶尖大学，获得理想的工作。这些都在无形中给年轻人施加了过多压力，没有给他们腾出真正做一个小孩的空间。脸书创始人马克·扎克伯格（他创立脸书时年仅 22 岁）曾经声称年轻人“更聪明”，还暗示年轻人必须更快获得成功。但年轻人通常难以做到这一点。世界每诞生一个像扎克伯格这种年仅 23 岁就成为亿万富豪，或者像莉娜·邓纳姆这种才 25 岁就创作出 HBO 电视剧《衰姐们》（*Girls*）的青年才俊，就有成千上万个 20 多岁还在啃老的年轻人出现。他们困惑自己究竟为何在校是学渣，没有成为电影制作人，没有推动行业变革，或者创立一个时尚品牌。这种焦虑让一整代年轻人陷入集体意识瘫痪的状态，浑浑噩噩地过着本该朝气蓬勃的生活。

瑞士联合银行（UBS）展开的一项研究发现，在2008—2009年的那场金融危机中，千禧一代（1982—2000年出生的年轻人）比大萧条时期以来的任何一代人更不愿意承担风险。他们往往较晚做出人生决策，推迟结婚的年龄，需要更长时间才能适应工作。与前几代人相比，他们对成年人的三桩人生大事——结婚、买房和生孩子并不太感兴趣。

尽管没有这些成年人的家庭责任羁绊，这些一身轻松的20多岁的年轻人搬家的情况却比前几代年轻人更少了。在2016年，仅有20%的年龄介于25至35岁的成年人反映他们在一年前住过不同的地方。他们的前辈们在这个年龄段每年搬一次家的情况更为普遍。在“沉默的一代”①于1963年时进入25至35岁年龄段时，有26%的年轻人反映他们在过去一年中曾经搬迁。在2000年，X世代②进入25至35岁年龄段，也有26%的人表示他们去年搬过家。

皮尤研究中心（Pew Research Center）调查表明，今天的年轻人比前几代年轻人更喜欢窝在家中与父母同住。截至2016年，15%的年龄介于25至35岁的成年人还住在父母家中。与2000年时和父母同住、同一年龄段的X世代相比，这个比例增长了50%，与1963年同一年龄段的“沉默的一代”相比增加了一倍。最惊人的事实可能就是，今天18至34岁

---

① 译者注：这一代人出生在20世纪20年代中期至20世纪40年代初期。由于经济大萧条和二战造成的低生育率，这一代人口量锐减。“沉默的一代”一词在1951年《时代周刊》上首次出现，指的是在麦卡锡时期沉默的一代。他们既传统，又拥有双重道德标准。

② 译者注：X世代中的X是由英文字Excluding的字母X而来，一般写作eXcluding。它有“被排挤的世代”这个隐喻，有说法称其详细的出生时间范围为1965年1月至1976年12月间。

的年轻人比 20 世纪 30 年代大萧条时期的年轻人更缺乏脱离家人的独立生活能力。

而我们迷恋少年有成的文化氛围却要求年轻人必须获得更多成就，更快实现成就，以及更早付诸实现。对于今天 20 多岁的年轻人来说，这种期望传达的信息很明显：成功要趁早，不然你再也没机会了。

克里斯蒂・海斯勒（Christine Hassler）的《20 多岁宣言》（*20 Something Manifesto*）是一本探索年轻人经历的选集，其中提到了她所称的“期望破灭”（Expectation Hangover）。有一位名叫詹妮弗的 25 岁女子表示：“想到为了不辜负他们对我的期望，为了实现成功的‘目标’，我必须去做的那些事情就觉得有点可怕。至于‘听从自己的内心，为自己的梦想而活，勇于冒险，结识正确的人，找到人生导师，实现财务自由，担任志愿者，工作、思考或者读研深造，谈一场恋爱，保持美好生活、心理健康和营养均衡’，我哪有时间去实现和享受这些呢？”一名 24 岁的弗吉尼亚年轻人哀叹道：“在你 20 多岁时就会遇到做出人生抉择的压力，此时的抉择将决定你的余生。似乎没有什么选择的时候反而会更轻松。”

在我为此书展开调查的过程中，我遇到了许多存有类似担忧的 20 多岁的年轻人。梅格是一位 25 岁的名校毕业生，她独自生活，在一个中西部大城市中拥有一份令人羡慕的工作，她提到许多同龄人的情况时表示：“我一直觉得，做一些超过自己能力范围的事情真是让人压力巨大。”

其中一些现象并不新奇。美国和其他富裕的国家有崇尚年轻的文化，迷恋年轻的外形和文化潮流的风气。在 20 世纪 60 年代的文化变革时期，嬉皮士代言人杰瑞・鲁宾（Jerry Rubin）甚至告诫年轻人不要相信任何超过 30 岁的人。但鲁宾的这番评论主要针对的是发动越南战争及将美国年轻人送上战场的那些较为年长（和不甚可靠）的政客。在过去数十年，我们文化中的年轻狂热症更关注的是外在的成功衡量指标，而不是战争和理想主义。人们的价值取向从探索和自我发现转向了困难且可衡量的成就。人们用可量化的成就，例如考高分、进入名校、获得令人称羡的工作，赚到许多钱和获得很高的社会地位来定义年轻人的成功。

脸书、Snapchat和Instagram等社交媒体平台也在这场变革中推波助澜。它们同时面向年轻人和老人贩卖焦虑。我们很早就知道电影、杂志和电视可以塑造人的自我形象和强化社会观念，但社交媒体现在变成了最具毒性的镜子。英国皇家公共卫生学会执行的一项广泛调查表明，脸书、Instagram和Snapchat等可视平台助长了年轻人相互攀比和根据外在表现评价他人的倾向。该调查发现，Snapchat是最容易滋长焦虑、抑郁和霸凌现象的社交媒体平台。这些平台为用户提供的与他人比较和获得他人认可的机会，催生了特文格所描述的危机：20多岁的年轻人正在不断将自己的外在形象——外貌、财富、地位和成功，与不可能达到的完美标准进行比较。

不幸的是，我们当中的年长之人也同样不能免俗。

· · ·

不少行业都在试图将老员工替换成新人。年长之人的简历在科技公司中尤其不受欢迎。在硅谷最成功的企业中，中层的员工最多不超过32岁，而且这并不只是少数独角兽初创公司才有的现象。这些公司反映了一种在硅谷盛行多年的黑暗风气。2011年，亿万风险投资家维诺德·科斯拉（Vinod Khosla）甚至当众表示，“超过45岁的人实际上已经没有什么新思想了”。

新闻记者诺姆·塞贝尔（Noam Scheiber）引用旧金山整形外科医生赛斯·马塔拉索（Seth Matarasso）的故事，让人们见识到了硅谷存在的年龄偏见：

> 马塔拉索首次在旧金山开店时，他发现自己的客户多为迟暮的中年人：曾经的校园女神、遭遇欺骗的男性 / 女性，打算骗婚的男性 / 女性等。今天，他的整形生意远比以往更火爆。他要接待多个年龄段的客户……马塔拉索通常会拒绝才 20 多岁的科技工作者。几个月前，有一名 26 岁的年轻人还来找他植发，以便遮挡自己日益变秃的头皮。

罗伯特・威瑟斯（Robert Wither）是一名就业顾问，他在帮助 40 岁以上的硅谷职业人士找工作时，会建议他们找一位专业的摄影师来处理发布在领英上的照片，好让照片上的自己看起来更年轻。他还建议他们花点时间在潜在雇主的停车位、自助餐厅和厨房附近逗留，观察和了解人们的穿着打扮。这样一来，50 多岁的求职者通常都会将自己的西装和公文包换成连帽卫衣和背包。

美国退休人员协会（AARP）的律师劳丽・麦卡恩（Laurie McCann）认为，科技公司对新创意和极端生产率的迷恋，导致雇主们很容易根据年龄得出简单粗暴的结论，比如“年长之人的工作效率没有那么高。他们体能不行，没法一直站着想出方案”。她还指出，这些雇主的其他假定结论还包括，年长之人的想法和习惯都已经僵化，无法改变，或者他们跟不上年轻人的节奏。

我们必须承认，硅谷只是一个极端的商业微观世界，但这些事实也揭示出了一个更大的问题：今天的中年人或者中老年人找工作更加困难了。2016 年的一项 AARP 调查发现，92% 的年龄不低于 45 岁的成年人认为，职场中多多少少存在一些年龄歧视的现象，这种现象甚至可能非常普遍。我们很难获得各地区关于年龄歧视的数据，但从 2010 年加州公平就业和住房部受理的 18335 份就业索赔申请的数据来看，五分之一的申请人表示自己遭遇了年龄歧视。年龄歧视的索赔申请数量超过了种族歧视、性骚扰和性取向方面的索赔。美国平等就业机会委员会的数据显示，有关年龄方向的就业投诉在加利福尼亚州占比 26%，在纽约占比 22%，在得克萨斯州占比 21%，在伊利诺伊州占比最高，达到了 37%。

乍一看，年长工作者的就业情况在今天的经济形势下似乎也没有那么糟糕。2018 年，55 岁以上工作者的失业率在 4% 左右徘徊。自 20 世纪 90 年代以来，年长工作者的就业率一直在增长。但这些出现在新闻标题里的数据却掩盖了一个惨淡的事实：年长工作者失业后会更难找到工作。就算他们重新就业，得到的薪水也往往不及上一份工作。2015 年的一项美国退休人员协会（AARP）调查强调，长期待业仍然是许多年长的求职者面临的一大挑战。长期待业加上年龄歧视现象，会增加年长求职者的再就业难度。据经济智库施瓦茨经济政策分析中心（SCEPA）的数据显示，有 45% 的年龄不低于 55 岁的求职者处于长期失业状态（至少有 27 周没有工作）。他们再就业的时间更长——经过 36 周才能再次找到工作，而更年轻的工作者只需要 26 周。更糟糕的是，这个群体重新就业后可能会遇到经济上的麻烦。许多人只能屈从于收入更低、工时更长和福利有限的工作。SCEPA 数据表明，年长的失业者找到新工作时，通常只能拿到上一份工作 75% 的薪水。

50 岁以上的女性在这方面的处境尤为不利。这一点颇为令人意外，因为最近许多趋势表明，在医疗保健、服务业等行业的工作岗位增加，高学历女性比例上升等前提下，职业女性的前途应该很乐观才对。但 2015 年的一项调查发现，在大萧条之后，50 岁以上的女性就业前景惨淡。在金融危机尚未爆发的 2007 年，不足四分之一的 50 岁以上失业女性的待业时间超过了六个月。而到了 2013 年，年长的失业女性在长期待业大军中占据了一半比例。

加州大学欧文分校和杜兰大学最近调查发现，年长的女性在求职时容易遇到年龄歧视。调查人员发送了 4 万份虚假的求职申请，其中含有一些关于求职者年龄的信息，并据此监测这些申请的回复率。他们在衡量各种岗位的回复率时发现，年龄在 49 至 51 岁的女性求职者申请行政管理岗位的回复率比更年轻的求职者低了将近 30%。年龄超过 64 岁的女性求职者，回复率又要比更年轻的求职者低 47%。

年长男性求职者同样处境堪忧。劳动经济学家和SCEPA主任特里萨·盖拉杜奇（Teresa Ghilarducci）指出，从有关工作年限的政府数据就可以看出这个事实了。在过去五年中，55 岁以上、最多拥有高中学历的白人男性的工作年限中值已从原来的 17.7 年降至 16.7 年。而在同一时期，其他所有群体的工作年限都出现了增长。

他们可以称为“新失业人口”。这项覆盖面广泛的调查还发现，失业的年长工作者面临两个困境：①他们比失业年轻人更难再就业；②在他们退休之前，这种失业状态会破坏他们的财务稳定性。该调查总结称：“因为他们找不到全职工作，年长工作者不得不做一些兼职。还有些人越来越丧气，逐渐退出了职场，他们已经不相信自己还能找到工作。失业引发的经济困难还会给他们的退休养老和其他储蓄账户带来致命打击。有限的失业保险和缺乏医疗保险等福利更是让他们的困境雪上加霜”。

我们不难看出这其中令人尴尬的一面：他们当中许多人的年龄谈退休太早，而回归职场又太晚了。现在似乎有一大批成熟的工作者已经被踢出职场。他们的工作经验已经成了企业的负担。

对许多人来说，这真是一个噩梦。

人生的“障碍滑雪赛”

我在引言部分，将大器晚成者定义为比外界的预期更晚发挥出自身潜力的人，因为他们的天赋一开始并不为他人所察觉。这里的关键字在于“预期”。其次，他们通常是在走向自己的征途时发挥出潜能。他们并没有咬紧牙关，努力实现父母或社会的期望。大器晚成者有可能曾经是像宇航员斯科特·凯利过去一样颓丧的少年——他们对高中生活毫无指望，但之后偶然与某本书、某个事件或某个人结缘，从此找到了奋斗的动力。一个家长可能会在养育子女十年之后重返职场，发现自己落伍了十年，但也获得了更为成熟的十年智慧。一个退休人员可能在实现童年梦想或者教育他人的过程中，找到了更深刻的人生意义。大器晚成可能在任何年龄显露迹象，也可能在人的一生中多次出现。

我们可以将这个过程想象为“障碍滑雪赛”。滑雪者原先都在同一起点，但比赛过程中会因为各人通过第一、第二或第三标注旗门的速度之别，看出哪个人相对更有胜算。由此你就可以判断出某个滑雪者究竟能否在预期时间之前到达终点。如果我们将大器晚成的概念运用于所有年龄的情况，就可以看到社会为人们设置了一道道标注旗门——它认为人们应该在特定时间实现特定的目标。有些人要比其他人更快通过这些标注旗门：在小学、初中和高中时，他们总能取得好成绩，在SAT考试中拿高分，然后进入一流大学，找到理想的工作。这些人很早就经过了标注旗门，提前完成了任务，实现了出人头地的目标。

人生固然不是奥运滑雪赛，但如果你不属于一流滑雪运动员，你在人生的某些标注旗门前栽了跟头，就很难再迎头赶上前面的人了。这是当今社会不容忽视的一大问题，因为它对我们许多人的人生造成了深刻的影响。

事实上，有许多因素会减缓我们在人生早期发挥潜能的速度，其中包括滞后的生理或神经发育、幼年时期的创伤、不标准的习得方式、社会经济地位、地理局限性、疾病、癖好、事业动荡——甚至仅仅是运气不好，这些都可能拖延我们的人生进度。我们许多人在成长过程中，无法在学校完全发挥自己的潜能——并因此在大学和工作期间表现欠佳，这是因为我们吸收了太多关于自己学习能力的负能量。总有人告诉我们“你根本不是学理科的料”或者“你完全没有写作天赋”。

随着我们年岁渐长，结婚生子，养育儿女，终日忙于处理其他更为紧迫的家庭琐事，不仅使我们的人生机遇受限，还影响了我们的事业发展轨迹。其他影响我们发挥潜能的障碍包括意外事故、疾病、抑郁和癖嗜。这些甚为普遍的周折都会延迟我们真正发挥自己天赋和实现抱负的时间，让我们陷入被社会边缘化的境地。

有许多人和我一样，能够意识到自己属于大器晚成者。还有一些人可能模糊地感受到自己的事业还没有真正进入正轨。我们所有人都认识一些人，在意一些人，或者爱过闯入我们人生的一些人。这里必须记住的一点是，我们不能放弃自我，或者放弃他人，就算（特别是）社会让人生更加艰难时也不例外。

在社会为年轻有为者大唱赞歌时，有无数大器晚成者的典型已经在各个领域破土而出。国际巨星安德烈·波切利（Andrea Bocelli）34 岁才开始唱歌剧；LCD Soundsystem 乐队创始人詹姆斯·墨菲（James Murphy）35 岁才推出首张专辑，这个年龄在电子舞蹈音乐领域的确算得上是老人了；美国乡村歌手露辛达·威廉姆斯（Lucinda Williams）35 岁时以《砾石路上的车轮》（*Car Wheels on a Gravel Road*）赢得了格莱美最佳民歌专辑的奖项，这是她第五次创造的成功纪录；在《英国达人秀》中崛起的草根明星苏珊大妈（Susan Boyle），出道时已经 48 岁了；美国女性财富人物玛莎·斯图尔特（Martha Stewart）35 岁时在朋友的地下室中创办自己的餐饮事业，42 岁时出版了自己的第一本食谱。就连时尚界这种先锋行业也出现了大器晚成的传奇：瑞克·欧文斯（Rick Owens）在 39 岁时才开始发迹；婚纱设计师王薇薇事业真正起步时已经 41 岁了；时装界“朋克教母”薇薇恩·韦斯特伍德（Vivienne Westwood）42 岁才迎来事业之春；行为艺术家玛丽娜·阿布拉莫维奇（Marina Abramovic）30 多岁时才在艺术界找到立足之地，在 54 岁时因《七个简单片段》（*Seven Easy Pieces*）这个表演作品赢得了国民知名度，59 岁时在纽约现代艺术博物馆因回顾展《艺术家在这里》（*The Artist Is Present*）闻名于世。

大器晚成的作家同样不乏其数，声名远扬。恰克·帕拉尼克（Chuck Palahniuk）34 岁时出版了自己的第一本小说《搏击俱乐部》（*Fight Club*）；幽默作家大卫·赛德里（David Sedaris）38 岁出版了自己的第一部随笔集；托妮·莫里森（Toni Morrison）39 岁出版了自己的首部小说《最蓝的眼睛》（*The Bluest Eye*），并在 56 岁时因《宠儿》（*Beloved*）获得普利策奖；珍妮特·伊万诺维奇 44 岁时推出了自己的畅销书“斯蒂芬妮·梅”系列；弗兰克·麦考特（Frank McCourt）63 岁才出版了一本回忆录《安琪拉的灰烬》（*Angela's Ashes*），该作品获得了普利策奖。

在商业领域，这样的例子也并不罕见。汤姆·西贝尔（Tom Siebel）41 岁成功创立了科技公司 Siebel Systems，57 岁时又创办了第二家公司 C3；大卫·杜菲尔德（Dave Duffield）66 岁时创立了 PeopleSoft；加里·伯勒尔（Gary Burrell）在联合信号公司（Allied Signal）等工程公司工作数十年后，在 52 岁同他人合伙创办了 GPS 设备制造公司 Garmin；约翰·托罗德（John Torode）70 岁时才创办了航空公司 Vashon Aircraft；亿万富豪迪特里希·马特希茨（Dietrich Mateschitz）曾经担任了十年的大学滑雪教练，到 40 岁时才创立了能量饮料红牛品牌。不要忘了当今最伟大的创新教主史蒂夫·乔布斯（Steve Jobs）。虽然他从根本上说并不算是大器晚成，但他的确是在 45 岁之后，才创立推出了 iPod、iTunes、iPhone 和 iPad 等产品。

你能想象得到——有人 52 岁时才开始在好莱坞走红吗？摩根·弗里曼（Morgan Freeman）就是这种典型。他在社区剧院和小型舞台制作公司打杂几年之后，才开始在《为戴茜小姐开车》（*Driving Miss Daisy*）这部电影中露面，当时他的合作搭档是 81 岁的杰西卡·坦迪（Jessica Tandy）——她凭借此片首次获得奥斯卡奖提名。著名的电影反派角色阿伦·瑞克曼（Alan Rickman）之前是一家平面设计工作室的老板，他在 42 岁时才因出演《虎胆龙威》中的汉斯·格鲁伯（Hans Gruber）初尝成名的滋味。乔·哈姆（Jon Hamm）在被前经纪人雪藏后，曾在一家软核[①]色情电影公司的艺术部门工作，36 岁时才因出演《广告狂人》（*Mad Man*）而成名。布莱恩·克兰斯顿（Bryan Cranston）在童年时家庭经济拮据，44 岁时才因出演电视情景喜剧《马尔柯姆的一家》（*Malcolm in the Middle*）而成名。简·林奇（Jane Lynch）45 岁时因参演贾德·阿帕图（Judd Apatow）导演的《四十岁的老处男》（*The 40-Year-Old Virgin*）一举成名。在社区剧院工作了数十年的玛格·马丁戴尔（Margo Martindale），60 岁时才在美国 FX 电视剧《火线警探》（*Justified*）中出镜并成名。

这些还只是一些较有名气的典型，各行各业还有许多并非家喻户晓但已经取得极高个人成就的大器晚成者。只不过没有媒体关注他们罢了。

创造力并非年轻人的专利。我们当中的某些人，如果拥有足够的时间、经验和尝试，也能够开辟一条展现个人天分的路径。人生道路通常崎岖

① 译者注：西方人曾把情色作品分为软核（soft core）和硬核（hard core）两类。软核指的是女人被攫取、被利用。同时，软核作品只有较少的裸露和性挑逗。

坎坷，充满许多挫折和失望。这些人生经历是大器晚成者的志向、智慧和实力的来源，这可以让他们更善于反思、考虑更加周全和更有耐心。大器晚成者通常更富有同情心。他们通常更擅长管理自己的情绪。他们情商更高，协调能力更强（我会在第三章和第四章深入探讨这个话题）。所以，大器晚成者往往比少年得志者更善于应对逆境和挫折。斯坦福大学心理学教授卡罗尔·德韦克在《终身成长》这本书中就提到，少年有成者可能很容易对其早年获得成就的方式形成一种定式思维。他们会因为信心膨胀而停止学习和进取。例如，少年得志的网球“坏小子”约翰·麦肯罗（John McEnroe）在发现后来者超越自己的成就时，在球场上就变得越发狂暴易怒。

· · ·

今天的我们很可能错失人生中重要的一课：我们其实能够在任何年龄、在人生中的任何阶段创造成就。因为社会深陷在对天赋异禀、智商过人的少年天才的狂热症之中，所以大器晚成者就很容易在此过程中逐渐被大众所屏蔽。我认为这种新观念极其普遍，它甚至损害了我们的价值观和安全感。对某些人来说，它可能还收紧甚至是消除了传统的成功路径。它剥夺了我们许多人对自己的人生和命运的控制感。

我们疯狂地推崇少年有成者。没有实现这一点的人甚至都会被视为失败者。这实际上会埋没我们国民的天赋，扼杀我们的创造力。一个健康的社会需要所有人民都意识到——自己的这一生能够成就一番作为，事业能够二度逢春。

这本该是一个显而易见的道理。但我们就是很难做到这一点，这究竟是为什么呢？

第二章
残酷的智力评估谬论

作为一部由二流演员撑起的肤浅喜剧，《菜鸟大反攻》（*Revenge of the Nerds*）出乎意料地创造了一种轰动效应。它的故事发生于一所虚构的亚当斯大学，这里计算机科学系的一些学生与校运动员联谊会“阿尔法贝塔”进行了一场对决，结果呢？当然是那群计算机宅男赢了。

在这部电影问世时，现实世界中的计算机网虫也开始一路高唱凯歌。1975 年，少年老成的比尔 · 盖茨（Bill Gates）才刚读完大三就从哈佛大学辍学了。盖茨的 SAT 数学成绩高达 800 分（满分），但他对哈佛大学的教学模式心生厌倦，所以决定离开哈佛大学，和西雅图好友保罗 · 艾伦（Paul Allen）创办了微软（Microsoft，原名为 Micro-Soft）。1986 年，微软进行首次公开募股；到 1998 年时，微软已经成为全球市值最高的公司。在 2017 年之前，比尔 · 盖茨一直稳居世界首富之位。

20 世纪 90 年代初，我曾多次采访比尔·盖茨，甚至一度与他同行五天。那时候他仍然保持着一个古怪的习惯，坐在椅子上发言时就左摇右晃。有些人怀疑这就是“边缘型阿斯伯格综合征”的症状。当时的盖茨颇有坦率敢言的少年心性，并不是后来这副谨言慎行的全球慈善家的模样。

在 20 世纪 90 年代时，盖茨将微软想象成一个 IQ（智商）工厂。他曾经告诉我：“在 IQ 方面，我们完胜任何人，我们可以打败甲骨文公司，打败太阳微系统[①]，可以和高盛投资公司一较高下。”他表示一家软件公

① 译者注：Sun Microsystems，创建于 1982 年，它是 IT 及互联网技术服务公司，主要产品是工作站及服务器，已被甲骨文收购。

司之所以要聚集世界一流的高智商人才，原因就在于“一名真正出色的程序员抵得上一千个资质平庸的程序员”。他认为真正出色的程序员必然拥有最高的智商。他的逻辑就是：高智商的软件程序员好比擅长“四十码冲刺”[①]的橄榄球运动员。微软不会吸收在智力上慢人一拍的程序员。

这形成了一个盛极一时的美国文化观念：世界首富是一名神童，他是认知精英集团的成员，他的SAT（学术能力评估测试）数学满分就可以证明这一点。他精心挑选高智商的软件程序员，以此组建了世界上身价最高的公司。

你认为这种现象是不是会影响人们的认知，让人们觉得SAT高分就是进入哈佛大学、斯坦福大学、麻省理工学院甚至是福布斯富豪400强榜单的敲门砖？IQ和SAT分数在我们的认知文化中的地位究竟会上升还是下降？

好吧，这是一个技术难度堪比垒球运动的问题。

在我们所生活的世界，IQ最高的人得到的经济回报往往也是最高的，而且他们还会以极其惊人的速度获得这些回报——他们不必为此奋斗一生，只需要十年甚至更短的时间就可以走上人生巅峰。我见过许多少年得志的成功人士，我十分钦佩他们非凡的才智、职业道德和远大格局。但他们凌驾于众生之上的现象，又不免让人陷入深思。我们的社会有越来越多的富豪来自曾经在一种标准测试中展现了99%智商的群体——需要注意的是，这种测试是他们在十七八岁时只花了几个小时参加的测试。

为何会出现这种情况？

---

① 译者注：四十码冲刺是一项距离为40码（36.58米）的短跑运动，是美国球探用来评估橄榄球运动员，特别是橄榄球大联盟选秀所用的选拔标准，但也作为大学招生考试项目。

· · ·

1905年，有一名德裔瑞士专利申请审查员（他是一个发育滞后的人，6岁才会开口说话，25岁参加工作时注意力仍然很不集中，所以在专利局中多次无法获得升迁）在业余时间撰写了一系列可能深刻影响世界的论文。其中包括一篇博士论文，以及有关光电效应、布朗运动、狭义相对论、质量与能量关系的四篇论文。这名作者在最后一篇论文中总结了一个著名的公式 $E=mc^2$。此人正是大名鼎鼎的阿尔伯特·爱因斯坦（Albert Einstein），他通过这些论文改变了世界。

在1905年还出现了另一个系列的论文，它们也定义了我们今天的世界。这个系列论文的作者和爱因斯坦一样，也是个自学成才的门外汉，他就是阿尔弗雷德·比奈（Alfred Binet）。比奈于1857年出生于尼斯，他学的是律师专业。他有一系列广泛而古怪的兴趣。他后来成了一名神经科门诊的研究人员，终生研究人脑的工作原理。比奈将自己的各种奇思妙想运用到了大脑研究工作。他曾经设计了一个记忆测试，检测象棋手蒙上双眼时的表现。他还涉足催眠术，此举让他的学术名誉受到了影响。他在巴黎还通过阅读国家图书馆的相关论文，自学了心理学这个新兴的学科。

1899年，法国通过了一项针对6至14岁孩童的义务教育法。比奈受邀参与了一个名为“儿童心理研究自由社团”的任务，评估儿童的能力和学习状况。他很快就发现，有些儿童在任何一项评估课程中都跟不上进度。学校应该如何对待这些慢热的儿童？首先，你得了解这些儿童的真实能力——他们的智力究竟有多少不足之处？于是，比奈和一名医学院的学生西奥多·西蒙（Theodore Simon）就在1905年设计了一项测试，评估3至13岁儿童的脑力水平。他们以50名儿童为样本，研究了这些孩子的脑力中间值，以及聪明和迟钝的极端值。这个评估标准就叫做比奈 – 西蒙量表，它被称为世界上首个智力测试量表。

我们必须记住关于比奈本人及其 1905 年测试的一个事实：他将这个测试视为一个时间段的参考。这种测试可以反映一名儿童的智力与同龄人相比处于哪个水平——它只能反映某一时段的情况。比奈从来没有声明或者暗示过，这个仅用于 3 至 13 岁儿童的 IQ 测试可以反映受试者一生的智力水平。

IQ 测试的推行和 SAT 的广泛运用

1999 年，新闻记者尼古拉斯・里恩曼（Nicholas Lemann，哥伦比亚大学新闻学院退休院长）撰写了《美国式“高考”：标准化考试与美国社会的贤能政治》（*The Big Test:The Secret History of the American Meritocracy*）一书，研究了 SAT 考试的起源，以及它同 IQ 测试的直接关联。里恩曼表示，斯坦福大学的美国心理学家刘易斯・特尔曼（Lewis Terman）将考试视为 20 世纪初具有国家意义的重要工具。里恩曼在该书中指出：

> 刘易斯·特尔曼认为 IQ 测试是一个十分重大且广泛适用的科学突破。他相信这种方法可以快速而神奇地衡量出人类大脑的先天能力，他认为这种准生物学的素质是现代人的重要属性。特尔曼不遗余力地倡导人们广泛使用 IQ 测试，并以此对学生进行评估，进而对学生进行分类和因材施教。

特尔曼将 IQ 测试修订成斯坦福 - 比奈测试，他相信这种测试可以逐代提高人口素质。但他的这种信念种下了一个恶果。这个恶果就是优生学观念，它认为拥有良好素质（例如高智商）的人可以将这种优势遗传给下一代。而素质不良（在 20 世纪初的美国，人们认为所有非北欧人都属于这种类型）的人不应该生育后代。拥有“残缺”素质的人，例如精神残疾者就应该绝育。在特尔曼将比奈的智力测试修订为斯坦福 - 比奈 IQ 测试的 20 年后，特尔曼与他人联合创立了人类改良基金会（Human Betterment Foundation）——它倡导针对“劣等”民族的绝育政策。

不幸的是，当时这些观念甚为普遍，地位牢固不可动摇。但我们并不能因此否认特尔曼对心理学的积极贡献。1917 年，美国加入世界第一次大战时，有 170 万士兵接受了斯坦福 - 比奈测试。这个做法的目的是快速识别出士兵的脑力，以便判断他们最适合执行哪种任务。测试中的高分者被送到了军事情报和军官培训机构，而低分者就被送到战壕中。而英国则采用了一种截然不同的筛选机制，出身名门的战士被送到军事情报和军官培训机构，穷人和劳动阶级的子弟只能去前线的战壕。特尔曼为美国士兵执行的测试不但更有效果，而且似乎也更公平，没有太多特权等级色彩。

特尔曼的 IQ 测试大获成功。美军因此在战争中受益，自然更是大力推崇这种做法。即使是以 20 世纪初的标准来看，特尔曼采纳的优生学观念依旧祸害无穷。他在 1916 年的著作《智力评估》（*The Measurement of Intelligence*）中写道：“边缘型智力不全……在西班牙裔印度人、西南部墨西哥家庭和黑人群体中是一种极为普遍的现象。他们的迟钝似乎是种族性特征，或者至少是家庭血统固有的属性……应该将这个群体的孩子隔离成独立的班级……他们无法掌握抽象的知识，但可以将其塑造成高效的工人……从优生学角度来看，他们是一个严峻的社会问题，因为他们通常生殖能力都很强。”这些充满种族主义色彩的话现在看来真是不堪入目。

不幸的是，在 20 世纪 20 年代几乎所有 IQ 测试领域的顶尖研究者都和优生学运动脱不了关系。1926 年，心理学教授卡尔·布里格姆（Carl Brigham）接过特尔曼的火炬，为美军开发了普林斯顿大学的 SAT 测试；如果说特尔曼是优先学的狂热倡导者，那么布里格姆至少算是优生学的积极支持者。几年后，他就改变了自己对这个测试的看法。事实上，如果他知道这个测试在一百年后演变成了让美国人持续为之困扰的 SAT 考试，可能就会十分痛恨自己创造了这种东西。

· · ·

布里格姆在 1922 年的著作《美国智力研究》（*A Study of American Intelligence*）面世后立即在学术界引起轰动。布里格姆和刘易斯·特尔曼和其他知名的美国 IQ 研究人员一样，接纳了种族主义思想。他在该书中使用了这些令人尴尬的措辞："我们的数据……反而倾向于反驳犹太人非常聪明的这个普遍看法。"他不无恶意地哀叹当时美国涌入了大量移民，尤其是来自"地中海"地区的暗肤移民。他写道："美国人的智力正在下降，随着人种混合的范围越发广泛，这种下降趋势还会不断加剧。这就是我们的研究所揭示的一个简单而又令人不快的事实。"

很不幸，这就是当时盛行的观念。布里格姆的事业丝毫没有受到他这些言论的影响。（真正让他事业受到损害的却是他采纳的相反观点，稍后再讨论这一点。）相反，他还因此被捧上了 IQ 研究的神坛。美国准备改进其在一战中的智力测试时，还将布里格姆与斯坦福 - 比奈测试创立者刘易斯·特尔曼、哥伦比亚大学心理学家爱德华·李·桑代克（Edward Lee Thorndike）一同纳入了潜在参与人员的名单。布里格姆对原来的美军智商测试的改良，受到了军队的欢迎。布里格姆将其改进的测试称为“学术能力评估测试”（Scholastic Aptitude Test），简称 SAT。1926 年，他毫不费力地让 SAT 变成了更冗长和更实用版本的 IQ 测试。

在美国采纳 SAT 之后，布里格姆这名普林斯顿大学心理学家在学术界声名大振，各大学也纷纷引进了 SAT。西点军校（陆军）和安纳波利斯海军学院在 1930 年最先采纳了 SAT，随后引进的是耶鲁大学，不久美国东北部的多数大学也相继跟风。

虽然 SAT 获得了巨大的成功，但在这个测试问世两年之后，布里格姆开始对它产生了强烈的怀疑。他不再那么笃信——SAT 能够衡量出人脑天生的智力水平，他更确定 SAT 衡量的是儿童或青少年表现出来的智商。1928 年，他受邀向一群优生学家发表演讲，并在此过程中表达了自己的怀疑。1929 年，他在著作中写道：“我在这个领域的研究越深，就越确信心理学家罪孽深重。我觉得我们应该停止所有这类测试，不要再讨论它们的衡量结果……这样才有可能将颅相学推向新的阶段。”1934 年，在他不久于人世的时候，他将自己的测试称为“光荣的谬论”：

> 这个国家在十五或三十年前经历的测试运动产生了科学史上最令人瞩目的谬论，这种测试是在不考虑培训或教育的条件下，简单地衡量人的天生智力。我希望今后再也不会有人相信这些测试。这些测试分数实际上是教育、家庭背景、英语熟练程度及其他一切相关或无关因素合成的产物。所谓“天生的智力”的假设根本就不成立。

但“天生的智力”这个论点根本就没有被完全推翻。它实际上才刚刚获得发展。有两名哈佛大学的变革者为挽回 SAT 的声誉，将它推向了更高的地位。

这场革命在20世纪30年代开始发酵。从1929年10月至1932年7月，美国股市下跌了86个百分点，失业率高达25%，表情空洞、排队领取救济食品的市民成了大萧条时期的经典画面。资本主义制度似乎不灵光了。但美国那些吃老本的富人（20年代依靠炒股和债券发家的百万富翁）是相对较少受到影响的群体。他们当中许多人仍然住着豪宅，有佣人伺候，在私人俱乐部和奢华游艇中纵情享乐。

这引起了哈佛大学新任校长詹姆斯·布赖恩特·科南特（James Bryant Conant）的注意，他十分痛恨这种显而易见的不公平现象。这位校长并非东海岸富豪家庭出身，他父亲是一位经营照相凸版印刷店的商人。虽然他自己学业出众，但在哈佛大学的富人圈中还是感觉低人一等。就算他在1933年已经成了哈佛大学校长，却还是不能解开这个心结。在看到哈佛大学的富家子弟过着奢侈的生活之后，他感到万分不快。正如里恩曼所言："哈佛大学的富家子弟过着根本就不像大学生的生活。在四分之一的美国工薪阶层都处于失业和绝望状态的情况下，这些有钱的学生还住着私人公寓，享受管家和女佣服侍，在波士顿地区的'黄金海岸'度假，参加波士顿上流名媛的聚会，经常旷课，快到期末时才在特殊的辅导班露脸，临时抱抱佛脚，避免考试挂科。"

见此情景，科南特决心重振哈佛大学校风。那么，究竟应该用什么来取代财富和贵族政治这种天然社会等级呢？科南特信奉的是一种不同的贵族政治：知识分子的贵族政治。这种思想并不新颖，他只是借用了柏拉图的《理想国》中的观念。这种思想在中国已经得到实践并且大获成功。在公元6世纪，中国政府的高官，也就是士大夫阶层，都要通过科举考试才能进入仕途。美国其实也具备这种思想根源。托马斯·杰斐逊（Thomas Jefferson）就曾经主张实行一种不论出身门第，以"品德"来选拔人才的贵族政治。杰斐逊还是一位发明家兼思想家，他提出了一个称为"人才测量仪”的策略，能够衡量人的品德。他在著作中写道：“我希望这种评估体系能够适用于每一个人，让大家都能够德才配位。”

阶级仇恨让这位哈佛大学的校长心生冲动，但道德正义感又让他心存克制。科南特找到了副校长亨利·琼西（Henry Chauncey）。亨利·琼西出身于一个家道中落的纽约贵族家庭。在琼西出生那一年，他们家已经穷困到要靠一名牧师接济才能维持生活。因为琼西负担不起哈佛大学的学费，所以就选择进入了俄亥俄州立大学。当时这所大学的心理学非常有名。琼西对心理学很感兴趣，他后来有幸得到一名捐赠者赞助的奖学金。由此，他转入了哈佛大学，并在此继续研究心理学及智力测量这个分支学科。

詹姆斯·科南特和亨利·琼西这两名哈佛大学的变革者，将 SAT 作为武器对抗懒惰的贵族阶层。他们的举措就是将 SAT 变成美国人生活中的一个永恒的存在。科南特和琼西的声名并没有受到优生学运动的影响，因为他们的政治主张与优生学家不同，并不以社会达尔文主义和种族主义为基础。

科南特尤其确信 IQ 测试对美国国防来说至关重要。1940 年，他被提名为国防研究委员会委员。他在 1941 年成为美国国家发展和改革委员会主席，并在 1945 年主导了“曼哈顿计划”，开发原子弹。科南特甚至于 1945 年 7 月 16 日，参加了在新墨西哥州的阿拉莫戈多执行的“三位一体”实验，目睹了美国第一颗原子弹爆炸的情景。

科南特与卡尔·布里格姆这位具有反犹太人倾向的 SAT 发明者不同，他认为逃避纳粹迫害而迁入美国的犹太难民为“曼哈顿计划”的成功做出了重大贡献。希特勒病毒性的排犹主义和纳粹政策，迫使一些顶尖的德国物理学家逃离德国，投入了美国人的怀抱。美国人其实是希特勒种族主义的受益者。

但科南特后来又认为，美国可能也未必是幸运的。因此，他开始极力主张向每位美国儿童推行 IQ 测试，确保国家能够提早识别出那些来自少数民族群体、穷人家庭和农村地区的数学家、物理学家和工程师，并为其提供支持。他认为，美国的国防和生存，有赖于 IQ 测试的运用。

此时，SAT 的广泛运用势不可当。它迅速对美国文化产生了影响。20 世纪 50 年代初，哈佛大学和其他常春藤盟校仍然偏爱来自东北部精英家庭和预科学校的学生。到 20 世纪 60 年代，考试得高分的犹太人和小镇子弟开始涌入常春藤学校。非裔美国人、美籍华人、其他少数民族学生也接踵而至。

在 20 世纪 50 年代至 20 世纪 90 年代之间，SAT 取代老式贵族门第，成为美国精英大学招生的官方把关人。在 SAT 考试地位日益上升的过程中，SAT 预备课程也随之而来。令人惊讶的是，到 20 世纪 90 年代时，华盛顿邮报公司的大部分市值并非来自报纸业务本身，而是来自其旗下的 SAT 预备考试机构卡普兰考试服务（Kaplan Testing Services）。在此过程中，SAT 也引起了不少重大的争议，其中包括高分考生是否可以延期参加朝鲜战争，以及有关卡尔·布里格姆观点的问题，即 SAT 是否对穷人及少数民族群体构成了歧视等。最后，向这种迷恋智力测试和考试的热潮泼来冷水的人，恰恰是刘易斯·特尔曼本人，他正是这场运动最早的支持者之一。

如果为了考试而考试，考试的意义何在

今天，智力、天资或个性类型的测试几乎无孔不入地渗入美国人生活的各个角落，实在很难想象美国曾经并不存在这类衡量方法。有些人在外

人看来可能是机敏或迟钝的、聪明或慢热的、才华横溢或单调乏味的，但之前并没有什么统一的标准将他们划分为三六九等。刘易斯·特尔曼的斯坦福－比奈测试却迈出了这一步——它还是测试天资和后天才学的先导。今天在美国，几乎没有多少人不曾参加过一次 IQ 测试、个性测试，或者像高中的 SAT 或 ACT 一样的教育测试，以及在大学时的 GRE、MCAT 或 LSAT[①] 考试。

这些测试既是刘易斯·特尔曼创造的斯坦福－比奈测试的衍生物，又是他不懈地针对国民执行标准化测试，并向包括行政部门在内的重要国家机构推行测试的结果。特尔曼不仅仅是一位 IQ 倡导者，他还是一位重要的研究人员。

1921 年，他着手展开了特尔曼资优研究（Terman Study of the Gifted）。这是一项至今还在进行的追踪研究，主要探索资优儿童长大成人的过程和特征。他在助理团队的协助下，面向加州公立中小学寻找 1000 名天赋过人的孩子，并对他们展开了研究。最后，他们找到了 1500 多名出生于 1900—1925 年的学生，其中男生数量略多于女生，多数为白人，且几乎都来自中等或上流家庭。

数十年过去了，这些受试样本在其富有创造力的时期接受了各种主题的资优测试，后来的趋势逐渐明朗——这些人实际上并没有什么特别之处，他们只是拥有较高的 IQ 罢了。他们当中有些人的确取得了成就，包括出现了一批大学教授，但总体来看，他们和那些当初没有什么天资的同龄人相比，并没有特别大的区别——直到他们行将就木时，这项跟踪调查结果还是没变化。其中多数人的后半生也不过是家庭主妇，或者从

① GRE 是美国研究生入学考试。MCAT 是医学院入学考试。LSAT 是法学院入学考试。

事“像警察、海员、打字员和档案管理员一样平凡”的职业。

虽然特尔曼依旧认为智力可以遗传，但他后来还是不得不在事实面前低头了：“总而言之，我们已经看到智力和成就之间并不一定具有密切关联。”

然而，优生学之说的落幕和斯坦福－比奈 IQ 测试在预测天才方面的失败，都无法抑制美国人对智力测试的热情。1951 年时，仅有 8 万名学生参加了 SAT 考试；到 2015 年时，这个数据上升至 170 万。在 21 世纪，SAT 已经变成了官方认证的考试，被全世界无数大学所采纳。

SAT 考试的激增产生了一种副作用，即人们需要及时地处理 SAT 考试激增所带来的后勤挑战。在这种情况下，人们不得不以机器取代考官，对选择题进行评分。虽然作文部分还是需要人工打分，但 SAT 考试的其余部分全部丧失了那种微妙的主观色彩，成了一种严格的机械流程。

因为 IQ 测试及 SAT 和 ACT 等其他“天赋”衡量指标背后的理论存在谬误，所以这些测试的结果通常也与预期存在出入。1975 年，有两名科学家在不同地方展开了独立研究，明确指出这类衡量方法存在功能失调的问题。美国社会心理学家唐纳德・T. 坎贝尔（Donald T. Campbell）阐述了所谓的“坎贝尔定律”，他宣称：“在社会决策制定过程中使用越多定量社会指标，就越有可能导致决策过程走向堕落，越有可能导致它扭曲和恶化其原本打算监测的社会过程。”换句话说就是，我们越是将 SAT 及其同类置于高位，就越有可能破坏和扭曲对应的结果。英国经济学家查尔斯・古德哈特（Charles Goodhart）也提出了自己的“古德哈特定律”：“一项指标若成为既定的目标，该目标的追求者就可能不惜一切代价来强化这一指标，进而导致该指标丧失其原本具有的信息价值。”我们可以这样理解这个定律：当获得高分变成一个衡量方法的目标时，那么该衡量方法也就失效了。更简单粗暴地说就是：任何接受衡量和奖励的事物都会被人利用。

这两个统计学方面的事实指出了一个有违常理的结果。这两个定律都预言，我们对考试，尤其是对考高分的迷恋，会破坏考试潜在的预测性效力。像 SAT 这种针对人的长期表现的考试，原本意在评估学生在多年学习和发展过程中所掌握的知识和能力。如果大家的关注点不是多年的学习与发展过程，而是考试本身，那么考试就不再具有它原来的量化评估作用了。它变成了一场争分夺秒的竞赛，一种检测人们能否在一定时间内答完多项选择题的考试。

古德哈特定律已经清楚地指出，我们越重视考试结果的物质激励，就越会有人想方设法地寻找捷径和漏洞，或者偷偷对考试做手脚。这样，拥有经济优势，能够请家教和参加大量备考课程的人，当然就更容易拿到高分。用这种恶劣和有失公平的方法来决定十六七岁少年的未来，似乎并不是一个很好的选择。

人们对各种类型指标的人格测试疯狂迷恋

另一项起源于同一个时代的资优测试是现在甚为流行的商业人格测试，也就是迈尔斯 - 布里格斯类型指标（Myers-Briggs Type Indicator，简称 MBTI）。它用感觉、直觉、情感和思维四个维度来定义人们感知世界的方式，并据此判断人的偏好。

1917 年，美国心理学家凯恩琳 · 库克 · 布里格斯（Katharine Cook Briggs）注意到女儿的男友及对方家庭成员之间存在显著的个性差异。主要靠自学的布里格斯阅读了大量名人传记，逐渐摸索出了一个“四种性格理论”。1923 年，她阅读瑞士传奇心理学家卡尔·荣格（Carl Jung）的著作《心理类型》（*Psychological Types*），学习了荣格的人格类型理论之后突然茅塞顿开，并在这个基础上推出了自己的理论。她很快就发表了有关其理论基础知识的文章。

到 20 世纪 20 年代末，布里格斯的女儿伊莎贝尔·布里格斯·迈尔斯（Isabel Briggs Myers）也加入了她的工作。迈尔斯这位作家不但帮母亲编撰了她的“人格类型测量表”，还在其 1929 年创作的一部获奖悬疑小说中推广了这个理论。迈尔斯曾是斯沃斯莫尔学院的一名优等生，当时她给一位著名的管理咨询师爱德华·海（Edward Hay）当学徒，掌握了测试、统计分析和数据验证的技巧——这些技能在她协助母亲开发测试的过程中派上了大用场。

这对母女在 1944 年推出了迈尔斯 - 布里格斯类型指标。她们希望这项成果可以为那些替离开战场的丈夫出征的女兵带来帮助。这个指标的商业特征受到了企业的欢迎——不到十年，迈尔斯 - 布里格斯类型指标就成了 HR（人事）招聘职业人士采用的标准工具。1962 年，负责执行 SAT 的美国教育考试服务中心的人员注意到了迈尔斯编写的手册。

心理学界从来没有承认过迈尔斯 - 布里格斯类型指标——批评者认为这个指标具有主观性，存有用户偏见，缺乏可证伪性。研究人员安妮·墨菲·保罗（Annie Murphy Paul）认为它是一个“不负责任且不切实际的哲学行为”，畅销社会科学书作家亚当·格兰特（Adam Grant）声称，“要说准确性的话，如果你把占星术放在一端，把心脏监护器放在另一端，那么 MBTI 就处于这两者中间的位置”。但这个列出了 93 个问题和 4 个维度的指标，目前仍然是世界上最受欢迎的人格测试方法。

在二十世纪五六十年代，这类典型工具的使用（更不要说还有许多其他类似方法）让美国人陷入了一种测试狂热症。在孩子们还没上学时，人们就对他们进行 IQ 测试，并根据孩子们在测试结果中表现出的天资，将其安排到接受跟踪的班级。他们的 SAT 或 ACT 成绩，甚至是 GPA（平均分数），越发决定了他们将进入哪所大学。在他们成年后的职业生涯中，还会面临针对求职岗位的个性和倾向方面的测试。

根据一系列参数指标（甚至是单项指标）对人进行分类和分级的做法，不但在学校很普遍，在企业中也同样很常见。20 世纪 90 年代初，根据钟形曲线[①]对员工进行排兵布阵的方法在通用电气、微软等企业内部很流行。通用电气 CEO 兼董事长杰克·韦尔奇（Jack Welch）甚至曾经公开表态，表示每年要淘汰 10% 的落后员工。测试和评级给人们留下了一种客观和存在数学依据的错觉。在充满争议的职场中，公司可以根据这种看似客观，似乎无可辩驳的方法，拒绝提升员工的职位或者为其涨薪。所以，这种考评方式似乎与企业主的需求不谋而合。

包括谷歌在内的某些公司已经正式取缔了基于评级的招聘和升职系统。它们设计了基于逻辑的谜题和数字游戏，将其作为标准化的考核方法，以衡量用 GPA 和 SAT 也能考查出来的员工能力。因此，许多求职者和评论者声称，这种考核方式不过是换汤不换药。虽然这些公司看起来像是想办好事，但还是无法摆脱对粗暴考评体系的依赖。

尽管 IQ 测试、SAT、ACT 和类似迈尔斯 - 布里格斯类型指标的人格测试受到非议或者被证实缺乏根据，人们还是对这些测试乐此不疲——甚至可以说是热情高涨。在 21 世纪，SAT 和 ACT 这两种标准化的大学招生

---

① 所谓钟形曲线（bell curve），又称拉普拉斯 - 高斯曲线，又称正态曲线，它是一根两端低中间高的曲线。它首先被数学家用来描述科学观察中量度与误差两者的分布。比利时天文学家奎斯勒首先提出大多数人的特性均趋向于正态曲线的均数或中数，越靠两极越少，从而把正态曲线首先应用于社会领域。

考试，对美国高中生及其家长造成了更深远的影响。迈尔斯 – 布里格斯类型指标的成功也催生出了一波其他的人格测试，例如“五大人格测试”“九型人格指标” “DISC[①] 个性测试 ”。就在刘易斯・特尔曼、卡尔・布里格姆和爱德华・李・桑代克正致力于量化个人的潜能之时，另一股强大的趋势也开始在美国成形。

泰勒的科学管理理论在商业领域及教育界大行其道

这听起来是不是似曾相识？人们创造了一种新技术，并以此连接了世界。它让那些富有远见的领袖成了该技术的第一代新贵，让远离这项技术网络的辛勤劳动者梦想破灭。富人和穷人之间的差距开始成倍增长。农村的无产劳动者涌进城市，导致城市疾病蔓延，犯罪率上升。左翼和右翼的民粹主义者爆发出了愤怒的情绪。越来越多的人怀疑美国梦只是一个神话。

我在这里提到的技术就是 19 世纪晚期出现的铁路。19 世纪 90 年代通常被人称为“镀金时代”，因为这个时期的铁路创造了惊人的财富、豪宅和游艇。但这个年代也出现了 1894—1897 年的经济萧条，这是美国当时遭遇的历史上最严重的经济灾难。（不过，它造成的影响不敌 20 世纪 30 年代的大萧条。）

---

① D，Dominance（支配性）；I，Influence（影响性）；S，Steadiness（稳定性）；C，Compliance（服从性）。

在这个残酷的经济萧条时期（1894—1897 年）和之后的年代，越来越多的教育工作者和社会科学家在寻找更好的方法来扼制企业的贪婪、崩溃的经济及其产生的社会弊病。大众不满情绪高涨，产生了历史学家所称的“进步运动”。（“进步”一词在今天代表被民主党议员柯瑞·布克和伊丽莎白·沃伦推广的自由左翼思想，但在 19 世纪 90 年代，它代表针对从经济到企业行为、教育、公共卫生、社会学和心理学等各个领域运用科学的管理方法。）在政治层面上，进步主义否定了欧洲兴起的社会达尔文主义、集体主义和无政府主义思想。事实上，它具有政治两党性色彩，并得到了西奥多·罗斯福总统及伍德罗·威尔逊总统的支持。

进步主义是一种用意良好的思想，它推动了许多社会所需的改革，尤其是在公共卫生、工人安全、反垄断法规和妇女投票权方面卓有成效。它对教育和商业管理也产生了深刻但令人喜忧参半的影响。在商业领域，进步主义强行施加了一种苛严的统一标准，忽略了人的个性，让人们变成了机器上的零件。我们可以通过该时代最有影响力的商业思想家弗雷德里克·温斯洛·泰勒（Frederick Winslow Taylor）的著作了解其中经过。

泰勒在 1911 年出版的《科学管理原则》（*The Principles of Scientifc Management*）这本书中写道：“过去，大家以人为本；未来，制度才是第一位。”他这个简单而富有吸引力的思想核心就是，管理者可以通过识别无故浪费时间的工人并将其解雇，提高工厂车间的工作效率。因此，管理者应该注意观察、记录、衡量和分析工人的行为。这样车间工人就不敢再消极怠工，也没有人会装模作样和偷懒闲混了。泰勒希望将复杂的工艺流程分解为精细的重复性步骤，这样就可以提高工人做事的效率。

实行这种泰勒主义自然就需要管理者掌握对工人和作业流程的绝对控制权。泰勒认为自己的思想是工人的救星，因为效率更高的工人可以领到更多薪水。泰勒主义的影响在 20 世纪头十年达到了顶峰，他的理论也在亨利·福特（Henry Ford）的汽车装配工厂中得到了最大限度的实践。正如泰勒所料，福特的确为效率最高的工人支付了两倍的薪水，福特还表示希望员工都能够买得起自家公司的汽车。

泰勒的科学管理理论在商业领域大行其道。泰勒主义又催生出了许多新的计时、记账和会计方法，以及工作流程图、机器速度化计算器、动作研究和组装步调指标。他让管理者获得了观察、衡量、分析和控制工人每分钟时间的权力。这就是泰勒的科学管理理论的核心。人们很难去质疑泰勒的科学管理理论的作用和价值。虽然今天的许多技术——包括云计算、物联网、大数据分析、人工智能、工作流 App 和机器人，似乎都比泰勒理论及其衍生出的计时器先进了好几个世纪，但他的许多思想在当今商界的地位依旧不可撼动。

奇怪的是，泰勒的科学管理体系在教育界同样根深蒂固。一个世纪前的美国教育工作者采纳了他的思想，认为这是管理大量涌入的移民儿童的最佳方法。1912 年，约翰·富兰克林·博比特（John Franklin Bobbitt）出版的《减少教育资源浪费》（*The Elimination of Waste in Education*）为学校采纳和实施科学管理方法奠定了基调。博比特声称学校和企业一样，都应该做事高效，减少浪费，并且重视结果。学校课程应该以将学生培养成高效工作者为目标。

博比特和泰勒一样相信，高效的结果取决于集中的权力和准确、自上而下的指导。哥伦比亚大学的爱德华·李·桑代克等其他教育界的领袖，也公开支持这种像工厂传送带一样的教学体系。桑代克施加的影响，让社会形成了学校的课程、教学方法和组织架构应该符合科学管理原则的普遍观念。这种模式迅速变成了教育领域的标准样板。

在《告别平庸》（*The End of Average*）这本关于区分人类天赋的书中，哈佛大学的托德·罗斯提到了今天死板的教育制度起源于工厂管理的思想：

我们的学校仍在遵循一百年前（泰勒主义式）的死板路径，设置固定的课时、固定的学期，采取一成不变的“核心”课程安排，这些做法都只是为了确保每个（一般）学生能够以相同年纪从高中毕业并掌握相同的知识。

1962年，历史学家雷蒙德·卡拉汉（Raymond Callahan）讨论了科学管理对美国学校的影响。他在《教育与效率崇拜》（*Education and the Cult of Effciency*）这本书中提到了泰勒思想对教育管理的影响——包括更有效地使用建筑和教室空间，以及对门卫的工作进行标准化管理等。它推动的另一个改革体现在——要求教师们记录自己的教学活动，以便最大限度地减少“浪费”。

如果你认为我们现在已经变得比泰勒时代更开明了，不妨看看“有教无类”（No Child Left Behind）、“共同核心课程标准”（Common Core）和“力争上游”（Race to the Top）等最近的美国教育改革计划，它们都抬高了标准化考试在公共教育中的地位。而高利害的标准化考试，只不过是泰勒思想应用于教育领域的一个缩影罢了。事实上，我们的教育制度很大程度上是根据工业体系的规定来运行的：持续走向更广泛的标准化和衡量方式，公然提倡具有功利性的理工科课程，使用铃声来区分上下课时间的物理同步方法——这个体系中的孩子们就好像在泰勒设计的装配线上流动的福特T型汽车一样。

对多数人而言，这种说法听起来荒谬可笑。但大家其实都知道，每个人都有不同的学习方法。学习是一个积累的过程，它涉及神经、心理和情感方面的发展。这意味着我们都会以不同的节奏吸收、整合和运用知识。有些人会在刚接触到一些事物的时候，就开始运用知识。其他人，尤其是大器晚成者（包括我自己）则必须在完整接触相关内容后才能运用知识。

此时如果突然想通了一些复杂的问题，就会有茅塞顿开的感觉。但这种学习模式可能会与针对学生的跟踪、排名和分类的流程格格不入。有些孩子的确能够完美匹配标准学习模式，但还有许多孩子的学习过程可能并不太符合预期。

标准化考试并不能衡量出学生的批判性思维能力或者对某个话题的真正参与度。强迫教师讲解只能强化在标准化考试中进行衡量的内容，回避更具有分析性的资料，阻碍学生们的学习。这还会贬低教师这个职业的价值，就像泰勒的理论会贬低工厂技工的价值一样。将教育简化成一个备考的过程会危害课程的质量，贬损教师授课的技艺。它会掏空教育过程中的人性。

高智商是进名企、拿高薪的敲门砖？

我们迷恋衡量指标会产生什么结果？

今天的成功典型是像比尔·盖茨这种拥有高智商、SAT 满分的神童，以及高盛、谷歌和亚马逊等以高智商著称的公司。我们最成功的衡量指标当然就是赚最多的钱，以最快的速度赚到钱。今天，智商和分数就是学术考核的重要指标。这给孩子们带来了前所未有的成才压力。在我们盛产压力、惯于挑选“赢家”（拥有 GPA 和 SAT 高分）的教育制度之下，一代代少年儿童在未及成年的时候就落在别人之后了。年轻人，尤其是小伙子开始逃避艰难的成人世界，终日窝在父母家中打游戏。还有些人迷上了酗酒狂欢和吸食毒品——这些都是他们在困惑、压力和不满的生活中寻求慰藉的方式。我们还可以从调查中发现，大部分年轻员工认为自己怀才不遇，无法融入职场。这种观念的影响还体现在——偏门技能、非典型的发育过程和大器晚成的现象，正在被人们污名化。

许多学校和企业持续采用与智慧力有关的测试，只不过是想让我们知道——它们采用了看似客观公正和无可辩驳的系统（与智力有关的测试）来定义人的特点，但这种测试实际上并没有发挥多少真正的作用。如果非要对这种做法进行解释，那只能说是因为至今还没有人设计出能够准确评估人的潜能或天赋的测试。事实就是，人们无法运用单一考评体系或单个维度的量表来考察像人的成长这么错综复杂和具有多面性的过程。

但我们这个社会比以往更热衷于对人们进行评估、评级和分类，这又是为什么呢?

· · ·

我在本章开头就提到，现在的世界第二大富豪比尔·盖茨在 SAT 数学考试中拿到了 800 分。我还说明了——他迷信高 IQ 人员更具营利性的观念对微软早期招聘和解雇决策产生的影响，也提到了微软用 IQ 来预测员工的编码天分和经商头脑，导致许多其他企业跟风的现象。

谷歌创始人拉里·佩奇和谢尔盖·布林的 SAT 数学考试也在 800 分左右。他们在 1998 年还是斯坦福大学生的时候就创办了谷歌，到 2014 年时，据称这两人在面试求职者时还会询问对方的 SAT 分数。（谷歌母公司 Alphabet 虽然现在极力表示不会再采取这种做法。但事实上，谷歌还是在使用各种谜题、谜语和其他方法来评估求职者的第一反应能力和认知方面的天赋。）

世界首富、亚马逊创始人兼 CEO 杰夫·贝索斯的 SAT 数学考试也是

800 分。据记者布莱德·斯通（Brad Stone）所述，“贝佐斯认为只聘用最好和最聪明的员工，就是亚马逊成功的关键。他早期亲自面试求职者时也会询问对方的 SAT 分数。贝索斯表示‘每次我们招聘了一个人员，就会以他为基准抬高下一个求职者的门槛，这样我们团队的整体人员素质就会一直处于上升状态’”。贝佐斯还开玩笑地告诉一名记者，他妻子也拿了 SAT 高分，所以他们才能一直相敬如宾。[①]

脸书创始人马克·扎克伯格更是在 SAT 数学和英语考试中拿到了满分 1600 分。苹果联合创始人斯蒂夫·沃兹尼亚克呢？他的 SAT 数学考试也同样是满分。

再来看看两组令人大开眼界的数字：以上提到的这六位 SAT 数学考试神童的合计个人资产超过了 3000 亿美元，他们创立的公司价值达 3.6 万亿美元，超过了 9 个国家的 GDP 总和（2019 年 1 月前数据）。

他们取得的这种成就当然值得喝彩。但我们不妨细思一下社会为此付出的代价。有一位持有相反意见的知名思想家指出，当今社会对 SAT 分数及这些算术天才吸金能力的迷恋，导致美国经济陷入了长达十年的低迷期。如果你认为这位思想家只是一个对硅谷和那些暴富的神童怀有敌意的偏激之人，那你就错了，因为他就是这些精英中的一员。

贝宝（PayPal）创始人兼脸书董事会成员彼得·蒂尔（Peter Thiel，他本人在高中时是个国际象棋天才，大学时是斯坦福法学院高才生，SAT 数学考试也是满分）声称，对国家的整体经济繁荣有利的项目，与容易得到投资者支持的项目其实并非同一回事。在蒂尔看来，美国经济有太多投资资金流入了“比特”的企业。用麻省理工学院教授尼古拉斯·尼葛洛庞帝（Nicholas Negroponte）教授在 20 世纪 90 年代的术语来说，这些“比特”

---

① 译者注：贝佐斯已于 2019 年 1 月 9 日因第三者问题宣布与原配离婚。

企业就是那些通过编写算法来提供服务，从而赢取利润的公司（比如谷歌、脸书和亚马逊），或者利用这些公司来征服金融市场的企业（例如摩根士丹利、高盛和无数的对冲基金）。这些“比特”公司多数都没有制造实体产品。它们利用自己聪明的算法来创造市场而非产品。

用尼葛洛庞帝和蒂尔的话来说，“原子”公司就是那些操纵实体物品的传统企业——它们收割庄稼、开采石油、铸造钢铁、制造汽车、装订书籍、装配电视和向海陆空运输商品。通用汽车就是一家典型的“原子”公司。它运营着分布在 7 个国家的许多工厂，管理着超过 20 万的全球员工，每年产出 1000 万辆汽车和卡车。

因为原子公司利用的是实体资源，需要工厂和商店，会产生浪费，偶尔还会出现工伤等事故，所以它们经常受到法规管制，会被大量征税。相比之下，比特公司的员工多是坐在电脑前编写算法的程序员，不会占用太多资源（除了用电之外，而用电方面的管控问题也由燃料公司和电力公司承担了），不会产生太多污染，也很少发生与工作相关的意外事故。因此，它们实际上根本就没有受到什么管控。因为对传统的原子公司构成挑战的比特公司〔例如优步和爱彼迎（Airbnb）〕极具新颖性和颠覆性，所以传统法规跟不上它们的步伐。这些比特公司的另一项优势在于，它们可以享受优惠的税收政策。它们的创始人和投资者可以享受较低的资本收益税率及较高的个人所得税率。比特公司的企业利润通常还有离岸避税的优势。脸书和谷歌实际缴纳的企业收益税率为 15%，而 S&P 500 企业的平均收益税率为 21%。

蒂尔认为当今经济形势倒向了比特公司，让它们获得了不对称的回报，但他的观点并没有得到人们的支持。蒂尔是一个知名自由论者，也是保守派人士。民意测验专家马克·佩恩（Mark Penn）认同他的看法：“传统的实体经济正在被法规扼杀。新兴的科技经济却得到了蔑视法规的通行证，并据此收割庞大的财富。”

因此，“投资资本回避原子经济，流向比特经济”的情况一点也不让人意外。2018年，优步这家网络拼车服务公司的身价就达到了720亿美元，而它不过是一家成立才9年的公司而已，其全职员工仅为1万人左右。反观通用汽车这家已有110年悠久历史的老企业，目前的市值也才520亿美元。想想看，优步的市值居然比通用汽车还多200亿美元。这种庞大的市值优势，让比特公司具备了自力更生的永久长存的能力。与原子公司相比，这些比特公司资金充裕，它们更有可能在人才方面加大投入，获得更多人才，并为他们支付更高的薪水。在过去30年中，这些比特公司掌握的巨大市值优势一直有增无减。

这对少年得志者和大器晚成者来说意味着什么？当你看到这种回报率上的差异时，只要你还算是个有点上进心的人，都会自然而然地冒出一个想法：究竟怎样才能进入比特公司上班呢？答案很简单。我们知道，比特公司青睐的是具有智力优势的精英。他们想招聘在智商上可量化，并且最为机敏和万里挑一的员工。在他们看来，没有一项考试或考核能够像SAT数学考试一样快速准确地测试出一个人在压力之下的计算能力。所有人都无法否认21世纪世界上最有价值的公司都是由SAT高分考生创办的。很少人明确指出这个事实，但大家都心知肚明。在一个充满变数的经济环境中，社会给孩子们施加了巨大的压力，迫使他们不得不去争取考高分，好让自己进入利润最可观的行业，去最能赚钱的公司上班。

但这种高分压力和少年有成的现象也有其反常的一面。

优势陷阱

2014年，《福布斯》杂志将一位30岁的斯坦福辍学生称为“自主创业且世界最富有的女性”。伊丽莎白·霍姆斯（Elizabeth Holmes）及其创办的血液检测公司Theranos开发了一种“新技术”，它无须从静脉抽血，只要通过扎手指提取一小滴血，而就能够检测数百种疾病。霍姆斯认为自己的公司可以挽救数百万人的生命。

投资者也有同样的想法，他们相信Theranos能够为他们带来数十亿美元的回报。他们一轮又一轮地为这家公司注资，将这家公司的身价抬到了100亿美元。霍姆斯因此掌握重权，她利用自己的影响力掌握了Theranos的半数股份，让自己获得了50亿美元的净值，并在《福布斯》女性名人榜上登顶。

但在2016年，这一切就化成了泡影。《华尔街日报》记者约翰·凯瑞鲁（John Carreyrou）在20多篇文章中披露，所谓的Theranos血检技术根本就不靠谱。这些通过扎手指头取得的血滴，通常会被已经破损的皮肤所污染。更糟糕的是，就算是纯净无污染的手指取血所得的检测结果，与传统且可靠的静脉抽血法得到的检测结果仍然存在出入。换句话说，这些手指取血得到的样本不但没有用处，还有可能延误一些致命疾病的治疗，或者导致人们采用了错误的治疗方案。最先发现这个问题的人是Theranos的首席科学家伊恩·吉本斯（Ian Gibbons）。而Theranos公司的首席运营官，也就是霍姆斯的下属，却要求吉本斯不要泄露此事。但Theranos公司的这个秘密还是不胫而走，FBI（美国联邦调查局）很快就介入调查。吉本斯在被公司传唤到霍姆斯办公室，准备接受被炒鱿鱼的命运前夕却自杀了。他的遗孀罗谢尔（Rochelle）不但没有得到霍姆斯和Theranos公司的慰问，还接收到了该公司火速发送来的律师函。Theranos 公司威胁罗谢尔不准同记者接触，否则将对其提起诉讼。

霍姆斯对少年成才的迷恋心理，其实很早就有先兆。她 9 岁时在给父亲的信中写道："我这一生最渴望的是发现人类还没有发现的新事物。"她还是个孩子时就开始学习中文，在休斯敦上高中时就创办了自己的第一家公司，向中国高校出售一种计算机编程语言。她后来不但进入了斯坦福大学，还赢得了总统奖学金及她所研究的一个项目的奖学金。她大一暑假时就在新加坡基因组研究院勤工俭学。18 岁时，她就申请了自己的第一个专利——一种可穿戴的药物输送贴片。

天资聪颖的霍姆斯同时也是个具有远大抱负的人。她的商业偶像是苹果掌门人史蒂夫·乔布斯。她迅速采纳了乔布斯的那套行事作风。她穿着黑色高翻领毛衣，频繁运用手势辅助交流。据称她深邃犀利的目光，简直可以把对方的眼窝盯出一个洞来。就连乔布斯的一些不太受欢迎的特征，她也全盘吸收了。她运营 Theranos 公司的方式，就像管理极权国家一样，禁止员工相互交流自己的工作情况。她通过采用乔布斯的"现实扭曲力场"[①]的风格，让自己成了一个虚构故事的主角——在这个故事中，她的聪明才智和神通广大的 Theranos 产品就是王道，她不可能向现实屈服。

乔布斯与人创办苹果时年仅 21 岁，25 岁时苹果首次公开募股。这次募股使乔布斯成了一名年轻的亿万富翁。霍姆斯急切想追赶偶像的步伐，这让她压力倍增。Theranos 手指取血检测的结果被证实无效时，她想的却不是纠正这项技术，而是将错就错。她经常独身乘坐一架租赁的"湾流 G150"私人飞机，在世界各地进行演讲。她诉诸法律手段威胁批评者，还

---

① 译者注："现实扭曲力场"，就是指结合骇人的眼神、专注的神情、口若悬河的表述、过人的意志力、扭曲事实以达到目标的迫切愿望，以及所形成的视听混淆能力。

找到《华尔街日报》所属的新闻集团的董事长鲁伯特·默多克，要求该报封杀凯瑞鲁的报道；她还授意 Theranos 公司秘密采用传统技术来检测那些血液样本，以便取悦沃尔格林（美国最大连锁药店）等客户。

但那些在《华尔街日报》刊登出来的调查文章，后来也被《福布斯》和《名利场》等杂志转载。到 2016 年时已经是纸里包不住火了。Theranos 没有兑现自己的承诺，它不但撒谎，还威胁那些披露事实的曝光者。在霍姆斯被列为世界最富有的自主创业女性的两年之后，《福布斯》计算发现她在 Theranos 的股份已经不值钱了。

对伊丽莎白·霍姆斯这样的人我们能说什么呢？她的确是天资过人。她凭借百里挑一的计算能力，掌握了流利的中文，成了高中的计算机编程专家。她还是斯坦福大学的总统奖学金获得者，18 岁时就申请了自己的专利，19 岁时就成了一位头脑灵光且富有人格魅力的企业家，成功地说服她在斯坦福大学的导师加盟自己的公司。但她是一位天生的撒谎者、骗子、麦道夫（华尔街头号诈骗犯）的继承者吗？我并不这么认为——或者说这并非她的本意。我认为她的致命缺点就是急功近利。在发现 Theranos 并没有按照她的规划走向成功时，她并不是停下来纠正这项技术，而是加倍渲染她的天才故事，发表 TED 演讲，乘坐私人飞机四处宣传，发送律师函威胁怀疑她的人。

伊丽莎白·霍姆斯是一个坏人吗？许多人就是这么想的。但我认为她的行为并没有这么简单，不能用非黑即白的说法进行解释。她更有可能是因为无法摆脱自己早年成就的心理包袱才误入歧途。

· · ·

美国和其他发达国家都在用许多方式——推崇一两百年前并不被人接

受的多元民族性和生活方式。对于许多在历史上曾被边缘化的群体来说，这是一个意义重大的转变。在过去三十年中，非裔美国人的大学生毕业率翻倍增长。像迈克尔·乔丹和埃尔文·约翰逊这类杰出的非裔美国人也不再只是运动员而已，他们现在也可以是球队老板。《福布斯》最近的“美国最富有的自主创业女性”名单包括 17 名亿万富翁，涉及的行业覆盖屋顶建造、货车运输和零售等。美国的 50 个州也都承认同性恋婚姻的合法性。

尽管美国社会最近在公众和政治容忍度方面有所退步，但民意调查依旧显示，人们在最近数十年对待教育、职业环境、性别平等、同性婚姻方面的态度正在稳步改善。人们的这种社会宽容还体现在对待个人风格、不寻常的兴趣和激进的身份政治[①]等方面的态度上。我们现在可以接受文身和各种刺青。我们还可以有不同的性取向，可以穿拖鞋和连帽卫衣去上班，成年人也可以收集漫画书和玩电子游戏——社会对这些情况的包容性远超以往。

但提到少年有成和认知方面的多样性时，我们采取了截然相反的态度。我们越发无法容忍那些拥有不同认知能力的人，也就是发育较为缓慢，或者不具备职场所承认技能的人。

整个社会都默认我们已经变成更为独立且更有想法的人。这导致我们想当然地认为，因为大家都有不同的个性和生活方式，所以我们当然也应该承认不同的学习过程和认知发展节奏：我们认为有更多人可以得到超过以往的更多的机会。但这种假设其实是大错特错，这种错觉蒙蔽了我们的双眼，导致我们无法看清网络公司和金融公司普遍偏爱具有快速计算能力

---

① 身份政治（identity politics）可以是一种政治理论，也可以是一种社会运动的策略，背后的基本想法正如其名称所示，强调参与者的身份在政治中的重要性。

的员工这个严酷的事实。更糟糕的是，这些公司的这种倾向往往是建立在单一考评机制或者一个模糊百分比的基础之上，而这种数据几乎无法反映像人类潜能这么复杂的事物。

我们可以看看 IQ 测试和 SAT 这类决定一切的考评机制的变化过程。它们原来的初衷绝非“一考定终身”。在几十年前，考试得到凑合的等级和中等分数，不太可能限制你的人生轨迹。你的 SAT 分数并不会在很大程度上决定你能赚多少钱，你将和谁结婚，或者其他人对你的看法。无论你申请的岗位是在工厂车间还是办公室，雇主看重的多为诚实正直、富有爱心、工作经验、职业道德、做事靠谱、团队合作能力及坚忍不拔等素质。人们重视的大多是情商，而不仅仅是智商。再对比一下现在的情况。今天，在标准化考试结果中靠后的那 75% 的考生（在所有考生中占比四分之三）的处境颇为艰难。如果你家经济并不宽裕，父母无法将你送入第二志愿学校，或者为你请家教，或者没时间在家为你辅导功课，那么你当然只能随大流，采用标准的学习方式。

不管我们是否意识到了这一点，不管我们想不想承认这一点——它都已经构成了一个重大的文化倒退现象。

今天就算你循规蹈矩地做了一切该做的事情——努力学习，参加 SAT 考试，进入本地或州立大学，你还是有可能落后于他人。你可以沿着帮助好几代人“走向成功的通道”继续前行，却仍然可能被挤到边缘，或者因经济问题被他人碾轧。为什么会这样？没错，就是因为你做事不够机灵或者不够敏捷，你 17 岁时的标准化备考技巧并不出众。所以，你之后余生都只剩下陪跑的命了。

在过去，如果你在高中或大学时遇到什么坎，都可以通过多种方式迎头追赶。比如，加入美军就一度是人们接受深造的一个可行路径。美军曾经是一个适合人们（尤其是工人阶级的男人）接受纪律和锤炼、找到学习榜样、扩大视野的地方。但现在你很少听到这种故事了——他们已经淡出了美国公众的讨论话题。以 2016 年畅销书中的黑马《乡下人的悲歌：危机中的家庭与文化回忆录》（*Hillbilly Elegy: A Memoir of a Family and Culture in Crisis*）作者 J.D. 万斯（J.D.Vance）为例。他的青少年时代命途多舛，后来他加入了海军陆战队。他退役后就进入了俄亥俄州立大学，之后又进入耶鲁法学院深造，然后又成了硅谷一家领先的投资公司的负责人。这是一个不同寻常的探索、成才和自我成长的故事。但万斯这个故事最不同寻常的地方恰恰就在于它"不同寻常"这个事实，在过去这其实是一种很普遍的现象。但在今天，我们表面的宽容之下潜伏着一种死板的倾向。这种倾向是一种人们默认的认知暴政，它封锁了许多通向成功与成就的替代性路径。

更糟的是，这种倾向还导致我们目光狭隘，看不清一个广泛而深刻的事实——人类潜能的范围正在不断扩大。有些人比较幸运，他们的技能在上学时就被人发现，通过单一维度的标准化考试就可以发掘出他们的最佳天赋。他们都是幸运儿。但对于比较不幸的大多数人来说，我们的潜力可能要更久之后才会被发掘、得到承认或者鼓励。因此，我们大多数人被错误地贴上了天分不足或缺乏志向的标签，我们被称为差生或者平庸之辈。事实上，我们只是在学校时无法发挥真正的能力，没有遇到我们真正擅长的事情罢了。过早的压力和考评倾向，这两者联手让我们变成了备考机器。

我们走向了一场注定会落后的竞赛。

· · ·

我们面临着一个可怕的困境：年复一年，备考机器不可逆转地变得越来越聪明。在 20 世纪现代自动化程序首次出现时，它似乎并没有对基于知识的经济构成什么威胁，因为它主要用来取代出卖人力的劳动者。当机器人开始焊接和装配越来越多的汽车零件时，汽车装配线上的工人时刻担心饭碗不保。当机器人和 AI（人工智能）开始入侵白领职场时，大学生和媒体也产生了警觉。现在，这场危机的影响现在才开始逐渐明朗。

2016 年秋，美国前财务部部长劳伦斯·萨默斯（Lawrence Summers）写道："我预计到 21 世纪中叶，将有超过三分之一年龄介于 25 至 54 岁的人会失业。届时很有可能会有超过一半以上的人，每五年中至少有一整年没有工作。"他是在研究美国领先的人口学家尼古拉斯·艾伯施塔特（Nicholas Eberstadt）著作的基础上做出了这个预测，后者将这个换代趋势称为"美国的隐形危机"。

在 2016 年圣诞之前，白宫发布了一份长达 50 页的报告《人工智能、自动化及经济》（*Artifcial Intelligence, Automation and the Economy*），它指出："美国应投入和开发 AI，因为它具有'多种效益'，其中包括为美国人提供未来的就业教育和培训，为工人提供帮助，为他们赋能，以便分享未来的经济发展成果。"这听起来好像也不是太坏？接着往下看："但报告作者承认这其中还存在无数未知因素，包括 AI 所带来的效应，以及 AI 来临的速度等。研究人员预估在未来十年或二十年将受到 AI 威胁的工作岗位占比介于 9% 至 47% 之间。"新闻网站 Market Watch 在报道这则新闻时还搭配了一个戏谑的标题——"白宫：机器人会抢走我们半数人的工作，但我们应该接受机器人。"

在未来数年，数百万原本认为自己的职业不会受到自动化趋势影响的白领工作者将会发现，他们受人尊敬的工作将由廉价的软件程序代为执行。没错，我们很难识别出哪个职业未来不会被 AI 和计算机自动程序所取代。医药、放射学、肿瘤学甚至是某些简单的手术都很容易由机器自动操作完成。这意味着在某些尊贵的职业中，将有数十万人面临下岗。那么大学的终身教授呢？现在已经出现了网络学习的数字化课程。律师呢？LegalZoom 网站就可以为客户提供写遗嘱、创办有限责任公司的文书、离婚协议，或者注册商标等服务。建筑师和工程师呢？Autodesk 和 Revit 等软件程序提供的 BIM（建筑信息模型）和 VDC（虚拟设计与施工）已经可以设计建筑框架和绘制工程图纸了。

麻省理工学院经济学家弗兰克·利维（Frank Levy）犀利地指出，“以规则为导向”的白领岗位将面临失业风险，因为这些工作需要遵循复杂的指示或规则，例如整理诉讼案摘要、阅读示意图或者创建结构设计方案。目前，还有人在这些岗位上拿着体面的薪水，但以后他们的饭碗可能就保不住了。

现在，我乐观地认为多数人将及时适应这些变化，但我们还是能看到这里面存在一个陷阱。讽刺的是，当今社会以 STEM（科学、技术、工程和数学）这些理工学科为尊，这就会鼓励年轻人去做很快就被 AI 所取代的工作。像工程、银行、实验室和计算机编程等许多基于规则的工作，曾一度被视为前程无忧的“金饭碗”，它们实际上是一个陷阱。这种正在发生的职业换代现象将对人们产生深远的影响。

· · ·

我们的社会已经陷入一场危机。我们对分数、等级和可量化的少年成就的痴迷，其实都起源于一个用力过猛的好意。我们并没有采纳承认人有多种天赋的精英政治，而是将一个不断收窄的 IQ/SAT 寡头政治奉为圭臬。在这个新的社会秩序中，有一群少年得志者成了赢家，但多数青年男女在未及成年的时候，就发现自己已经落后了。在这种以算法为上的成功衡量标准中，大多数人的天赋就一直潜伏在深处，无法被人发掘。这种过度强调少年有成的观念未必适应未来趋势。人类生命的广度正在不断延伸。多数最近出生的人将活到 22 世纪。对我们绝大多数人来说，拿到 SAT 高分或者理工科学位未必就能保证过好这一生，而发掘和接受我们真正的天赋，有可能让我们在人生中的任何阶段发挥一番作为。

高昂的四年大学学费和有增无减的助学贷款，只是我们当前困境表现出的一个征兆。今天，美国大学助学贷款额已达 1.3 万亿美元(见引言部分)，其中的违约率达 11.5%。这个数据远超 2008 年的房贷泡沫。我们担心孩子输在起跑线上并因此走弯路的恐惧感，就是这种疯狂的财务乱象背后的驱动因素。在世袭制已经退幕、社会不存在官方承认的地位等级的时代，我们就这样作茧自缚地创造出了一个以 IQ 分数和名牌大学学历为基准的新势利制度。

要缓解这个危机，我们就必须停止过度追捧少年得志者，不再寻找实现少年有成的“快速通道”，因为这种现象不但对我们大多数人来说既不公平又不人性，而且它忽略了我们所有人与生俱来的天赋。它切断了我们发现自己的天分和激情的通道，而它们实际上一直潜伏在深处或者很晚才会绽放异彩。它让我们的个性、经历、同情心、智慧、可靠性、韧性及一系列可助我们成功和成才的优秀品质变得平庸渺小。它斩断了我们许多潜在的大器晚成者的后路。

我们应该采取的做法是，肯定所有的个人才能，承认每个人的成功和成就都有不同的时间表。我们不应该在早年就专断地关闭大家的探索路径，而应该不断另辟蹊径。如果我们还想在由智能机器和无处不在的自动化程序做主的时代立足，就很有必要接受这种观念。我们最好承认一个事实，那就是我们每个人都在以不同的方式，根据不同的时间表实现成长。

但我们的社会并不会以人类具有多元性这个事实为荣，它只会一边倒地为那些具有可量化的才能或者很早就获得成功的人士大唱颂歌，它青睐的是很早就展示出考试天分、拥有进入好学校的优越资源、参加好课程、找到好教练的人。

过去，人们的成功标准并不是有钱或者成名，也不是很早就取得很高的成就。那时候，人们看重的是充实地过完一生的机会。人们重视的是德才配位，得到恰如其分的尊重。由于我们对神童、考试、排名及给年轻人分类的痴迷，我们对年轻人（尤其是取得卓越成就的年轻人）的偏爱，以及越发以算法为基准、奖励天生的反应速度而非经验和智慧的经济环境，导致原来的这些传统都崩坏了。

不幸的是，我们多数人都没有在 SAT 考试中拿高分，也没有强硬的后台可以进入每年学费高达 4 万美元的幼儿园。我们多数人并不适应最新的学习模式，或者无法根据科学管理的原则实现成长。我们多数人也没有什么杰出的运动细胞，不是极端外向的人，不是极富进取心的攀登者，也不是认知能力超群的学生。

那么，我们这些没有过硬社会背景，没有在 SAT 数学考试中拿高分，学习进度缓慢和较为普通的学习者——大器晚成者，还有什么立足之本呢?

这正是本书其余部分关注的问题。有一个好消息就是，我们的处境正在逐渐改善，我们并不会被当今的神童文化彻底湮没。

第三章

尊重人才成长的节奏

艾希莉在15岁时割了自己的手腕，逃出学校，开始同一些老男人周旋。她曾被困在一个抑郁、自虐和麻木的轮回中。今天，她已经是一名职业顾问和演说家了。

现在，32岁的艾希莉在一家度假酒店的舞台上分享了自己的故事。那是一月份的某个周六晚上，现场大约有600名听众，他们刚刚享用过晚餐和甜点。他们都转动了座椅的方向，倾听艾希莉的故事。她看起来健康又自信，与她原来的样子判若两人，用她的话来说，过去的她就是“习惯性地逃避责任、切腕和逃跑”。

需要说明的是，艾希莉这里所说的“切腕和逃跑”并不是一种比喻，它是真事。她告诉观众，她在上高三时就开始用剃刀切腕。她父母对此非常警惕，试图阻止她切腕，并使尽浑身解数想迫使她停止自残。他们试遍了惩罚和奖励的手段，也找过咨询师，最后都无济于事。因此，他们就给艾希莉办了退学手续，将她送到一所实验女子寄宿学校，该校名为春岭学院（Spring Ridge Academy），距离凤凰城北部有一小时路程。

艾希莉总想逃出春岭学院，搭乘陌生人的便车离开这个地方。她最长的一次失踪是在凤凰城夜行了将近二十小时。她的这种强迫行为已经上升到了让她陷入危险的程度。一名春岭学院的辅导员在了解她的情况之后，开始对她进行救助和治疗。之后，艾希莉逐渐恢复了常人的生活。她拿到了高中毕业证书，后来考上大学，还拿到了临床心理学的硕士学位。艾希莉夜逃凤凰城的事情已经过去近二十年了，她现在成了一名为问题少女引路的顾问。她表示：“我一直想成为勇敢无畏的人，但这种渴望差点让我走上歧路。现在我已经知道，我可以用更健康的方式成为无畏之人。我可以成为一名帮助他人的领袖。”

艾希莉的故事表明，当今的少年有成狂热症与现实生活的三大趋势存在很大出入。第一个趋势，已经有越来越多证据表明，现在的青少年普遍比过去几代青少年更晚实现认知和心智上的成熟。第二个趋势，科技的发展要求人们持续重塑个人和职业的发展路径。我们无法否认一个事实，即当今大学生或者 SAT 考生所展现出的技能会在更快速的变革过程中失去效用。第三个趋势，最近调查结果表明，虽然我们的认知能力会随着年岁渐长而衰退，但我们在这一过程中也在不断增加新技能，直至我们生命结束为止。几乎所有健康的人都可以通过不同方式，在不同年龄实现自己的成就。因此，要创造一个人人实现成就的繁荣社会，我们就有必要尊重个人成才的节奏。我们应该让每个人都有大量机会去遵循自己独有的时间线，实现大脑、天赋和激情的演变和发展。

你想错了，人在 25 岁后才开始成熟

青少年与年轻人的成熟速度是不同的。每位家长都知道这一点，越来越多的神经系统科学家和心理学家现在都承认这一点。许多心理学家认为，18 至 25 岁是一个既不属于青少年又不算是真正成年的独特时期。从法律上讲，我们将 18 至 25 岁的年轻人定义为成年人。事实上，我们许多人，尤其是大器晚成者，缺乏成年人的一些重要的行事能力和素质。

我自己的尴尬经历就可以印证这个事实。

我过去总是不想长大。我在小学时是个优秀学生，喜欢参加各种体育运动，父母、兄弟姐妹和朋友都给我留下了美好的回忆。后来我进入了青春期，我的小世界就发生了翻天覆地的变化。初中学校在我看来就像一座监狱。其他男孩都开始进入生理成熟阶段，而我就像被卡在雪堆的小孩一样没有太大变化。他们开始对女孩产生了兴趣，女孩也开始关注男生。我班上有许多男生和女生好像突然就掌握了代数与几何，而我还没开始领会这些是什么概念时，就被他们甩在了后面。那时我也没有办法阅读像《杀死一只知更鸟》这样深奥严肃的书。我在校的表现还凑合，但再也不算拔尖的学霸了，在五年级时还是全 A 的成绩，到高三时大多时候只能拿 B。我参加体育项目时也总是个候补队员。在社交生活方面，我只能局促不安地站在一边，等待被别人挑选或者被他人排挤。有一天下午，有位九年级的学生推了我一把，把我的眼镜摔坏了。我没有采取任何反击行为，就这样变成了旁观者眼中的失败者。

上高中时，我通过参加一些田径和越野运动队挽回了一些尊严。身形瘦削、耐痛性较强的孩子似乎很适合长跑。我跑 1600 米的时间是 4 分 36 秒，这个成绩还不算坏，但我们队是一个州冠军队，我取得的这个成绩只能排在队里的倒数第四名。教练似乎根本就没有注意到我的存在。在学业上，我在高中毕业班的排名为全年段第 94 名（共 521 人），平均分为 3.2。我的高数成绩是全班最差的。

我的命运似乎就这样走上了平庸的岔道。我上了我家附近的一所本地专科院校，在这里艰难地学习经济学、微积分学和化学。我继续参加田径赛和越野赛，甚至还曾经赢得过一个名次，但我们队只能算是最低端的大学运动代表队——我们学校只是一所位于人口稀少的中西部地区的专科院校。

后来我又转入一所学制四年的大学，这一切就好像突然走了狗屎运一样。我在读大专时参加“千码室内跑”[①]的成绩为 2 分 21 秒，这只是普通高中生的水平。但这让我有幸得到了参加全国专科院校室内田径赛的机会，也让我因此得到了斯坦福大学长跑教练的关注（因为我参加了全国性的比赛）。斯坦福大学长跑教练误以为我的 2 分 21 秒是参加千米赛跑的成绩，这意味着我有望成为 NCAA（全美大学生体育协会）的长跑选手。这位教练因此把我的长跑速度高估了 10%。虽然高估了 10% 的速度并不足以让我赢得田径赛奖学金，但这位教练还是通过另一种途径让我交到了好运。他和大学招生办公室打了招呼，要求对方忽略我在专科学校的 B 级成绩，以及我那不太出色的 SAT 分数，因为我有潜力成为一名 NCAA 级的中长跑运动员。（我后来在大学的校内田径赛同这名教练聊天时，才知道原来这是一场误会。）

可以说，我就是在这个时候，利用了这个千载难逢的好运，一举成为大学运动代表队的田径运动员及罗德奖学金的提名者。但我并没有好好利用这个绝佳的机遇。我的学业还是毫无起色。我学会了在选修课程的时候，跟着足球运动员选报课程，因为我觉得他们比较有可能选择最简单的课程，也就是所谓的“米老鼠课程”（易如反掌的课程）。即便是这样，我还是无法在这些简单课程上拿到 B 以上的成绩——只有一次在电影美学课程上拿过 A^-。毕业后，我的室友都带着更远大的志向去读研了——他们的研究生专业是法律、化学工程或神学。而我毕业后先后做了保安、洗碗工和临时打字员这类工作。我曾在《跑步者世界》（*Runner's World*）担任过七个月的助理编辑，这段经验为我开启真正的事业埋下了伏笔。我在这里上班时与同事无法和睦相处，还写错了比赛成绩中的人名，不等杂志社解雇我，我就先辞职了。我过着现挣现吃、仅够糊口的生活。从《跑步者世界》

① “千码室内跑”是一项跑步运动，全程约 900 米。

离职几个月后，我在一家酿酒厂当守夜人时还偷过几瓶酒，并在上班期间喝得酩酊大醉。我开着自己的老福特（Falcon）回那寒酸的公寓途中，通常会在一家便利店门口停车，买一些垃圾食品当早餐。

在一个寒冷的夜晚，这失意的人生终于出现了让我羞愧难当的一幕。

当时夜幕已经降临，我走出了保安室，开始例行公事地巡逻。我穿着美国巡逻队的制服，黑色的长裤，里面是一件灰色的短袖，胸口有一枚闪亮的徽章。我看上去就像个商场巡警，但我那晚当保安的“岗位”只是加州圣何塞市北部的一个卡车出租场。我手上没有武器，只有一个状如大冰球的达富士钟。我的职责就是绕着这个被围起来的场子走一周，并将达富士的钥匙插入一些拴在围墙上的盒子，以此证明我的确遵守了每小时的巡逻任务。

当夜有一只不知身在何处的狗开始狂吠。听得出来这是一只大型犬的叫声，意在威慑生人，它就这样不知疲倦地叫着。我转动手电寻找这叫声的来源，很快就找到了这条狗——它是隔壁木材场的一只罗威纳犬。

这个事实让我受到了打击。隔壁木材场的保安居然不是一个人，而是一只狗。这其中的意味让我幡然醒悟和心生悲凉：我已经 25 岁了，我可是堂堂的斯坦福高才生啊。同样是 25 岁的史蒂夫·乔布斯，没过几个月就让苹果上市了，推动了计算机行业的变革，成了一代传奇。而我却是如此穷困落魄，我这个职业的同行居然是一只狗。

这就是 25 岁的我。

后来，我开始告别过去。我的大脑在 26 岁时开始觉醒（没错，就是这种感觉），我在一个研究所找到了一份科技类文章作者的工作。29 岁时，我结婚了。我和一位朋友创办了后来成为硅谷头号公共事业组织的公司。34 岁时，我与人联合创办了硅谷的首份商业杂志。38 岁时，我加入《福布斯》推出了一份科技杂志。44 岁时，我成了《福布斯》发行人，开启了能够让我周游世界的演讲事业。46 岁时，我学会了驾驶飞机；49 岁时，我写了一本关于自己的飞行历险经历的畅销书。我读五年级时的某些梦想就这样成真了。

回首过去，我事业的转折点就发生在我即将进入而立之年的时候。在那些年中，我好像从一场在高中时就开始沉睡的长眠中苏醒过来。到 29 岁时，我开始意识到自己终于拥有了功能完善的大脑。我开始关掉电视新闻，转而阅读《华尔街日报》和《纽约时报》。我阅读各种意识形态的政治期刊。我能够凭直觉判断，也能够用理性思维进行思考，并看到这两者的不同之处。我可以写句子、段落和整篇文章。我学会了规划和经营自己的事业。我能够预见创业机会并撰写提案。我还能够以专业方式，同比我年长和更有成就的人打交道。

一个全新的世界在我面前展开。

是什么原因让年近三十的我开始觉醒？是什么因素将沉睡在壮年期中的我唤醒，促使我产生了成年人的进取心和责任感呢？

· · ·

新兴的研究表明，人们公认的从青春期到成年期这个人类的成熟顺序中间漏掉了一个环节。在 18 至 25 岁这个阶段，多数人还不完全算是成年人，而是一种处于多变的壮年期的状态，他们的某些认知过程，还不太像功能健全的成年人的大脑。前额皮质（我们大脑额叶的处理中心）的完全成熟期通常发生在 20 多岁甚至更晚的时候。前额皮质的位置就在前额后面，它负责处理规划、组织、解决问题、回忆、反应抑制和分配注意力等复杂的过程。

认知研究人员使用神经成像研究，确定了前额皮质的两大重要特征。

第一，它发育缓慢，而且它体积很大。从本质上说，我们大脑额叶（前额皮质所在的地方）的认知发展是一个从后方到前方的过程。第二，它始于初级运动皮质，由此传播到顶叶区和颞叶区，最后才到达前额皮质。

或许这并不能让我们感到惊奇。毕竟我们的前额皮质的确要比其他物种大许多。成年人类的前额皮质由将近三分之一的新皮质组成。相比之下，新皮质在黑猩猩的前额皮质中仅占比 17%，狗的这一比例为 13%，猫仅为 4%。

需要注意的是，许多关键的前额皮质会在我们从青春末期进入二十几岁时发生变化。例如，髓鞘就是在这个时期形成的，髓鞘是一种使纤维绝缘的物质，它有助于更有效地传递神经信号。大量的突触修剪[①]也是发生在这个时期。这听起来似乎是件坏事，其实不然。突触修剪让爆炸性增长的神经交缠形成的复杂网络得到约束，从而让保留下来的神经网络更有效地传递信息。与此同时，前额皮质还发展出了一种能够更好地向大脑其余部分（尤其是那些与情感和冲动有关的部分）传递信息的能力，这样大脑的所有区域都能够参与规划、解决问题等复杂的过程。

这些就是能够将我们定义为成年人的典型能力——控制情绪和冲动，规划复杂的流程，以及预测问题。但大多数 18 至 25 岁的年轻人都缺乏这种能力。心理学家使用另一个术语来定义神经系统成熟度——执行能力（Executive Function）。缺乏执行能力，是导致艾希莉出现强迫性的切腕

---

① 译者注：突触修剪是一个包含轴突（神经细胞）和树突（神经细胞）完全衰退和失去活力的过程，是包括人类在内的许多哺乳动物在幼儿期与青春期之间发生的突触消除的过程。突触修剪在出生时就开始了，会一直持续到 25 岁左右。传统上认为它在性成熟时就已经完成，但核磁共振成像（MRI）研究认为这种说法不可靠。成年期的大脑体积将比婴儿时期增加多达五倍，最终达到大约 86（±8）亿个神经元。有两个因素促成了这种体积增长：神经元之间的突触连接的增长及神经纤维的髓鞘形成，但神经元的总数保持不变。修剪会受到环境因素的影响，人们广泛认为它代表大脑的学习能力。青春期后，由于突触修剪，突触连接的数量会再次减少。

和逃跑行为的原因，我本人非常晚熟也同这个原因有关。这是一种预测和有效制订计划的能力，它可以将各个行动连接起来，以便实现预期的结果，它可以让人们看到遭遇风险和获得奖励的可能性。它包括发展一种自我意识（自我认同感、个人信念和个人价值），调节情绪，以及设定目标。多数行动能力的技能是通过我们的前额皮质进行协调和控制——准确地说，这是大脑最缓慢、最庞大也是最晚发育的区域。

美国国家心理健康研究所（NIMH）赞助的一项大脑发育纵向研究跟踪了近 5000 名 3 至 16 岁（平均登记年龄为 10 岁）少年儿童的发展情况。科学家发现这些孩子的大脑至少要 25 岁时才会完全成熟。研究人员还发现，他们（产生情绪的）大脑边缘系统[①]与（管理情绪的）前额皮质的发育之间存在一个时间差。边缘系统会因青春期活动而出现爆炸性的发展，而前额皮质却还要再过十年才会成熟。在边缘系统已经十分活跃的时候，前额皮质仍然有待成熟，此时人们的情感占据了上风，它的影响超过了理性思考、策略性思考和考虑后果的能力。

我们可以这样想：多数 18 至 25 岁的年轻人实际上都无法做出负责任的选择，没有足够的注意力，也不善于管理自己的情绪。但外界却会在这个年龄段评估他们余生的成就，并要求他们（通过考试、分数和求职面试）为自己的后半生做出抉择。这其实并没有什么道理。

要知道，25 岁是大脑能够充分执行行动能力的年龄中值。某些人可能在 21 岁就完成了这个过程。而另外一些人的大脑，很可能 25 岁之后和即将进入 30 岁时才算是成熟了。我快 30 岁时才真正摆脱了壮年期的心理

---

① 译者注：大脑边缘系统是指高等脊椎动物中枢神经系统中由古皮层、旧皮层演化成的大脑组织以及和这些组织有密切联系的神经结构和核团的总称。古皮层和旧皮层是被新皮层分隔开的基础结构。大脑边缘系统的重要组成包括：海马结构、海马旁回及内嗅区、齿状回、扣带回、乳头体以及杏仁核。

状态。如果你也和我一样，曾经是个晚熟的少年，以及非常不负责任的年轻人，你的大脑也可能很晚才会成熟。如果你是家长，你是不是会担心处于青春期的孩子缺乏注意力和纪律性，或者已经成年的孩子仍然还不算事业有成？没错，这就是21世纪人类的普遍思想。

尚未开启执行能力的年轻人，究竟算不算真正的成年人？这一问题仍存在争议。没错，我们见过18岁的数学天才和象棋大师。我们也见过一系列年龄介于18至25岁的出色运动员、勇敢的战士、演员、歌手和企业家。但他们的成就通常并非其执行能力的决策结果。汽车出租公司就深谙这一点，所以它们会向未满25岁的客户征收昂贵的租车费用。对我们大多数人来说，我们要等到25至30岁时才会拥有发育完善的执行能力——它的节奏与大脑前额皮质的成熟期保持一致。还有相当多的人甚至要更晚的时候，在30岁左右才能完成这个过程。

前额皮质的缓慢发展与社会极力对低幼儿童进行测试的做法产生了巨大的冲突，并且当今社会对儿童的考验比以往更严格了，目的就是发掘他们的才能。真正想参加高中体育项目的青少年，都不敢真的等到高中时才尝试这些运动。如果你想参加足球、篮球或棒球队等团体运动，就必须在更早的时候就参加一些训练项目。如果你想角逐网球、游泳或体操等个人体育项目，就得花大价钱聘请私人教练，进行训练，参加夏令营及一些竞赛和锦标赛。

在学术界也同样如此。如果你想让孩子进一流大学，你就不能等到高中时再制订相关计划。一流大学录取学生时看中的是接近满分的SAT成绩，担任领袖角色的经历，参加社区活动的记录，以及相关成就。七年级、八年级时就可以开始规划考大学事宜了。数百万家长每年在家教和SAT备考班上合计投入了将近10亿美元。

滞后的成熟期与超前的儿童能力测试，这两者是截然相反的趋势。只有一小部分不到25岁的人能够在少年时期时就显露锋芒。多数人在这个时期不但没有什么出色表现，还可能遭受由老师和盼子成才的家长来设置规则的高风险、高压力的比赛带来的伤害。有些人在家长和其他成人寄予厚望的比赛中失利时，就会萌生退意，开始自暴自弃。但我们的社会就是如此执拗地测试、跟踪青少年的成就，并对其进行排名分类，实际上，这个群体刚刚进入认知成熟的过程，他们可能要25岁之后才会真正成熟。

延长青春期，进行更多自我探索

现在每一代人完成接受教育、实现经济独立、结婚生子的这个过程所需要的时间越来越长了。20世纪70年代晚期执行的一项全国性的大规模研究发现，与处于同一年龄的父辈相比，今天25岁的年轻人继续读书深造的概率比前者高两倍，经济上依赖父母的概率也比父辈高50%，而结婚的意愿却比父辈下降了一半。

为什么这么多20多岁的年轻人始终长不大？从父母担忧子女“事业无成”，到子女回巢啃老等现象，都不难看出这个问题的确无处不在。

人们的传统生活习惯似乎开始脱离正轨。越来越多年轻人不愿意被伴侣或永久的家庭关系所束缚，不得不退而求其次地回校继续读书。还有些年轻人为逃避责任，四处旅行，为无偿的实习机会而挤破头，迟迟不肯进入成年人的生活。20世纪70年代，“婴儿潮一代”的适婚年轻男女初次结婚的中值年龄分别为23岁（男）和21岁（女）。到2009年时，这个数据就变成了26岁（女）和28岁（男）。因为我们的大脑会在20多岁甚至是30岁出头时持续发育，所以我们所称的成人期似乎来得越来越迟了。

这意味着什么？这说明我们的20多岁是一个探索的时期。我们的人生充满许多变数和可能性。这个时期正是人们接受大多数正规教育的时候，是他们遇见未来的另一半和结交终身好友的时候，是他们开创个人事业的时候。他们会在这个时期自由地历险、旅行和建立人际关系，如果错过了这个时期，他们就再也无法获得这些体验了。

克拉克大学心理学教授杰弗里·阿奈特（Jeffrey Arnett）正在呼吁社会认同他所称的“始成年期”这个独特的生命阶段。阿奈特认为，社会和经济变革，要求人们重新定义18至30岁这个独特的阶段。除了社会文化的变迁，人们对学习深造的需求，更少的入门级工作机会，以及社会晚婚趋势，也是阿奈特倡导“始成年期”这个概念的依据。

阿奈特认为自己是一位晚熟者。他称始成年期是人们进行自我探索的一个重要时期。始成年期的人通常会探索自己的身份，体验不稳定的经历，关注自我意识。探索也是青春期的一部分，但对20多岁的人来说，它具有新的意义。人们越接近这个年龄，面临的风险就越高，此时他们的机会在收窄，他们必须制订长远的计划。

阿奈特的一个颇有争议的观点就是——延长青春期实际上是一个优势。如果你觉得这是一种娇惯年轻人的做法，那你就错了，因为他并不是这个意思。他认为超青春期包含持续的刺激和不断增加的挑战。持续参加新颖和能够刺激认知能力，同时又有严格要求的活动，可以保持大脑的可塑性，与过早参加重复性、一眼就能望到头的工作和实习这些阻碍大脑可塑性的活动相比，这种做法当然有好处。换句话说，推迟成年期实际上是一种值得提倡的做法。它可以培养独立思维，有助于掌握新技能。更重要的是，它可以激发人的积极性和动力。

在上大学之前、大学期间或大学毕业后暂时休整一两年，实际上是一个符合神经科学的做法。就算是短暂延长青春期的人，参加工作后的大脑可塑性也要比一直按部就班地上学和工作的同龄人更强。研究发现，成就较高的人士在其大脑突触持续扩增的时期都享受过较长的休整期。这种迹象很明显：在大脑前额皮质仍然具有可塑性时，接触新鲜事物和挑战，对长期的事业成功大有裨益。

耐克创始人菲尔·奈特（Phil Knight）在其出色的（且极其坦白的）自传《鞋狗》（*Shoe Dog*）中提到，他在大学毕业后参加工作之前的一段空档期，就是他开创鞋业公司的灵感来源。奈特是俄勒冈大学校运动队的一名田径运动员。他曾在军队服役两年，后来进入了斯坦福商学院，他读研期间撰写了一篇论文，表达了他认为 20 世纪 60 年代的日本（距离日本二战投降已有 20 多年时间）能够成为不容忽视的新兴体育商品市场的原因。奈特获得斯坦福 MBA 学位后，说服父亲赞助他一笔环游世界的资金。他承诺自己以后会安定下来，找一份会计的工作。但他在游历日本期间，对自己的 MBA 论文进行了验证，参观了一些运动鞋厂。他就这样开创了自己的事业，其公司原名为鬼冢虎（Onitsuka Tigers，现称为 ASICS），主营日本跑鞋进口业务。

直到十年之后，奈特才创立了自己的运动鞋品牌——耐克。对他来说，创业就是一条自我探索的路径。他认为，如果自己研究生毕业后直接参加工作，他可能就真的变成了一名为企业打工的会计，过着像父亲那样劳碌而缺乏成就感的生活。

奈特实际上经历了两段空档期。他大学毕业后在军队服役了两年，所以他进入斯坦福商学院时实际上已经 24 岁了，而不是 22 岁。他的第二段空档期是在 26 岁，也就是他游历世界检验硕士论文的时期。

· · ·

“出门长见识”并不是什么新观点。美国和平队、富布赖特奖学金和Teach America等组织已经帮助好几代年轻人走出国门，接触世界。服兵役催人成熟也同样不算什么新理念。事实上，以色列、瑞士、挪威、丹麦和新加坡在内的许多国家都实行义务兵役制。这些国家的年轻人失业率要比美国、英国、法国和德国等同样富裕发达但没有实行义务兵役制的国家更低。

真正引人注意的新事物是社会流行文化及一向反应迟钝的大学对待空档年的态度转变。凯尔·德努乔（Kyle DeNuccio）18岁上大一时过得很不如意，他告诉父亲自己将在春季学期结束后就退学。父亲警告他：“如果你现在退学了，以后就别回来上学了。”但德努乔还是中途退学了。他后来回忆这段经历时写道：“虽然我的成绩还没有差到需要退学的地步，但除了尽量让考试不挂科，我就是找不到任何做事的动力。浪费这么多学费让我很惭愧，我不敢想象接下去三年继续在这里虚度时光的情形。”

像德努乔这样对大一生活感到绝望的新生并不少见。所幸他父亲还是支持了儿子的决定，但也对他提出了警告。父母断绝了对他的经济资助，年轻的德努乔必须自食其力。父母之爱子，必为之计深远（这种现象在经济殷实的家庭其实也非常罕见），而这种考验恰恰就是德努乔所需要的锤炼。他在《冲浪》（*Surf*）杂志找了一份实习生的工作，只能把自己的车子当卧房，把海滩当浴室。他很快就发现，在一家财政拮据的杂志社的底层艰难求生，并不是他想要的未来。但他在加州的这份工作，以及他后来在波多黎各做厨房洗碗工的经历，让他变成了一个更成熟、更明智的人，也重新点燃了他回校读书的热情。

德努乔在空档年尝遍辛酸的经历也可以让他人得到启发。新的研究结果也认为空出一年时间再上大学或参加工作具有多种好处。

安德鲁·J. 马丁（Andrew J. Martin）研究 338 名学生发现，那些选择通过空档年进行休整的年轻人之前的情况很像凯尔·德努乔，他们缺乏同龄人的那种动力。但他们在空档年之后，多数人都能找到新的动力。用马丁的话来说就是："他们仿佛重获新生，能够更好地择业，拥有更好的就业表现，以及掌握了多种生活技能……我们可以将空档年视为一个教育过程，人们在这个过程中可以掌握促进个人成长的技能和进行重要的思考。"

马丁进一步指出，空档年可以增加一个人的"经济、社会和文化资本"，为其提供职场上的竞争力和更丰富的教育背景。空档年可以让缺乏动力的年轻人焕发活力——前提是他们愿意承担责任。凯尔·德努乔的父亲拒绝资助儿子，就是对儿子最大的支持。这样可以迫使凯尔为自己的经济状况和决定负责，通过睡在车子里和当洗碗工来省钱和赚钱。

已经具备积极性的学生可能就无法通过空档年获得更多动力了。但那些认为空档年适用于每个人的观点也同样值得参考。和平队和义务兵役制背后的观念都认为，这种职业或教育路径可以培养更成熟、更圆通和更有责任心的公民。

研究表明这种说法不无道理。有空档年经历的年轻人无论参加志愿性还是义务性工作，做事都会更刻苦，饮酒更节制，犯罪率也比同龄人更低。2015 年美国空档协会全国调查指出，97% 受访者表示空档年经历让他们更成熟，96% 表示空档年让他们更自信，84% 表示空档年让他们学到了有助于自己事业成功的技能，还有 77% 表示空档年帮助他们找到了一份工作。英国前外交大臣杰克·斯特劳（Jack Straw）就曾经这样公开支持让学生体验空档年的观点："年轻人体验一年的空档期可以极大开阔他们的眼界，让他们成为更成熟和负责任的公民。这种有助于培养个性、自信和决策制定能力的旅行，对我们的社会很有好处。"

空档年的成功案例让变革最缓慢的主流高等教育机构也开始改变观念，接受了这个概念。在美国，至少有 160 所专科院校和大学接受了空档年的概念，其中包括哈佛大学、耶鲁大学、普林斯顿大学、塔夫茨大学、明德学院和斯基德莫尔学院等院校。

美国前总统奥巴马的女儿玛利亚在进入哈佛大学之前也体验过一年的空档期，她在该时期为米拉麦克斯这家独立电影公司打工。关于玛利亚的空档年新闻还一度成为推特上的热搜话题。

某些人还可以通过空档年创造财富。马克・米尔斯（Mark Mills）是一位软件行业的风险投资家，也是纽约曼哈顿研究所的高级研究员。他在加拿大温尼伯市附近长大。他父亲认为马克应该先掌握一门技术，这样就算他在学业上落后了，也照样能够靠一技之长谋生。于是马克・米尔斯就学会了焊接技术。父亲告诉他："高中毕业后掌握一门技术仍然很重要。北美地区至少有 50 万个技术性的岗位缺口——这些岗位的确存在，却没人能够胜任，所以这些岗位的薪水一直在上涨。一名技术娴熟的电工、焊接工和水管工在只加一点班的情况下，一年赚到 10 万美元并不是难事。你 20 岁时就可以赚到这笔钱了，只需要花两年时间培训，支付 1 万至 1.5 万美元学费就可以实现了。这是一笔回报率很高的投资，而且你不想干了还可以随时退出，回大学上课。"

尊重人才成长的节奏就要允许年轻人在一定时期内体验挑战和独特的经历：这个探索期有助于他们发现外部世界和自己的内在能力。但在今天这个急功近利的社会中，许多学生和年轻的大学毕业生都不太敢放慢脚步或者空出一段时间去体验生活，因为这意味着他们返校上学或者求职时，不得不同招生办公室或者雇主解释自己的这段经历和动机。他们害怕空档年会导致自己落后于他人，或者影响到他们的长期收入。对于害怕空档年会导致职业生涯脱轨的人来说，有些好消息或许可以帮助他们缓解这种忧虑。

· · ·

研究结果表明，我们会在年岁渐长的过程中变得更聪明和更有创造力。我们的大脑骨骼、神经系统网络和认知能力实际上可以随着年龄增长和生活阅历增加而改善。与硅谷倡导年轻文化的作风相反，较年长的员工的工作效率可能更高，更有创造力，也更有团队合作意识。关于我们的认知能力在年轻时达到巅峰，之后就开始走下坡路的说法，或者像索尔·贝娄（Saul Bellow）在《洪堡的礼物》（*Humboldt's Gift*）中所称的“浑浑噩噩地走向坟墓”这种说法其实并非事实。

事实上，多数人一生中会出现多个认知巅峰。

这正是劳拉·格曼（Laura Germine，麻省总医院博士后研究员）和乔舒亚·哈茨霍恩（Joshua Hartshorne，麻省理工学院博士后研究员）的根本发现。他们在 2015 年的研究中，通过网站 www.testmybrain.org 和 www.gameswithwords.org 脑力测试，评估了将近 5.5 万个对象的认知能力。他们发现我们智力的不同部分，会在不同年龄达到巅峰。哈茨霍恩表示：“在任何年龄段，你都会在做某些事情上获得进步，在某些事情上出现退步，在某些事情上进入瓶颈期。你不会在进入某一个年龄段时，擅长所有的事情。”

研究数据表明，每个人认知能力达到顶峰的年龄并不相同。例如，信息处理速度大概会在 18 或 19 岁时达到顶峰。短时记忆力则会持续改善，到 25 岁达到顶峰，然后在随后十年中一直处于平稳状态。评估复杂模式，包括理解他人情感状态的这种能力，却会在更晚的时候，也就是四五十岁才能达到顶峰。

研究人员运用了一个词语测试来衡量人的晶态智力[①]——对事实和知识的终身积累能力。正如心理学家所料，晶态智力要更晚的时候才会达到顶峰。最新数据表明，这些受试者在六七十岁时的晶态智力才达到顶峰，这个年龄远比人们的推测更晚。劳拉·格曼在下表中总结了他们的发现结果：

不同认知能力达到顶峰的年龄

青春末期	认知处理速度
20 岁出头	学习和记忆名称的能力
25~35 岁	短时记忆
30 岁出头	脸部识别记忆
45~55 岁	社会理解能力
65 岁以上	语言知识

格曼表示，这项格曼－哈茨霍恩研究“描述了我们一生中的不同变化情况”。其他研究也承认人脑具有惊人的终身适应能力。

在 20 世纪 50 年代初，加州大学伯克利分校大学生 K. 华纳·沙耶（K. Warner Schaie）开展了一项成人发育研究。现已 90 岁的沙耶表示，他之所以开展这项研究是因为他可以一边进行研究，一边在旧金山海湾的一家文印店上夜班，另外他的家庭医生进行的老年实践活动也是一个原因。无论年轻的沙耶究竟为何对人脑和衰老产生了兴趣，我们都必须承认他这项研究真是明智之举。他还不到 21 岁，就已经是国际老年人会议上的发言人了。他从华盛顿大学拿到硕士学位后，就展开了一项决定了他长期事业

① 译者注：晶态智力又称“晶体智力”，是与“液态智力”相对应的概念，指后天学会的技能、语言文字能力、判断力、联想力、抽象逻辑思维及知识经验等认知能力。晶态智力取决于后天的学习，与社会文化有密切联系。

的项目——“西雅图纵向研究”（Seattle Longitudinal Study）。

纵向研究是一种跟踪测试对象终身情况的研究。沙耶及其研究团队观察了诸如配偶死亡或者从重疾中康复等重大事件对不同年龄之人的认知能力的影响。他发现有许多因素会加快认知能力的衰退，但这种衰退也可以减缓，甚至是发生逆转（例如走出配偶死亡的阴影）。继续接受教育、保持好奇心，同样也可以减缓衰退的速度。沙耶告诉《西雅图时报》：

你对待生活的态度决定了你将以哪种方式度过晚年……当你进入暮年时，你并不会突然就变成了一个截然不同的物种。很显然，思维敏捷和思想灵活的人在晚年时会很有优势。如果你在年轻时具有良好的解决问题的能力，或者能够成功处理个人危机，那么你就可以优雅体面地老去。

“西雅图纵向研究”目前仍在继续揭开关于人脑适应性的新发现。该研究现在的主导人员雪莉·威利斯（Sherry Willis）发现，虽然空中交通指挥员在衰老时的大脑处理速度和短时记忆会缓慢而稳定地衰退，但他们的行动能力仍然完好。为什么会这样呢？因为他们具备空中交通指挥员的两大重要技能——空间推理能力和情绪稳定性，并且这两个技能还会在中年时期渐入佳境。美国心理学协会指出：

中年人的大脑似乎保持了许多年轻人所具有的能力，还额外掌握了一些新技能。成年人的大脑似乎能够重新进行自我调节，令其顺利过渡到中年期，整合数十年的经验和行为方式。例如，研究表明，中年人的大脑更为平静，不易神经过敏，更擅长应对社会情况。有些人在中年时期的认知能力甚至得到了提高。

密歇根大学的认知神经系统科学家帕特丽夏·路透－洛伦茨（Patricia Reuter-Lorenz）表示："人脑可能具有持久的可塑性、重新组织和保存能力。"

这对所有的大器晚成者来说都是一个好消息。前提是，我们必须具有积极参与的意愿。我们必须关注自己的健康，对周围世界保持好奇心，养成终身学习的习惯。这样，我们就可以在自己的一生中进入多次的脑力巅峰状态，体验多次的个人成就爆发。

打破认知：人在中年后会迎来创造力巅峰

认知研究发现，我们每个人都有两种类型的智力：液态智力（Fluid Intelligence，简称 Gf）以及晶态智力（Crystallized Intelligence，简称 Gc）。液态智力就是我们进行推理，以及脱离过去的经验和知识来解决新问题的能力。它是用来识别抽象模式、使用逻辑、运用归纳和演绎推理的能力。Gf 会在年轻时达到顶峰。而晶态智力是一种运用技能、智能和经验的能力。对多数成年人来说，Gc 包含职业性（工作）和业余性的知识（兴趣、音乐、艺术、流行文化等）。与 Gf 不同，人的 Gc 会在进入中年期后逐渐上升。

佐治亚理工学院心理学教授菲利普·阿克曼（Phillip Ackerman）及其同事就发现了成人的年龄与知识水平存在密切的联系。坦白说，较年长的成人学识会比年轻人更渊博。阿克曼认为，较年长的成人弥补 Gf 衰退的最佳方式就是选择能够优化自己 Gc（也就是当前知识和技能）的工作和目标。

以上面的空中交通指挥员的工作为例。有人可能会认为，这份职业比较适合 Gf 占优势的年轻人。奇怪的是，根据国会规定，凡是达到 31 岁的人就算是接受培训也无法成为空中交通指挥员，这个年龄段的人的 Gf 已经进入衰退期。西雅图纵向研究显示，空中交通指挥员在 30 至 50 多岁时的 Gf 虽然发生了衰退，但空间推理能力和情绪稳定性提高了。美国联邦航空管理局的指挥员 56 岁就要退休了，因为此时他们在这方面的能力都在衰退。不过，一些需要具备丰富知识、对 Gc 依赖程度较高的工作，例如授课、执法、政治、写作或者咨询等，是始终稳定的职业。

当然，多数工作都需要拥有平衡的 Gf 和 Gc 才能发挥最佳表现，例如外科手术和金融分析就属于这种典型。Gf 会随着年龄增长而衰退。Gc 或专业知识的增长，不但可以在人进入中年后弥补前者衰退的缺憾，还能够让人发挥出色表现。不同任务可能会有不同的 Gf-Gc 技能要求。在医疗领域，肝脏移植手术要比其他器官的移植更复杂和困难，因为有许多小血管与肝脏相连接。美国梅奥医学中心[①]的一位肝脏移植专家向我坦言，他作为一名技术型外科医生的鼎盛之年是 50 岁出头这个阶段。他表示："肝脏移植就像打地鼠一样，这边的血止住了，那边的血又冒出来了。你必须身手敏捷才行。"在他的手眼协调能力（Gf）衰退的时候，他的诊断能力（Gc）却会不断提升，这种能力提升会一直持续到他 70 多岁。那么，医院该如何管理他这种失衡的技能变化？梅奥医学中心的解决方案就是，为每一名经验丰富、具有 Gc 知识优势的年长外科医生配备一名 Gf 技术性能力达到顶峰的年轻外科医生。

软件编程等工作比较依赖Gf之力，因此其从业者主要是年轻的程序员。

---

① 译者注：梅奥医学中心于 1863 年在美国创立。它是以不断创新的医学教育和世界领先的医学研究为基础，建立起来的全美规模最大、设备最先进的综合性医疗体系。

这也正是谷歌和亚马逊等科技公司聚集了众多年轻员工的主要原因。但管理软件项目和软件业务，则更重视 Gc 方面的能力。所以，你才能看到，已经 60 多岁的黛安・格林（Diane Greene）还在领导谷歌最重要的业务之一——谷歌云。亿万富翁汤姆・西贝尔在 60 多岁时还领导自己最新创办的软件公司 C3，角逐竞争极其激烈的人工智能和物联网市场。

随着年龄的增长，我们的大脑会不断形成神经网络，不断增强我们在突触增长旺盛的年轻时期所不具备的模式识别能力。我们会随着年龄增长，培养出新技能和升级原有的技能，其中包括社会意识、情感调节、同情心、幽默感、倾听、风险 - 回报校准和自适应方面的智力。这些技能都能增加我们实现成就和再创成就的潜力。

那么，我们的创造力，我们意想不到的洞察力又会有什么变化呢？事实上，我们在这方面的能力，比原来所想的更为持久。

2008 年，赫克托・泽尼尔（Hector Zenil）是瑞典卡罗林斯卡学院的算法动力学实验室（Algorithmic Dynamics Lab）的负责人之一，他研究了 3400 名 5~91 岁的人的随机行为，以此评估他们的能力。该研究认为，透过表象看本质的随机思维与创造性思维存在关联。看到苹果从树上落地，富有创造力的人不会简单地想到这个苹果肯定是成熟了；就像牛顿一样，他看到苹果落地就想到了肉眼看不见的万有引力。

赫克托及其研究人员如何测试这种随机思维呢？他们在电脑上开发了五个简短的“随机物品生成”任务，其中包括 12 次模拟抛掷硬币、10 次模拟投掷骰子，以及在一个网格上排列箱子的小任务。受访者需要做的就是尽量提供让电脑程序预测不到的序列答案。研究人员发现，与原来预期的情况一样，这种随机能力（可能意味着创造力）的顶峰出现在 25 岁。令人意外的是，他们发现从 25 岁到 60 多岁时，这种随机思维能力（可能意味着创造力）的下降趋势极为微小。

埃尔克诺恩·哥尔德伯格（Elkhonon Goldberg）是纽约大学的神经心理学家和认知神经学家，也是2018年新书《创造力》（*Creativity*）的作者。他指出我们的创造力会随着年龄增长而增加。哥尔德伯格博士认为，人脑的左右部分由一个“突显网络”进行连接，它有助于我们通过对比左脑存储的图像和模式，评估右脑形成的新意识。因此，儿童的新颖想法远多于中年人，但他们缺乏将这些新想法转化为实用的创意见解或创意成果的能力。

这些发现对现实世界有何启示？人们老了还和年轻时一样具有创新能力吗？这里又有一个令人意想不到的发现，至少对我来说很意外。就在这个社会为年轻有为之人唱赞歌时，多数备受赞誉的科学家、发明家和企业家出现了高龄化的趋势。

爱因斯坦和保罗·狄拉克（Paul Dirac，理论物理学家）在25岁左右就已经在进行后来获得了诺贝尔奖的重大研究。[1] 1925年，25岁的威廉·劳伦斯·布拉格（William Lawrence Bragg）赢得了诺贝尔物理学奖，而他进行这项研究的时候才22岁（他通过对X射线谱的研究，提出了晶体衍射理论）。这种现象让人产生了年轻科学家更有优势的印象，以至于狄拉克也曾写下这样的诗句：

衰老，当然是一种恶疾，

每个物理学家都对它心惊胆战。

物理学家过了三十岁，

---

① 译者注：1905年，爱因斯坦提出光子假设，成功解释了光电效应，因此获得1921年诺贝尔物理学奖。1933年，狄拉克（时年31岁）因为“发现了在原子理论里很有用的新形式”（即量子力学的基本方程——薛定谔方程和狄拉克方程），与埃尔温·薛定谔共同获得了诺贝尔物理学奖。

就到了该入土为安的年龄了。

今天，那些正在进行有望拿诺贝尔奖的科学研究，以及其他主流科学相关创新项目的人物，都在稳定地偏向年长之人这一端。美国西北大学的本杰明·琼斯和布鲁斯·温伯格在2008年进行的一项研究发现，诺贝尔奖得主在进行获奖项目研究时的平均年龄为39岁。今天55岁的人和25岁（爱因斯坦、狄拉克和布拉格等人进行研究时就是25岁左右）的年轻人一样，都有望获得重大的科学突破。研究人员琼斯推测认为，当今人们进行重大创新的年龄延迟了，这可能与今天各个科学领域的深度扩展有关。今天的人需要掌握更多知识，这就意味着他们需要投入更多时间，然后才能输出结果。在神经科学领域，进行诺贝尔奖级别的研究项目需要兼具早熟的Gf智力和通常晚熟的Gc能力。

信息技术创新基金会（Information Technology and Innovation Foundation）最近发布的研究结果表明，人们的创新顶峰年龄实际上比想象中更晚到来——在我们快50岁的时候才会出现，这比西北大学的发现结果还晚了将近十年。美国专利申请者的平均年龄为47岁，这个现象也印证了这个趋势——接近50岁时才是创造力的巅峰时期。

对于我们这些既不是科学家又不是发明家的普通人来说，有一个更重要的问题就是，我们该如何在认知能力达到顶峰的时候保持这种水平。关于这个话题的新研究和例证也同样颇为乐观。赫克托·泽尼尔的随机思维测试发现，人在60多岁时还能保持接近于顶峰状态的创造力，这个发现结果与哈佛大学-麻省理工学院-麻省总医院执行的多峰值研究、西雅图纵向研究所得结论一致。某些人的这种高水平状态甚至可以持续到80多岁。还有一些人更特殊，他们的这种创造力水平的保质期更漫长，比如下文的惊人事例。

智能手机和电动汽车必不可少的一个组件就是用来存储电能的锂离子电池。你可能听过史蒂夫·乔布斯和埃隆·马斯克的大名，但未必听说过约翰·古迪纳夫（John Goodenough）这个人。这位毕业于芝加哥大学的物理学家，在57岁时才同他人联合发明了锂离子电池。数十年之后，宝刀未老的古迪纳夫又申请了一种新电池的专利，《纽约时报》将其称为“平价轻量又安全的电池，足以推动电动汽车的变革，消灭以石油为燃料的汽车”。古迪纳夫在申请这项专利时已达94岁高龄！而且，他并不是在老年人疗养中心进行这些创新——他一直在奥斯汀与得克萨斯大学的团队共同展开研究。

堪萨斯市的考夫曼基金会是一个致力于研究创业精神的组织，它研究的是推动人们锐意进取和自主创业的原因。考夫曼表示，企业家的平均创业年龄为47岁。在发展最迅速的行业，例如医疗和信息技术行业，人们的创业年龄较低，即使是在这些年轻人唱主角的领域，人们的平均创业年龄也达到了40岁，而不是大众以为的20多岁。令人意外的是，超过50岁的企业家数量是25岁以下企业家的两倍。

20世纪发展心理学家埃里克·埃里克森（Erik Erikson）的研究成果也支持了40多岁是创业高峰年龄的这个说法。埃里克森认为，40~64岁是一个特殊的时期，人在这个时期中拥有创造力和经验优势，同时也普遍会产生改善生活的渴望。创业正是许多人追求埃里克森所谓的“再生力”的一种表现，人们希望在有生之年不留遗憾，积极成就一番事业。

设计一条留存人才的职业弧线

关于人脑和衰老的各种事实告诉我们，我们有能力延长创造力和创新能力保质期。但这些认知意味着我们需要更开明的职业规划路径。我们需要得到较晚开创事业的机会，以便在职业生涯中期获得更多灵活性，以及逐渐放慢自己的节奏，过渡到职业生涯末期。

不幸的是，今天的典型职业反映的是20世纪早期的车间装配线思维。我们找到工作，一路升职和加薪，之后突然就被迫退休，或者在60岁左右就被裁员了。用法律和金融机构的术语来讲，这就叫作“向上敲出”（up-and-out）。尊重人才成长的节奏意味着我们要撇开这种“向上敲出”模式，并用一条弧线来描绘人的职业发展过程。我们会在某些方面出现衰退（突触速度、短时记忆），但我们在另外一些方面会有所收获（现实生活的模式识别、情商和智慧）。我们年纪增长时，创造力和创新能力仍会通过不同方式保持强劲势头。

我相信开明的雇主更擅长在职业路径上发挥创造力。我从事新闻工作期间曾经同数千名企业高管共处，他们都告诉我同一个道理：招聘和留存人才是重中之重。如果一家企业做不到这一点，将达到一定年龄的员工扫地出门，那就等于没有完全挖掘出这些人的所有工作能力。如果你想让公司拥有最好的员工，做出最好的业绩，那就要谨慎考虑“向上敲出”的做法。

问题并不在于年长的员工本身，而在于多数企业内部的刻板职业路径。企业通常会以升职、授权和涨薪的方式奖励优秀的员工，直到这种做法再也无法激励员工为止——这种做法最后当然会失效。不管你是运动员、外科医生、软件专家、航空飞行员，还是教师，我们总会在某些方面达到事业的上限，比如能力、薪水或者加班的意愿等。给那些在工作效率或生产率上已经达到上限的员工加薪，对雇主来说实在是很不公平的做法。因为这会增加雇主投入的成本，也会阻碍更年轻员工的升迁，导致后者无法在更重要的岗位上担当大任。这正是雇主都想裁掉已达上限的员工的原因。

但这对雇主和员工来说都是一种损失。雇主失去了一个自己多年悉心栽培出来的经验丰富且能力过硬的员工。而这种员工实际上还可以为公司做出许多贡献。如果他们的工作表现依旧良好，并且还想继续工作，解雇他们就是在浪费人力资本。

“向上敲出”的做法从许多方面来看都是人们释放潜能的一大障碍。我们是不是应该认真思考一下这个问题：我们何不放弃单向的“向上敲出”职业路径，将职业视为一条弧线（或者一系列弧线）？

为了便于论证，我们不妨假设 X 行业的职员在四五十岁时达到职业顶峰。我在这里所称的顶峰，是指一个人在技术性技能、团队建设、管理技能、工作效率、沟通技能、加班意愿，以及每周坐飞机出差参加商务会议等方面的上限。

传统的“向上敲出”职业路径会告诉你：你已经超过了 55 岁，我们作为你的雇主，已经无法承担继续保留一个 55 岁员工的成本。更为友善的职业弧线会承认几乎所有员工都会在某些方面达到上限，就算是“过了顶峰期”的年长员工也还是可以做出有价值的贡献。那么，我们是不是可以设计出一种可以在某个节点停止涨薪，甚至允许缩减薪水的职业路径，这样也不必再拔高员工的职称，可以将其职位从“集团副总裁”转变为“高级顾问”。

这种职业弧线对未达到法定退休年龄的员工也同样适用。如果员工六七十岁了还想工作，并且雇主也承认他们可以做出重要的贡献，拿合适的薪水，那为什么要阻止他们工作呢？（CEO 们请注意：如果你的人力资源和法务部门不能解答这个问题，那就得换合适的人来干这份工作了。）

我们可以用职业弧线取代“向上敲出”做法的另一大原因在于年龄多样性。处于这条弧线的下坡状态但仍有价值的老员工也无须急于为自己被裁员的事情辩解。他们可以尽情提出有违直觉的建议或警告：“这是一个好主意，但我们要先确定一下你的基本设想，把它们梳理清楚，这样我们就不会白花冤枉钱了。”而急于为被裁员一事辩解的老员工就说不出这样一番话了。一家公司做出的最糟糕的决定就是裁掉年轻且富有创造力的员工，第二糟糕的决定就是纵容年轻人盲目踏入本可回避的误区，如果有老员工带路，他们就不会犯这种错误了。

· · ·

我们每个人都应该获得以自己的方式实现成长和成才的机会。我认为大家是时候考虑一下尊重人才成长的节奏了，这种成长方式不会过分强调标准化的考试，它允许我们每个人都充分发挥自己的潜能。

我们应该让自己停歇下来喘口气，应该意识到我们彼此不同的事实，承认我们都有不同的技能、发展模式和背景，以及我们每个人都可以打造一条不同的成才路径。今天我们却采取了截然相反的做法。我们的社会极其偏袒那些早年就才华出众的人。我们要求那些大脑尚未成熟的年轻人通过考进名校、参加精英课程和找到理想工作来“证明”自己。我们只推崇少数通过竞争激烈的有限途径出人头地的人物。

那么，我们其余这些在生理、认知和情感发育上都慢一拍，未能在早年取得非凡成就的人又该何去何从？不必担心，我会在下一个章节说明，我们这些大器晚成者也同样拥有自己的独特实力。

第四章

大器晚成者的六个优势

斯坦福大学校园有一个角落被称为“Ugly”（其貌不扬），我的朋友们周一到周四晚上都会在此相聚。Ugly 算不上是大学图书馆，这幢建筑与它的名称一样其貌不扬，它是一幢 20 世纪 60 年代的钢铁玻璃房。虽然与图书馆相比，它看起来更像是州政府的办公室，但 Ugly 还是成了斯坦福大学的学生们每夜读书的圣地。与其说我们来这里是为了看书，不如说我们是为了逃避宿舍的喧闹氛围、无聊的八卦、在草坪上嘶吼的醉汉，以及四处可见零食残渣的会客厅。我们到 Ugly 就是为了寻求一份安宁。斯坦福大学的学生几乎每晚都要学习 4 到 6 个小时。我们通常会到 Ugly 去自习。

我的室友鲍勃在学校排球队打球之余，晚上大都会去 Ugly 自习。这已经变成了他雷打不动的习惯。他去 Ugly 时通常会在背包里塞几瓶百事可乐，带上书本、钢笔、黄色荧光笔和记事本。鲍勃用糖和咖啡来提神的时候，可以在阅读室里连坐几个小时，憋住尿意，聚精会神地看完好几页的心理学、经济学和法律教科书，似乎没有什么事情能够转移他的注意力。他写论文的时候，可以一口气坐着手写 40 页纸，然后再去上厕所，走回宿舍，再喝一瓶百事可乐，然后把这些手写内容输入电脑。

鲍勃在大三时加入了美国大学优等生荣誉学会（Phi Beta Kappa）。他进入斯坦福法学院时一直保持着这种良好的学习习惯，毕业时的成绩在班上名列前茅。后来他成了一名极其成功的企业证券律师。

我曾经试图模仿鲍勃的学习习惯，表面上看我似乎成功了。我也买了一个和他同款的背包，在里面塞几本教科书，带上阅读作业、钢笔、记事本和黄色荧光笔。有时候我会和他一起在晚饭后走到 Ugly，讨论体育比赛和女人。之后他就会走到自己最喜欢的桌子，埋头做功课。我也会找张桌子，努力让自己也进入状态。

但我在 Ugly 做事的风格和鲍勃有所不同。准确来说，可能有很大的不同。鲍勃有书本和百事可乐陪伴，可以毫不分神地连坐几个小时，而我却连 15 分钟都坐不住。我可能会努力坐一个小时或者 30 分钟，尽量研究日本县城的情况或者早期工业时代对英文小说的影响，但一切都是徒劳的，我还是做不到。

我最终都会离开自己的桌子，走向那些摆放着精装杂志的书库，然后一头扎进《体育画报》（*Sports Illustrated*）中。我可以连看几个小时的《体育画报》，那时候这本杂志上刊登着许多田径赛和其他奥运会项目的内容。我就这样沉浸在麦迪逊广场花园（美国纽约曼哈顿的一个大型室内运动场）的室内撑竿跳和圣摩里兹（瑞士城镇）的四人雪橇赛的报道中。《体育画报》上的冰壶运动真是太吸引人了，我完全沉溺其中而不自知。

毫无疑问，我在 Ugly 杂志堆中打发晚自习的行为，当然不会让我拿到什么好分数。我对日本县区的了解还是很贫乏。我最后还是以最低的学分标准拿到了政治科学的学士学位。我的平均成绩为 3.1 分，只有电影艺术拿到了 A⁻，其他几门功课都是 B。我拿到的 B 其实和 C 没有太大区别。斯坦福大学允许学生在期末考之前两周退出某门课程。所以，如果你准备拿 C 或者更差的成绩，不如直接退课好了，这对你的成绩单并没有什么影响。

鲍勃凭借全 A 的成绩进入了斯坦福商学院读研，而我却只能拿着 B 级成绩在《跑步者世界》当编辑助理（后来离职了），做保安和洗碗工。很显然，我在 Ugly 的杂志堆中浪费了自己的大好年华，不是吗？

又过了十年，我的前额皮质终于成熟了，我的行动能力也开始觉醒。虽然我在这两个方面起步都很晚，但我还算是个负责任的成年人。我曾在帕洛阿尔托研究所担任科技撰稿人，也在硅谷的一家广告公司写过文案。后来我结婚了，拥有了自己的公寓、一辆新的大众捷达、一台苹果电脑和一台激光打印机。这一切还不算太坏，至少我走上正轨了。

我朋友托尼的欲望可不限于此。他是一个比我更有进取心的人。他曾在硅谷银行担任贷款人员，也曾经在事业发展的低谷中挣扎。他想成为银行副总裁，然后再成为一个成功的风险投资家或者富有的企业家。他想要名利和权力，他迫不及待地想得到这些。他曾多次吐露自己想成为一名硅谷名人的心声。有一天，托尼看到了我在苹果电脑上为多位硅谷客户撰写的新闻，就问我如果有一台苹果电脑，是不是就可以使用 Quark Xpress 之类的页面排版程序、Adobe 的字体和一台激光打印机来设计一份杂志。我说，当然可以。

于是托尼就提议："那我们就来做一份硅谷商业杂志吧。这样大家就会来关注我们了。"他对这件事很上心。他让我设计了一些图版，然后拿给自己的发小儿——年轻的风险投资人蒂姆·德雷伯（Tim Draper）过目，并从蒂姆那里得到了 6 万美元投资。之后，他就辞掉了在硅谷银行的工作，一年后我们就推出了硅谷的首个商业杂志《向上》（*Upside*）。

托尼负责集资和出售广告等业务运营，我是杂志的编辑和设计师。我们的首要任务就是确定 *Upside* 的基调。我认为商业杂志需要一个噱头。这种杂志必须更为激动人心，能够捕获风险，激发勇气，洞察创业公司竞争激烈的本质，要有关于风险投资、投资银行、上市和追逐名利的故事。有一天，我灵感突现。我想到了商业杂志应该更接近体育杂志。于是我决定要让 *Upside* 走《体育画报》那种路线。

在十多年前，我就在 Ugly 的杂志堆中阅读了《体育画报》从 1954 年创办开始的每一份过期期刊，我一直是该杂志的粉丝。实际上，我反复阅读了《体育画报》的许多期刊，并因此获得了一些发现。我注意到乔治·普林顿（George Plimpton）、丹·金肯斯（Dan Jenkins）、安妮塔·胡瑟斯（Anita Verschoth）和弗兰克·德福特（Frank Deford）等人的精彩文笔。我还注意到了《体育画报》使用的字体和抢眼的标题，以及画报中精美绝伦的照片和插图。我最喜欢《体育画报》的设计技巧之一是它使用了阿诺德·罗斯（Arnold Roth）和罗纳德·塞尔（Ronald Searle）等插画师的讽刺漫画。优秀的漫画师能够将高尔夫球手紧张万分的心理状态刻画得入木三分，准确描绘出他们想赢得大赛的那种急切的心情，而摄影师的镜头无法捕捉到这些微妙的心理活动。我很喜欢讽刺漫画，我认为这种方法可以解决 *Upside* 面临的一个大问题。商业杂志不像体育杂志那么有趣的一大原因就在于——商业行为并不能在赛场上展示，不会暴露在高声呼喊的粉丝和电视摄像机之前。在体育界，无论是球赛还是对抗赛，它们何时进入定输赢的关键时刻，观众都会看得一清二楚。体坛记者会将这一切看在眼里，摄像机也会准确地将其记录下来。但商业领域的尖峰时刻应该是什么样的？是一笔大交易一锤定音的时刻吗？是一个重要员工踌躇满志地离开公司，自创一家竞争公司的时候吗？

我认为，展示这种尖峰时刻的唯一方法就是以讽刺漫画的形式重现这个过程。所以，我决定让 *Upside* 在文字和图片风格上效仿《体育画报》的风格。我不采用展示商业过程的照片的方式，而是运用了故事漫画和讽刺漫画等其他一些元素。我非常清楚自己想要什么，因为我在 Ugly 杂志堆里泡了好几年，对《体育画报》了如指掌。

我对 *Upside* 的预感是正确的。发行杂志不到一年时间，我就让稚气未脱的太阳微系统 CEO 登上了杂志封面，用漫画手法将其描绘为米开朗琪罗（Michelangelo）著名的《大卫》雕像。我还托人撰写了一则关于甲骨文公司的长篇调查报道，将其创始人拉里·埃里森（Larry Ellison）描绘成正在与部下指点江山、一路所向披靡的成吉思汗。我还将当时的苹果 CEO

约翰·斯卡利（John Sculley）描绘成沙盒中的“小爵爷方特勒罗伊”[①]，不断应付迎面袭来的沙子。*Upside* 发行不到两年，科技和风投领域的每个人都开始关注我们的杂志。微软的比尔·盖茨接受了我长达四个小时的专访，《福布斯》有意收购我们。史蒂夫·福布斯录用了我，让我收获了前途光明的事业。

现在看来，当时我在 Ugly 杂志堆消磨的时光并没有白费。虽然这很影响我修学分，但也激发了我后来开创事业的好奇心。

好奇心：完成伟大事业的渴望和自我驱动力

到目前为止，我主要讨论的还是大器晚成者面临的问题——也就是，学校和雇主通常总会高估早年成就，将晚熟视为一种亡羊补牢的现象或者劣势。这种偏见可能对大器晚成者造成终生的影响。如果有这么多人会因为自己小时候经历过的一些狭隘的考评方式，认定自己就是低人一等，那么整个社会都会因此遭受损失。所以，我们现在就要关注一下大器晚成者的优点——他们的这些优点过去几乎不为人知。

“好奇心”是大器晚成者的第一优势。所有健康的孩子都会充满好奇心，但美国社会制造少年神话的体系并不看重这一点。这个体系要求我们

① 译者注：《方特勒罗伊小爵爷》（*Little Lord Fauntleroy*）是一本由弗朗西斯·霍奇森·伯内特（Frances Hodgson Burnett）所著的童书，讲述了一位叫塞德里克·埃罗尔（Cedric Errol）的小男孩偶然得知自己是一个英国勋爵并且是某房产继承人之后，离开波士顿到英国与人见人厌的伯爵叔叔同住的故事。

快速成长，用年轻的好奇心来交换一个坚定的目标。它并不希望我们跳下这个传送带，将大把的旅程浪费在图书馆杂志堆中，因为这样做的代价是只能拿到 B 而不是 A 的成绩。它想让我们现在就从好玩有趣的课余活动中筛选出有助于展示我们领导能力，便于申请大学或求职的专业项目。

大器晚成者是不是比少年有成者更有好奇心？这个说法并没有什么调查依据，根据观察，多数大器晚成者似乎保留了更多的童年的好奇心，以及更多的孩子气。这种孩子气并不能帮助他们在早年收获成就，因为那条传送带只会将速度和卓越性作为筛选机制。在学校和雇主眼里，童年的好奇心就是成才的负担。因此，他们会劝导我们离开杂志堆，回到书桌认真做功课。他们怂恿我们将好奇心打压到深处，做些实际有用的事情。

但人到 20 多岁时总会遇到一件有趣的事情。此时的大脑前额皮质已经完成发育（见第三章），开始发挥成年人的行事能力了。这时我们已经没有那么容易冲动了，我们会更重视长远的发展。总而言之，我们会在 25 岁左右（有些人更早，有些人更晚）开始意识到自己是成年人，并准备承担成年人的责任。

在这个时候，谁更有希望获得成功、实现成就，收获幸福和健康的生活？是那些很早就知道要保持专注、压抑童年的好奇心、由少年成才的传送带挑选出来的佼佼者，还是保持了童年的好奇心，并且终于能够发挥行事能力、为这些好奇心找一条出路的大器晚成者呢？

《财富》杂志在 2017 年评选年度“最佳雇主 100 强”名单时，询问了数名 CEO 他们最看重员工的哪些素质。生物科技领导企业美国基因泰克公司 CEO 比尔·安德森（Bill Anderson）认为是“好奇心、对某个领域的激情，以及对完成伟大事业的渴望和自我驱动力”。Intuit 公司 CEO 布拉德·史密斯（Brad Smith）表示：“认同公司的价值观，将失败视为学习的机会，以及情商和好奇心指数高于智商的员工。”商业顾问迈克尔·希维多斯（Michael Hvisdos）和珍妮特·格哈德（Janet Gerhard）声称，好奇心是一种“被忽视的重要商业创新素质”。全球营销顾问唐·派佩斯（Don Peppers）甚至在 *Inc.* 杂志发表的文章中指出：

人们应该将对事物的好奇心视为一种道德上的义务。没有好奇心不但是一种智力上的懒惰，还是一种有意蔑视事实的行为。如果你都不想了解事情的真相，那又怎么能算得上道德之人呢？

不过，好奇心同时也是一种叛逆行为，所以保持好奇心需要道德上的勇气。

任何领域的创新都离不开好奇心，如果你的公司没有创新那就应该关门大吉了。保持对事物的好奇心无异于拒绝接受现存的不完整解释，意味着去追求更好的答案。好奇心在本质上就是一种独立意识。

关于好奇心对创新的重要性，已经足够再写一整个章节或者整本书了。同时我们也不能忽略好奇心还有其他改善生活的属性，其中包括激发动力。伦敦科学杂志《立方体》（*Cube*）指出：“好奇心是一种可以催生动力的认知过程。从人类角度来看，好奇心和动力之间的关系可以创造一种正向反馈；一个人对事物的好奇心越强，他产生的积极性就越强，就越有学习的动力，从而变得更有好奇心。”《立方体》认为好奇心能刺激多巴胺的生成。

但与我们吞食或注射的药物不同，好奇心是一种在我们一生中能够持续生成并且日益完善的多巴胺刺激物。美国国立卫生研究院指出，好奇心可长期促进身心健康，“对保持老年人的认知功能、心理健康和生理健康具有重要作用”。

我们幼稚的好奇心，之后就会转变成一种价值巨大的天赋，唤醒我们实现成就的能力，促使我们开启长期富有创造力的生活。现在再来回顾一下我之前提出的问题：你是选择成为一名少年有成的人，小时候就认为专注比好奇心更重要，到25岁甚至更晚之后却发现自己（还有雇主和其他人）需要的是更有创意的思想，还是选择成为一名大器晚成者，一开始是被人忽视的“小透明”，但一直保持着童年的好奇心，之后又爆发出了余生受用不尽的强大能力？

同情心：让你在未来获得影响力与领导力

同情心是大器晚成者的第二大优势，这是一种能够设身处地为他人着想的能力，具备这种优点的人能够理解他人的难处，并尽最大努力去帮助他人。同情心包括忍受令人不快的感觉。具有同理心的人有共情能力，能够感受到他人的情感，而具有同情心的人不但有共情能力，还能够向他人施予援手。［领英 CEO 杰夫・韦纳（Jeff Weiner）也针对这个话题发表过类似的观点。］同理心可以让我们对他人的伤痛感同身受，而同情心则要求我们介入他人的不幸，表示关心和采取行动。没有人会质疑同情心在公共和个人生活中的重要性，它在医疗、教育和司法领域的作用更是不容小觑。

但在我们追求少年成才的竞赛中，人们总是很容易抛弃同情心。在残酷的高分和财富争夺赛中，我们许多人都忽视了友爱与同情心的意义。从20世纪90年代初期，大学生群体对他人幸福生活的关注程度开始一路滑坡，现在已经跌入近30年来的最低点。少年成才的传送带制造了一场同情心危机。

许多大器晚成者在生活的起起落落和人情冷暖中，产生了更多的同情意识。他们更擅长反思，不会有太强的自我中心意识，也更能够理解他人的处境——心理学家将这种表现称为更强的亲社会行为。亲社会行为可以引发关于人类本质的矛盾、缺陷和消极面的深度思考，让我们许多人变得更加宽容、善解人意和富有同情心。大器晚成者因为见识过更多成长旅途上的“风景”，经历过失败体验，走过崎岖坎坷的道路，尝过人生的辛酸，收获了多元化的见解和视野。他们可以利用这些洞察力来理解和帮助他人。对他们来说，同情心是一种利人利己的优点。

有一名研究人员将这种基于经历的演变描述为“自我中心意识削弱”的过程。《情商》(*Emotional Intelligence*)一书的作者丹尼尔·戈尔曼(Daniel Goleman)将它称为“拥有广大格局”。不论你怎么定义这种现象，都不得不承认增加同情心可以让我们更能够理解与我们接触、合作的人，甚至是我们的上司。

同情心听起来是一种无私的利人思想，但赠人玫瑰手有余香，它对施予者也同样很有好处。丹尼尔·J. 布朗（Daniel J. Brown）在 2013 年出版的《激流男孩》（*The Boys in the Boat*）一书中，讲述了 8 名美国赛艇队员参加 1936 年奥运会的故事：这 8 名处于大萧条时代的年轻人是华盛顿大学的学生，他们并不是传统的赛艇选手，却在一名非常规教练的提携下走到了一起。（这本书的内容类似于 1981 年的电影《火之战车》（Chariots of Fire），该片讲述了剑桥大学的一名田径短跑选手在私人教练的帮助下，克服心理障碍，参加了百米决赛，终于夺得冠军的故事。）布朗在创作这本书的调研过程中，发现了这样一个故事：其中一名赛艇手乔·兰茨（Joe Rantz）出生于一个穷得揭不开锅盖的家庭，以至于他 12 岁时就被家人遗弃——因为家里已经养不起他了。这名男孩被迫流落街头，独自觅食。布朗是通过乔・兰茨依然健在的姐姐听说的这件事。时隔 70 多年，他的姐姐回想起当初乔衣衫褴褛地被逐出家门时那令人痛心的一幕，仍会啜泣不止。

乔・兰茨经历的伤痛成了《激流男孩》这本书诞生的一大原因。这个年轻人是怎么活下来的？他经历了怎样的心理创伤？他后来又如何再次学会信任他人，成为赛艇队的一员（毕竟赛艇运动离不开队友之间的信任和协作，只有这样才能够团结一心赢得比赛）？

布朗在快 60 岁时才开始创作《激流男孩》，这本书出版时他已经 62 岁了。该书连续两年登上《纽约时报》畅销书榜单。他表示："我没有办法在三四十岁时写出这本书，因为用那时候的心境写出来的就是另一本书了。这样的书会缺乏一些层次。"这些丰富的情感层次就是他对少年乔・兰茨的不幸遭遇产生的同情心。

有些人错误地认为，拥有同情心会让我们成为他人眼里的弱者，或者成为过于感情用事的人。他们会不屑地说，这种同情心可能会让布朗这类艺术家或作家获得实际的好处，但对于冷酷无情的商业领域来说就没什么用了。而真相是，表达同情心是很困难的，因为这需要巨大的勇气。展示真正的同情心通常需要做出困难的抉择，面对艰难的现实。

在商界、军队和政界，我们可以看到有许多高效的领导人都有一种不同寻常的高度同情心。北卡罗来纳大学教授席穆尔・梅尔瓦尼（Shimul Melwani）发现，员工会认为富有同情心的经理和高管是好领导。富有同情心的领导看起来更有能力，参与度更高，群众号召力也更强。

领导者具备同情心、权威性和正直品格，可以提高员工留存率和员工绩效，从而促进企业的利润增长。2012 年的一项调查发现，富有同情心的领导有助于企业减少 27% 的病假率及 46% 的伤残抚恤金。还有一个调查团队评估了无数案例，得出结论认为"目光长远、宽容、有人情味和务实的 CEO 在 10 年间的 S&P 500 回报率高达 758%，而不具备这种素质的 CEO 回报率为 128%”。密歇根大学教授金姆・卡梅伦（Kim Cameron）解释称，富有同情心的领导“在组织效率上的成就水平更高，在账务业绩、客户满意度和生产率等方面占有优势”。

同情心可以带来实际的回报。成为大器晚成者的一个好处就在于，我们可以通过多年的试错，积累深度的同情心，从而改善我们的批判性思维。它能让我们以更宽广的格局来看待事物，并制定出更好的决策。它能让我们成为更敏锐的艺术家、更好的领导者和更务实的企业主。这是一种值得肯定的素质，也是更多企业、人力资源部门和组织应该加以重视的品质。《快乐之路》（*The Happiness Track*）作者艾玛・塞佩莱（Emma Seppälä）表示“同情心可以促进利润增长，可以改善人际关系，可以培养员工的忠诚度。另外，同情心还可以极大地促进身心健康”。

韧性：让自己更好地与逆境相处

迈克尔・马德劳斯（Michael Maddaus）八岁时遭遇了在穷人家庭中并不罕见的创伤。在他的童年时代，身为服务员的母亲要打两份工来补贴家用，母亲外出工作时就把他交给外婆照看。他们三人住在一幢没有电梯的旧砖楼二层。那时候的生活很艰难，马德劳斯回忆称：“后来我就失去了庇护，外婆去世了，留下我们母子相依为命。再后来继父住了进来，母亲从这个时候开始终日酗酒。”

他母亲开始成日喝酒，可以一连在床上躺数周，让年幼的儿子去找食物和买酒。继父则坐在厨房里喝着鸡尾酒，双目空洞地看着窗外。“这种生活让我失去了依靠。我从这个时候开始流落街头，破罐破摔。”少年马德劳斯成了一帮劫持商店和偷车的混混儿的一员。在还不到18岁的年龄，他就已经被警察逮捕了24次。

与马德劳斯截然相反，里克·安凯尔（Rick Ankiel）过着令人羡慕的少年生活。他在佛罗里达州的圣露西市读高中时是校棒球队的明星投手。他的战绩为缴出11胜1败，防御率[①]为0.47%。令人不可思议的是，他每局平均都能2.2次让对方击球手三振出局，或者每9局20次让对方三振出局。1997年，他被《今日美国》提名为年度全美高中最佳球员。他高中毕业后，圣路易斯红雀队与他签署了250万美元的合约。他在棒球小联盟中声名鹊起，在1999年被高票评选为排名第一的棒球小联盟球员。他20岁时进入了大联盟棒球队，成为圣路易斯红雀队的开局投手。他带领红雀队杀进了国联中区赛，并在“联盟年度新秀王”的投票评选中名列第二。

后来，他的棒球生涯开始一落千丈。破坏他的大联盟投手生涯的罪魁祸首是一种极为神秘的疾病（“投球失忆症”），他突然就找不到投球的准星了。

他的状态下滑现象始于2000年的季后赛。红雀队总教练托尼·拉·鲁索（Tony La Russa）选择让安凯尔开局，与亚特兰大勇士队展开对垒。在前两局中，他投球技术相当精湛。但到第三局时他三次将对方击球手保送

① 防御率（Earned Run Average，通常记为ERA）又称为“投手自责分率”。自责分（Earned Run，通常记为ER）在棒球比赛里指的是在对方的得分当中，因为投手的投球所造成的得分（也就是扣除因为失误或是捕逸所造成的失分）。从防御率可得知一个投手每九局大概会失几分，其数值越低，表示每场比赛失分越少。计算公式 = 自责分 × 9 ÷ 投球局数。

到了一垒，还暴投了五次，出现了四次投手失分。安凯尔是 1890 年以来首个在单局中五次暴投的大联盟投手。

后来球队医生为安凯尔做了检查，发现他的身体并无大碍。他在 2001 年赛季重整旗鼓，不幸发现希望又破灭了。他还是继续保送对方得分和暴投。后来，他被降级发落到了小联盟的红雀队的 AAA 队，他的境遇进一步恶化了。在四局的比赛中，他出现了 17 次保送、12 次暴投。红雀队干脆将这位百万神童踢到了职业棒球最低级别的新手联盟。里克·安凯尔就这样变成了被 ESPN 电视和体育广播节目频频开涮的笑料。

珍妮特·伊万诺维奇（Janet Evanovich）出生于新泽西州南河镇的一个蓝领家庭，也是家里的第一个大学生。她毕业时取得了文学学士的学位，但不久就结婚并生下了两个孩子，为养育子女投入了大量精力。她 30 多岁时决定写一部伟大的美国小说，但三次成稿之后，她备受打击地发现根本没有出版商感兴趣。有个朋友建议她改写爱情小说。她试写了两部，发现还是无人问津。后来她找了一份临时打字员的工作，在那里工作了 7 个月，遇到了一个愿意以 2000 美元购买她第二部爱情小说的发行商。她给自己取了一个“史黛菲·霍尔”（Steffie Hall）的笔名，因为它听起来比较像爱情小说作者的名字。后来，珍妮特又写了 11 部爱情小说，成了小有名气的作家。

就在她的写作事业看似走上正轨时，她却对这个题材生厌了。她已经对描写老套的情爱场景失去了兴趣，她想写惊悚小说，但她的发行商并不同意这个主张。此时，已经 40 多岁的珍妮特又花费了 18 个月时间去思考如何撰写惊悚小说。

有一个中国台湾少年两次报考大学失利，身为大学教授的父亲对此感到非常失望。这名少年其实对艺术更感兴趣。他服完兵役之后，就去美国伊利诺伊大学香槟分校学习戏剧和电影艺术。他想成为一名演员。但他在琢磨英语台词的过程中，对导演专业产生了兴趣，他在这个方向看到了希望。

他从伊利诺伊大学毕业后，追随当时正在攻读分子生物学博士学位的女友（后来成了他的妻子），进入了纽约大学，成了该校帝势艺术学院的研究生。他的电影执导才华开始得到认可，他导演的两部短片《荫凉湖畔》和《分界线》相继获奖。之后威廉·莫里斯经纪公司就同他签约合作，这名电影导演新秀的事业似乎开始走上了正道。然后……就没有然后了。好莱坞似乎对这个来自中国台湾、已经并不年轻的男人并不感兴趣。这个 36 岁的男人，就这样变成了家庭主夫和过气的电影导演，在他没有工作的这段时间，一直是担任生物研究员的妻子负责赚钱养家。

这些看似失败和绝望的故事，最后都迎来了圆满的结局。那位曾经有不良记录的明尼阿波利斯少年迈克尔·马德劳斯，现在已经是明尼苏达大学的胸外科负责人。里克·安凯尔在棒球小联盟忍受多年的冷嘲热讽之后，在将近 30 岁时东山再起，成了圣路易斯红雀队的王牌外场手和击球手。珍妮特·伊万诺维奇在放弃爱情小说的 18 个月中掌握了撰写惊悚小说的技能，成了美国史上最著名的女性惊悚小说作家，她的畅销书代表作就是“斯蒂芬妮·梅”系列。中国台湾出生的李安在 36 岁时迎来了事业转机，成了著名的电影导演，代表作品包括《喜宴》《卧虎藏龙》《绿巨人浩克》及《断背山》。

大器晚成者的第三个优势就是拥有韧性。根据美国《今日心理学》杂志的定义：“韧性是一种不可言喻的品质，它可以让人们在遭遇生活的挫折后，以更强大的姿态卷土重来。”莫顿·沙维茨（Morton Shaevitz）是加州大学圣迭戈分校的一名临床心理学家，他补充道，“韧性并不是一种消极的品质，而是一种以正确的行动应对逆境的能力”。

那么，大器晚成者的韧性真的比少年有成者更强吗？大器晚成者当然更熟悉逆境。随着年龄增长，人会逐渐掌握更多应对逆境的工具和观点，并继续前行。沃顿商学院管理和心理学教授亚当·格兰特在提到培养韧性的品质时指出，调节情绪的能力就是成年人相对于年轻人的优势：“有一系列可习得的行为能够培养人的韧性。这些行为会随着我们年岁增长表现得越发明显。”

随着年龄的增长，人们会转变对逆境的看法。哈佛大学的一项研究结果表明，那些坦然接受逆境，并将挑战视为成长机会的学生通常表现得更为出色，他们的生理压力水平也要低于那些习惯于忽视逆境的学生。

少年有成者在一个富足的社会中占尽优势。但他们面临的一个巨大劣势就是——与我们其余人相比，他们更容易自恃年轻有为，将他们的成功全部归功于自身的天分或努力。这一点不难理解：青少年和年轻人通常更有自我中心意识。从父母围着转的孩童成长为拥有独立人格的成年人，自我中心意识的瓦解是人人都会经历的心理过程。但是当少年有成者遇到挫折时，问题就出现了：他们要么自怨自艾，悔恨交加和一蹶不振，要么将所有过错归咎于他人。大器晚成者则考虑得更为周全，他们能够看到自己在逆境中的处境，不会过于自责或者迁怒于他人。斯坦福大学心理学教授卡罗尔·德韦克告诉我，她带领的 2018 年大一新生要比 2008 年的新生更“脆弱”。这些人都是少年有成者，他们意气风发，通常非常自我，但他们十分缺乏韧性。个人形象方面的任何一点瑕疵，似乎都会威胁到他们的神童人设。

就韧性方面而言，大器晚成者除了拥有自己的人际圈之外，他们还有广泛的支持者。青少年都有爱和同龄人攀比的倾向，喜欢与他人竞争社会地位，根据他人的情况来衡量自身的价值。对于他们来说，失去交际圈中的地位可能是一种令人无法容忍的事情，这还可能成为一种永恒的常态，这会导致他们在遇到逆境时，无法或不愿意向专家寻求帮助。而遇到同样问题的大器晚成者，一般早就遇到过不少被社会排斥的情况，他们在此过程中能够主动与为他们提供帮助的群体建立联系，也因而获得了少年有成者所不具备的能力。

冷静：每临大事有静气

就在传统的成才传送带将少年有成者稳稳送入 SAT 高分排行榜，送到加拉帕戈斯群岛参加夏令营，送到麻省理工学院和普林斯顿大学进行学习，送入高盛公司参加实习的时候，没有人会注意到塔米·乔（Tammie Jo）这个在传送带之外的人的名字。

塔米·乔从小在新墨西哥州图拉罗萨郊外的一个农场长大，这个农场距离 1945 年 7 月第一颗原子弹试爆炸的“三一点”仅有 80 千米。图拉罗萨是一个干燥多风的小镇，人口仅有 2900 人，最高的建筑是一个 10 米高的像开心果形状的灰泥塔。塔米·乔进入了图拉罗萨的高中，之后去了堪萨斯州的一所小型院校——中美拿撒勒大学。2018 年的《美国新闻与世界报道》杂志将这所大学列为美国中西部地区排名第 75 位的地方高校。塔米·乔从这所学校毕业后，又进入了西新墨西哥大学深造，这所大学坐落于吉拉国家森林南端一个偏僻的地方。在《美国新闻与世界报道》最近针对 141 所西部地方高校的排名榜中，西新墨西哥大学甚至没有进入排名。

塔米·乔首次突破自我的尝试遭遇了失败。她在中美拿撒勒大学读本科时，就已经在申请加入空军，但被拒绝了。在西新墨西哥大学时，她又试着向海军求职，最后终于被彭萨科拉海军航空兵站的后备军官学校录用了。她参加了飞行训练，并从中找到了自己的天赋和激情。她的人生由此开始腾飞。

汤姆·沃尔夫（Tom Wolfe）在他 1979 年的著作《太空英雄》（*The Right Stuff*）这本关于战机飞行员和原水星计划宇航员的书中，描述了战机飞行员执行顶尖军事飞行任务所需具备的技能"金字塔"和勇气。塔米·乔就具备了这种技能、勇气和意志，她最终成了 F/A–18"大黄蜂"战斗机的首位女飞行员。

现在，你可能猜到了，塔米·乔就是美国西南航空公司著名的女机长，她在 2018 年成功地让载满乘客的 737 客机紧急迫降，解救了全体乘客。当时的情况是，飞机起飞后不久左引擎发生爆炸，发动机碎片打入机舱，有一名乘客心脏位置受伤。机舱舷窗玻璃被打破，造成机舱失压，飞机在不到 5 分钟时间内，从 9000 米高度俯冲至 3000 米，乘客惊声尖叫和发生呕吐。当机长塔米·乔成功迫降飞机时，世界媒体都在称赞她"临危不乱的气度"及泰山崩于前而色不变的胆识。媒体认为她是堪比美国航空公司飞行员切斯利·萨利·萨伦伯格（Chesley Salley Sullenberger）的"国民英雄"，后者曾成功地操纵了因大雁撞击而导致双发动机失效的班机，令其迫降于纽约曼哈顿的哈德逊河上，从而使乘客和机组人员全部生还。

在经历这种惊心动魄的时刻时，塔米·乔已经 56 岁了，萨利也 58 岁了。他们的故事体现了大器晚成者的另一个优势。我认为最合适描述这个特质的词就是"镇定冷静"。镇定冷静意味着"保持内心平静，遇事沉着，尤其是在遇险的时候能够保持情绪稳定"。镇定冷静为什么会成为大器晚成者的优势？它真的是能够随着年龄增长而突显的属性吗？

我们年岁增长时，大脑就会越发寻求平静和安宁。哥伦比亚大学社会心理学家海蒂·格兰特·霍尔沃森（Heidi Grant Halvorson）认为内心宁静是获得幸福的重要品质。她称，随着我们年龄增长，“幸福的获得逐渐由少年时趁父母不在家尽情狂欢的那种亢奋激动的感受，向长大成人时劳累了一天想洗个热水澡的那种更为平静和放松的体验转变。后面这种体验的‘快乐’并不亚于前者——只是不同人对幸福的理解不同罢了”。

加州大学洛杉矶分校和斯坦福大学心理学家凯西·莫吉内尔（Cassie Mogilner）、塞潘达尔·卡姆瓦尔（Sepandar Kamvar）及詹妮弗·阿克（Jennifer Aaker）报告称兴奋和兴高采烈的情感，就是年轻人心中的幸福感，而宁静淡定、放松才是年长之人的幸福体验。

很早就有研究结果指出，冷静平和的领导工作能力更强。伊丽莎白·柯比（Elizabeth Kirby）是加州大学伯克利分校的神经科学博士后研究员，她创建了下图来显示情绪波动对发挥最佳表现的影响。

表现 VS. 情绪

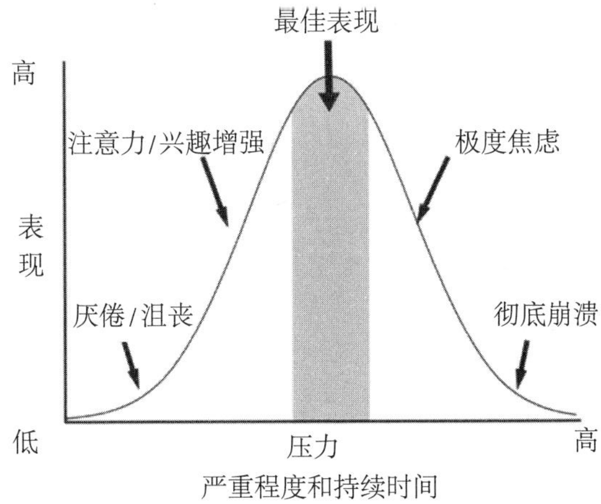

畅销书《情商 2.0》（*Emotional Intelligence 2.0*）作者特拉维斯·布拉德伯里（Travis Bradberry）指出，我们在心平气和的状态下更擅长解决问题，也更善于倾听他人的想法。前海军海豹突击队队员布伦特·格里森（Brent Gleeson）表示，人们处于压力之下时，更倾向于支持保持冷静的领导。总之，心态平和的好处不言而喻。镇定冷静相当于内心平静、沉着淡定和情绪稳定，它是一种平衡的心态，这是任何领导、飞行员、海军海豹突击队员或处于极端压力之下的人都应该具备的优点——也是我们大器晚成者容易在成长过程中培养的优点。

洞察力：那些改变人生的宝贵想法

以传统标准来看，这名 36 岁的橄榄球教练犯了一个职业选择上的愚蠢错误。他去年曾经是奥克兰突袭者队的跑卫教练，但他始终希望担任主教练。现在，他终于成了一名主教练，但他带领的并非美国职业橄榄球大联盟中的团队。他带领的是一支半职业联盟团队，其中多为在高中时期达到顶峰状态，但在大学时表现平平的球员。这支圣何塞阿帕奇队的大部分球员每场比赛的出场费仅为 50 美元，因为收入微薄，多数人不得不兼职做体育老师、保险推销员、建筑工人和酒吧保安。阿帕奇队在一个专科院校的运动场对阵萨克拉门托海盗队、尤金轰炸机队、维多利亚公元前钢人队等不知名的橄榄球队。他们所在的西海岸联盟素有使用二手护膝的不良待遇。阿帕奇队是被遗弃的怀才不遇者的大本营。

阿帕奇队在圣何塞的一个地面凹凸不平的球场上训练，附近有一个高中体育馆。有一天球队训练结束后，这位阿帕奇队教练闲逛时偶然经过了这个体育馆，听到了里面的喧闹声和口哨声，一时兴起，便进入其中一探究竟。里面有一支高中篮球队正在进行全场紧逼防守训练。这名阿帕奇队教练突然产生了兴趣，就在看台上坐了下来。

在篮球赛中，全场紧逼防守是一种具有攻击性的策略，防守球队会阻止对方球队发界外球，不让球传过半场线。在队员挥手干扰对方的界外传球员时，全场紧逼防守就开始了。如果对方的界外传球成功了，防守方就只能继续进行防御，尽量诱使持球人远离半场线。全场紧逼防守是一种对生理和心理的重大考验。通常来说，球队只有在万不得已的情况下，才会放手一搏，寄希望于用这种手段扭转形势。

有时候，这种策略的确会让对方球员方寸大乱。但对方球队可以通过盖帽和掩护，让一名开放球员去传球，以此破局。看台上的阿帕奇队教练饶有兴致地观看了这个全场紧逼的训练过程，萌生了一些新颖而熟悉的念头。他脑中灵光一闪：是不是可以设计出一种像篮球队一样对抗全场紧逼策略的橄榄球传球战术呢？

这名教练就是比尔·沃尔什（Bill Walsh），他由此做出了过去50年中职业橄榄球赛最伟大的创新——以快速短传为主的“西海岸进攻体系”。在那所高中观看篮球训练的十五年之后，沃尔什让一名高大瘦削的四分卫采用了这个战术，成功问鼎超级碗，这名四分卫最初就是一名篮球运动员。他的名字叫乔·蒙塔纳（Joe Montana），他所在的球队就是旧金山49人队。

比尔·沃尔什是一名大器晚成者，他的非凡优点（大器晚成者较容易培养的优点）就是“洞察力”。

什么是洞察力？在普通人看来，洞察力就是一种灵光一闪的想法，就好像沃尔什在高中体育馆的经历一样。但洞察力可不仅仅是有新颖的想法和灵光乍现的天才构想。事实上，我们的洞察力是在长期经历中形成的一种极具价值的想法。为了更清楚地理解这个概念，我们不妨参考72岁的纽约大学神经科学家和神经心理学家埃尔克诺恩・哥尔德伯格的说法。

哥尔德伯格在2018年的《创造力》这本书中揭露了大众的一个认知误区，即创造力由右脑控制（左脑则负责推理分析）。实际上，关于创造力的真相要比这种说法更为错综复杂。人的右脑在童年时期就成熟了，左脑的发育节奏与前额皮质的发育保持一致。某些科学家认为，左脑要到25岁左右才会完全成熟。哥尔德伯格认为左脑的成熟期为“30至35岁”。右脑负责进行视觉识别，具有加工新奇事物的能力；左脑负责存储记忆、模式和语言。左脑还具有“生成力”——能够在当前模式的基础上，想象出新事物，从而创造出哥尔德伯格所称的“未来记忆”。例如，就算脑中没有任何故事的记忆，作家也可以在字母、单词和语法结构的基础上创造出一则故事。

左脑的生成力虽然可以根据原有的记忆和模式创造出新事物，但它的新颖性只有右脑才能理解和领会。那么，大脑究竟是如何处理新颖事物，并对其进行优先分级的呢？在右脑感知新想法之后，又会发生什么情况？哥尔德伯格认为左右脑之间存在一个间脑网络媒介，他将其称为“突显网络”。突显网络的作用就是帮助左脑为刚出现的新想法分配权重。（如果想了解它的具体运行原理，可以看看哥尔德伯格在《创造力》这本书中提到的发现结果。）

哥尔德伯格的研究结果显然可以为我们提供不少启发。随着我们年龄增长，大脑会更加机敏地判断出哪些新想法对我们具有实际的用处，因为突显网络会在左右脑的来回交流过程中判断出它们的优先级。人脑会吸收我们所知的一切事物（我们记忆和模式的记忆库），帮我们为这些想法划分优先级。换句话说，儿童、青少年的新想法的确会比他们成熟的时候更多，但他们在辨别有价值或卓越的想法及只有短暂趣味的想法等方面的能力尚未完全发展。试想一下，一种是将六岁的小孩放在迪士尼乐园，让他自己去找乐子，一种是小孩父母根据迪士尼地图评估游览乐园的最高效路径，并判断哪个摩天轮和主题游乐区最可能吸引孩子的注意力，哪一种方法更有效率呢?

在我泡在 Ugly 杂志堆阅读《体育画报》往期杂志的那个时期，这种兴趣在当时对我有害无益，因为它导致我不务正业，耽误功课。我的学分当然也因此受到了影响。直到十多年后，我从这段在杂志堆中“虚度光阴”的记忆中提取出宝贵的见解时，它才终于呈现出了价值。为什么它兑现价值的时间如此漫长?在中间的那些年中，我接触过一些有关硅谷及创业公司、风险投资圈、上市历程等各种命途多舛的故事。我对商业杂志的情况也略知一二。最后我还是觉得，它们大部分都很无趣。

这个念头（设计一本具有体育杂志风格的商业杂志）是在关于《体育画报》的长期记忆与后来的观点和经历形成对比之后，才开始在我的脑中浮现。我就像故事家一样，能够驾驭左脑的生成能力，创造出了一本具有《体育画报》风格的商业杂志的“未来记忆”。

那么，洞察力就是大器晚成者的优势吗?从莫扎特到马克・扎克伯格之类的少年有成者，可能的确都拥有宝贵的洞察力。但不能否认，在我们的左脑日趋成熟的时候，新颖的想法也会日渐易于转化为实用的见解。换句话说，我们的实用见解的产量会随着年龄的增长而增加，让大器晚成者获得一种独特的优势。这正是我认为洞察力是这个群体的一大基本优势的原因。

智慧：人到中年，更容易看清事物的全局状况

纵观历史，各国人民普遍将“智慧”视为人类成就的顶点。从古代时期，这个概念就在哲学和宗教著作中占据显赫地位。事实上，希腊语中的“哲学”（philosophia）这个词的意思就是“爱智慧”。在古希腊文明出现之前几个世纪，印度和中国的宗教文化——印度教、佛教和道教，就已经提出了智慧的说法，强调情绪平衡的概念。时至今日，我们还在追问，究竟什么是智慧？我还要在这个基础上补充一个问题：大器晚成者的智慧究竟体现在哪里？

虽然人类很早就有智慧情结，但直到大约 40 年前，智慧才开始成为一个实证研究话题。加州奥林达的老年神经心理学家维维安·克莱顿（Vivian Clayton）在 20 世纪 70 年代读研期间，开始研究古代和现代文学，以便量化和定义智慧。她通过研究，认为智慧是一种深思熟虑的行为，这种行为通常与社会情境有关。后来，她又提炼了智慧的概念，认为源于知识的行为及考虑周全和富有同情心的行为也属于智慧的范畴。她的早期著作为后来有关智慧的研究课题奠定了基础。

到 20 世纪 80 年代时，其他心理学家也开始进行有关智慧及其现实应用的研究。许多研究人员推测，我们可以通过生活阅历获得智慧，而生活阅历与年龄增长存在关联。在 20 世纪 80 年代，德国心理学家保罗·巴尔蒂斯（Paul Baltes）及心理学家乌尔苏拉·施陶丁格（Ursula Staudinger）开启了一个“柏林智慧项目”（Berlin Wisdom Project），这是一个旨在定义智慧本质的计划。施陶丁格现在是哥伦比亚大学罗伯特·巴特勒老龄化中心主任，他表示该项目起源于“对智慧作为人才发展的理想终点的兴趣”。它将智慧定义为“一个关于生活基本语言学的专业知识体系”。

最近有关智慧的学术研究结果也印证了埃森哲北美咨询公司 CEO 朱丽·斯威特（Julie Sweet）说过的话，她曾在 2018 年告诉我："杰出的高管知道如何应对模棱两可的情况。"在我看来，这句话就是十分贴切的智慧定义。

有大量研究证明，智慧并非我们与生俱来的能力，或者随时间发展而掌握的本领。它并不会与 SAT 满分或一流大学文凭画等号。令现代社会困扰的是，就算银行账户里有 8 位数余额或者拥有 100 万 Instagram 粉丝也还是换不来智慧。

智慧其实来自我们在经历生活挑战过程中形成的一种个人性格与经验特征相结合的复杂模式。它来自数年的人生起伏，会随着一生遇到的新挑战而逐渐积累。它是我们知识、经验和直觉的总和。作家丹尼尔·J. 布朗告诉我，智慧是一种看到生活层次的能力，而人在年轻的时候很难看出这些东西。

智慧不会随着年龄和经验的增长而衰竭。相反，它会在这个过程中逐渐增长。施陶丁格指出，虽然我们天生的认知速度会有所衰退，"基于知识和经验的推理和认知能力却不会下降"。智慧的完美定义或许就是：基于知识和经验的推理和认知能力。

过去数年的智慧研究表明，中年人在许多社交互动能力上比年轻人更胜一筹，例如更擅长判断他人的真实意图和调节情绪反应。这种能力会在四五十岁时达到顶峰，在晚年时仍将稳定保持这个水准。这种因经验而掌握的专业能力具有多种好处，包括更好的决策制定能力、更积极的心态、更好的应对技巧、更镇定的心态，以及更快速而准确地破译模式的能力。

从中可以推断出，我们大脑存储的信息越多，就越容易识别相似的模式。人们通常认为创造力会因人的衰老而衰退，事实恰恰相反，许多年长之人的识别模式的速度更快，他们能够判断出重要与琐碎的信息，从而找到合乎逻辑的解决方案。纽约大学神经科学家艾克纳恩·哥尔德伯格表示，年长之人的“认知模板”会根据模式识别能力进行发展，它是形成明智行为和优化决策的基础。

哥尔德伯格在《智慧矛盾论》（*The Wisdom Paradox*）这本书中表示，随着自己的年龄增长，他发现自己越发擅长一种“心灵魔法”。他在书中指出：“我的大脑中出现了一些相当有趣的念头，这是之前从未发生过的现象。我越发感觉到，当我面临在外界看来颇具挑战性的问题时，大脑就好像被施了魔法一样，避开了难受且不必要的心算过程。这种解决方案就好像毫不费力地在脑中自动浮现。我好像轻而易举地在瞬间获得了一种灵感。也许这就是大家梦寐以求的智慧。”

北卡罗来纳州立大学心理学家托马斯·赫斯（Tomas Hess）进行了一系列“社会技能”的研究。这些研究根据人们在社会生活中理解事物的方式，指出社会技能会在中年时期到达高峰，人在此时要比年轻人更擅长判断他人的性格和辨别是非善恶。我们的大脑经过多年的积累和沉淀，开始擅长识别相当模糊的一切，并得出合适的结论。麻省理工学院神经科学家约翰·加百利（John Gabrieli）评论称：“大脑识别模式的能力非常惊人。尤其是人到中年之时，我们的大脑能力会轻微衰退，但同时也会得到巨大的收获。”我们发现事物关联的能力会大幅提升。

我们会在年龄增长的过程中不断收集和存储信息。这种情况（而非“模糊的记忆”）正是我们需要花费更多时间来回忆某些特定事实的原因之一。老人大脑的信息量要比年轻人更为庞大，所以提取这些信息当然就会更费时费力了。此外，老年人脑中的信息也更为微妙细腻。有一项研究发现，年轻人在认知速度方面有优势，而老年人能够“更敏感地分辨出细微的区别”。

鉴于当前社会都在盛赞少年有成者具有认知优势的事实，我们或许有必要追问这些大器晚成的优点究竟从何而来。研究人员发现，有一种特定的神经回路可以随着多年的经验积累而得到发展。加州大学圣迭戈分校的萨姆和罗斯·斯坦人类老龄化研究所（Sam and Rose Stein Institute for Research on Aging）主任迪利普·杰斯特（Dilip Jeste）已投入数十年时间研究认知老化和智慧发展的问题。他推测认为，大脑的前额皮质可能是大脑负责智慧的区域网络中的一部分。

为了解智慧及其可能的神经基础，杰斯特及其同事首先针对有关智慧及其定义的现有著作展开了广泛调查。其次，他们收集了专家对于“智慧”特征的一系列看法。他们通过这项工作，确定了智慧的六个要素，其中包括实用的生活知识、调节情绪的能力、蕴含同情心的亲社会行为、利他主义、同理心，以及了解他人的优势和局限性。之后，杰斯特团队对锁定各个智慧要素的脑成像、遗传学、神经化学和神经病理学展开了研究。

他们得到的证据非常惊人。杰斯特表示：“所有的这些（脑成像研究）表明，大脑存在一个智慧神经回路。”这个回路包含前额皮质（负责控制我们的高级功能）的不同部分、前扣带回（负责协调前额皮质各部分之间的冲突）及杏仁核（反馈回路的一部分）与纹状体。杰斯特称，智慧就来自这些区域的活动平衡。“从某些方面来说，智慧就是平衡。如果你有非常亲社会的特点，乐于向他人奉献一切，那么你是活不下去的。当然，如果人人都自私自利，人类就该灭绝了。因此，你必须把握好这种平衡。”

为什么说智慧会随着年龄增长而增加？衰老与人脑活动的转变有关。老年人大脑两半球功能非对称性减弱（Hemispheric Asymmetry Reduction in Older Adults，简称 HAROLD）模式指出，大脑前额皮质在年轻时较不活跃的那一半，会随着年龄增长而变得更为活跃。这又会增加前额皮质的整体活力。年长的成人倾向于同时使用两脑（所谓的双脑平衡）来处理那些只能激活年轻人一半大脑的任务。表现最佳的年长之人最有可能同时使用双脑来解决问题。除此之外，中年时期的活动会从调节感觉信息处理的枕叶那里转移到前额皮质（负责计算概率、调节情绪和设定目标等高级大脑功能）。研究人员将这些变化和双脑平衡性增长称为“大脑集成”（Brain Integration）。

加州大学洛杉矶分校的神经科学家乔治·巴特克斯（George Bartzokis）是这个领域最积极的智慧研究人员之一，他认为大脑集成及其产生的判断力、专业技能和智慧的增长，会在我们步入中年时自然出现。我们会在衰老的过程中逐渐丧失灰质和增加白质。组成基本认知网络的灰质固然很重要，但负责托管所有神经网络的白质才是真正让我们获得优势的要素。包括巴特克斯在内的许多研究人员认为，白质的数量决定了我们掌握语言等复杂技能的本领。白质由髓磷脂组成，而髓磷脂则是数万亿神经纤维的外侧脂质。白质就像包裹电线的绝缘层，它可以让神经连接更高效地运行。

巴特克斯认为髓磷脂会在中年时出现增长。他扫描了 70 位年龄介于 19 至 76 岁男子的大脑，发现额叶和颞叶这两个区域的髓磷脂会持续增长到中年时期。巴特克斯指出这种绝缘层让大脑获得了“更多带宽”。他补充表示：“我自己现在也 50 岁了，我的确发现自己能够以更开阔的眼界来看待事物。我会更容易看到事物的全局状况。这就是中年大脑不可思议的成熟之处。这就是智慧。”

我们很早就怀疑过，年龄、神经发育和智慧之间存在关联。现在，我们终于能够用科学手段证实这一点。这正是汽车出租公司不太愿意将车子租给 25 岁以下年轻人的原因。这正是美国宪法规定年满 35 岁的公民才能参加总统竞选的原因。可见早在两百年前，美国开国元勋们就深谙长者大脑智慧的价值。

还有一项调查结果为大器晚成者带来了好消息：智慧的发展与社会追捧的少年有成现象并没有什么关系。佛罗里达大学的智慧研究人员莫妮卡·阿德尔特（Monika Ardelt）原本假设人在发育早期的成熟人格特征，会对晚年的智慧产生积极的影响。而她的纵向研究表明这种设想是错误的：早慧（或者说少年有成）与年长之时的成熟和智慧并无关联。这证明智慧并不能延续，它是后天习得的结果。

· · ·

虽然今天的神童文化推崇的是少年有成者，并且似乎给大器晚成者造成了不必要的障碍，但大器晚成者还是拥有通向成功和实现成就的惊人优势。这些品质（好奇心、同情心、韧性、冷静、洞察力和智慧）会随着年龄不断增长。

我们这些大器晚成者实际上处于一条截然不同且更具挑战性的轨道。我们在生命旅途中会遇到统一标准施予的压力，群体思维的压迫，以及自我怀疑的痛苦等障碍。但正如本书其余部分的内容所述，我们会在应对这些挑战的过程中，找到隐藏在自身深处的宝藏。我们终会发掘自己的个性，看到我们每个人都有一条开发自己真正潜力、通向卓越的成功之路。我们可以在这些挑战之下，挖掘出大器晚成者真正的力量、深藏不露的天赋和神秘的优势。

我们终将发现这一切——只要我们肯耐心等待。

第五章

树立积极的自我意识

早在20世纪初的IQ测试和科学管理时代，少年有成的狂热症，以及不断收窄的成功定义就已经在人们心中扎根（见第二章）。但现代社会对年轻有为的痴迷产生于20世纪80年代，它与个人计算机的崛起，以及比尔·盖茨、史蒂夫·乔布斯等20多岁就一举成名、颠覆传统和迅速致富的青年才俊相伴相生。

如果说在旁人眼中，乔布斯是一个光芒万丈的救世主，那么盖茨就是影视角色中的“学霸”。这位年轻的微软联合创始人在时尚的西雅图郊区长大，拥有良好的社会关系，曾就读于湖滨学校这所顶尖私立高中，SAT数学考试满分（英语成绩也达到了790分），属于学校的风云人物。盖茨曾在无数个夜晚和周末，在与自家隔湖相望的华盛顿大学校园的计算机中心打发时间。他在这里编写了收集交通数据的软件，还黑进了湖滨学校的成绩记录系统。他父母很早就为他规划了进哈佛大学的道路，他就遂了父母的心愿，成了哈佛大学的学生。这位年轻人唯一的叛逆之处就是大三就从哈佛大学辍学了，在1975年与人合伙成立了微软。在二十年间，盖茨成了世界上最富有的名人之一。

史蒂夫·乔布斯向世界推出了神奇的产品，但盖茨却给我们留下了这样一个启示，他告诉我们：成功要趁早；要攻克SAT，拿下高分，精通一个课外项目。今天我们所在的这个以算法为准，具有超级精英意识的社会其实就是比尔·盖茨创造的社会。如果说史蒂夫·乔布斯的志向是在宇宙中名垂青史，那么比尔·盖茨就是真正扭曲了社会对年轻人的成功评价标准的人物。如果我们想创造伟业，想让我们的子女扬名立万，那么盖茨这个“别人家的孩子”就是一个很好的典范。

盖茨对当今社会思潮和时代精神的影响，远远超过了乔布斯，甚至超过了大部分的政客或公众人物。对可量化的早期成就的迷恋，就是我们社会文化的一部分。现在我们就来讨论一下这种文化的问题，看看它为何要怂恿我们去遵从统一的成才模式，它如何影响了我们对大器晚成者的看法。

摆脱原生家庭的影响，走出情绪雷区

我们所在的文化环境（家庭、群体和社会的总和），可以让我们树立信心，也可以击垮我们的意志；可以成为我们前进的动力，也可能导致我们停滞不前。通常情况下，它会同时向我们施加这些力量，还会向我们传递主流期望。我们可能不会意识到这些问题的存在，但它们的确会在数十年间，悄无声息地塑造我们的思想观念和行为。在这样的文化环境中，我们被给予了一些约定俗成的期望。它们通常会以微妙的方式进行传播，以无可辩驳的方式影响我们对自己和对未来的看法。

对大器晚成者来说，文化环境之所以会对他们产生巨大的影响，原因就在这里。如果我们还没有完全施展才华（也就是找到自己的方向，发挥自己的潜能），那么我们就有必要观察一下自己身边的文化影响力，看看究竟是哪些因素阻碍了我们前行的步伐。一个对大器晚成者很不友好的文化导弹就是，推崇早期成就的社会观念。我们不妨再来看看，还有哪些文化因素可能对我们的现在和未来的成就产生影响。

我们身上最早的文化环境印记来自我们的家人。就算是最棒的家人也可能同时向你灌输一些有害和有益的文化。全球知名的行为艺术家埃里克·瓦尔就遇到了这种情况。用他的话来说就是——他所在的家庭和社会文化价值观迫使他在年纪轻轻的时候获得成功，最后却事与愿违。他们实际上将他逼向了崩溃的边缘。

我是在一个倡导精英教育、实现成就和成功的体系中长大的。从小到大就只有一个信念：考高分，拿满分，进入一流大学，找份好工作，赚很多钱，成为重要的人物。

我大学毕业后，在一家预订艺人和某些重要演说家的娱乐经纪公司上班。如果有一场商演需要玛丽亚·凯莉（Mariah Carey）或海滩男孩乐队（Beach Boys）出场，我就负责处理其中的佣金事宜。不到一年时间，我就成了这家公司的合伙人。那时我还很年轻，精力充沛，可以成天连轴转地忙碌。

之后就发生了变故。企业突然不再邀请艺人参加商演了。在那几个星期中，我失去了之前拥有的一切……感觉自己为之付出的一切努力全部化为泡影。此时我已经30岁了，却变成了一事无成之人。

我觉得很羞愧难堪，十分狼狈，感觉自己一无是处。我不想外出，不想出现在任何公共场合。我不知道自己余生想做什么。我只是蜷缩在浴室角落里独自抽泣。

我不得不面对现实。我的旧信仰体系已经行不通了。我得谋求其他的出路。从小父母就教育我，遇到困难要勇于面对……但这对我已经不管用了。我感到十分愤怒。我咒骂商界，咒骂没有预料到这一切的股票分析师，咒骂身边一切和钱有关的事物。我对这种金钱和财富的概念投入了如此深沉的信仰，但它却让我如此绝望。

后来我开始同许多遭遇挫折的人展开对话。这才发现我的不幸只是金钱方面的挫折，而有些人遇到的是人际关系方面的挫折，还有些人经历的是健康方面的烦恼。他们遭遇的是如此真切实际的困境，不得不寻找其他途径来麻痹这种痛苦。我原本有可能采用许多不健康的方式来隔绝这种痛苦，但是我没有这么做。

后来我明白了。我知道为什么这些痛苦如此让人不堪承受，为什么我们要通过转移注意力的方式来麻痹自己。我很幸运，我找到了理解痛苦的方法——同艺术家打交道。

我认为自己转向艺术的原因就在于，它与商业性质相反。艺术家、哲学家和逍遥洒脱的思想家不会太看重身外之物。我只想和这些人一起打发时间。在同他们相处的过程中，我对他们的观点产生了兴趣，对他们的天赋也产生了好奇心。我发现自己也应该从事这种工作。

我迅速掌握了人物绘画、描影、平衡和色调方面的要素。它好像在我面前展开了一个全新的世界。我第一次开始用全新的眼光来看待一切。

我所掩饰的一切就这样结束了，因为我开始为另一种价值工作，我突然开始能够用开放的眼光来看待事物。我的新世界充满美景、日落、花卉、色彩和光明。这些事物就好像初次出现在我眼前。我第一次真正发现了世界的美好。

埃里克·瓦尔从小所处的环境要求他年轻有为和收获财富。但这种压力导致他偏离了自己更高级的天赋，最终让他痛苦不堪。在他崩溃后，他重新评估了自己的文化价值观，这让他走出了情绪上的雷区，而他也从中找到了另一条人生道路。不可思议的是，埃里克成为一名行为艺术家后，赚到的钱超过了他作为商人和投资者的时候。

如果我们没有完全发挥出自己的潜力，或者感觉自己走错路时，那么就应该停下来寻找原因。这是一个很自然，但也很困难的行为。谁会去拷问那些可能阻碍了我们成才的社会标准呢？谁会去怀疑我们的父母、朋友和师长可能向我们施加了哪些不利于成长的思想呢？避谈我们所在的文化氛围，无异于回避塑造了我们的信仰、天性和命运的一股强大力量。我们还是应该去识别和思考一下哪些文化期望可能阻碍我们成长。我关注的是我们的文化环境（家庭、群体和社会的总和）如何塑造了我们的个人成长路径。

· · ·

我们接触到的第一种文化环境就是自己的家庭。有些投胎不慎的人会遇到穷困潦倒、缺乏关爱和虐待不断的家庭，但我们多数人是成长于虽不完美但也算不上糟糕的家庭。我们的家庭功能较为完善，对我们也多有支持，尽管它们也难免存在一些不利于个人成长的因素，比如非理性思考、狭隘的偏见、有害的信仰体系等。

我的双亲都有大学文凭，但他们也存在严重的盲区。我母亲极富同理心，但缺乏推理能力。她高中时曾经是发表告别致辞的毕业生代表。我外公是一位微积分老师，但我母亲却对那些带有神秘色彩的事物更感兴趣。她听到马蹄声就会想到斑马而不是普通的马。我父亲在高中时是一名出色的运动员，他后来成了一位体育老师、教练和高中运动员指导。他是我们小镇和本州高中体坛的知名人物，但他对商业的事情一无所知，在小镇上的有钱人面前总是难掩怯色。我发现他在同医生、律师、汽车经销商、石油商和乡村俱乐部会员打交道时总是局促不安。我现在就可以说我母亲的这种非理性神秘情结与我父亲这种社会地位焦虑，其实都是一个缺乏关爱的家庭造成的结果。我觉得自己在事业上的大器晚成要归咎于自己当时并不知道这种家庭情况，以及缺乏了解这种情况的动机。我们许多人都是在类似的知识代沟中长大成人的。

要完全实现个人成长，我们就必须从自己的家庭中独立出来。这并不意味着我们要拒绝家人的关爱，对他们施加的影响采取180度大转弯的态度，或者反抗他们提出的要求。我认为，我们必须自己决定哪些做法有利于或者无益于我们的成长。对家庭忠诚是一回事，而盲从家人的期望则是另一回事，后者很有可能阻碍我们实现自己的抱负。也就是说，宣布真正独立于我们的家庭实非易事。

在文化标准这方面，家庭就是我们的第一任导师。父母对我们的世界观和人生观产生了重大影响。他们帮助我们树立了作为个人和群体成员的自我意识。他们塑造了我们对世界的期望，为我们示范了与世界互动的方式。他们对我们的大学专业、择业、交友和择偶等事项的决策产生了影响。有些家庭会鼓励孩子追求具有多种可能的未来，有些则不然。

电影导演罗伯特·泽米吉斯（Robert Zemeckis，代表作包括《回到未来》和《阿甘正传》）出生于芝加哥南边的一个工人家庭。他12岁的时候，曾经告诉父母他以后想当电影导演。我们不难想象这个年龄的男孩会怎样谈论自己的梦想，而父母的回应却并不那么鼓舞人心。他回忆称："对我的家人、朋友及周围的所有人来说，这是一个完全不可能实现的梦想。我父母只是坐在那里告诉我'你不知道自己是什么出身吗？你当不了电影导演的'。"

在我们年幼的时候，我们可以通过观察，将家人的价值观和期望内化于心。心理学家、社会学家和社会科学研究人员所称的"社会化"在我们形成自我意识的过程中发挥着重要作用。它向我们灌输周围人的价值观和信念。我们在童年和长大成人时期，就在不断检验和验证自己的社会化行为。我们会呈现与家庭成员类似的行为，而我们通常对此毫无知觉。

不论我们是否接受，都不可否认家人的确对我们产生了积极和消极的影响。他们定义了我们人生中的首批界限，其中有许多界限对我们是有利的，比如“不要和抽烟喝酒的孩子厮混”。但也有些界限会限制我们的发展，“你要是去经商肯定不会幸福或成功的”，或者“你爸爸以前很穷所以没办法去学医。我们肯为你付出，所以你应该去学医”。

“物以类聚，人以群分”导致的群体效应

在我们成长的过程中，我们逐渐从被家人社会化的模式，切换到在更大的社群中寻求认同和建立自我意识的模式。亚里士多德最早将“社群”（community，古希腊语中的 polis）这个词定义为由具有共同价值观的人组建的群体。社群是文化环境的第二个层次。

人的社群可能包含一种社交圈、一个集合、一个派系、一个民族或者一个部落；它可能带有强烈的地域色彩，比如新英格兰人或南方人这种群体；一个社群可能是居住在特定城市、小镇或社区，并且想法相似的人群；它还可能是一个具有独特亚文化的民族群体。社群包括学校中的同龄人群体，职场中的同事群体，每周会面的编织圈的成员群体等。人们甚至可以围绕摩托车（比如哈雷·戴维森）和漫画书（Comic-Cons）等特定产品组建一个社群；围绕大学橄榄球队，Grateful Dead 乐队音乐会，奥普拉·温弗瑞图书俱乐部，《星际迷航》《吸血鬼猎人巴菲》《神秘博士》等影视剧，以及与我们政见相同的有线电视节目形成相关社群。

这些社群是否也对我们产生了影响？答案是肯定的。它们在一定程度上影响了我们的成就、健康、收入、行为和幸福。人人都希望找到一种归

属感和认同感。我们都会受到朋友、同事的影响，也会受到教会、书友会、垒球队等组织成员的影响。

我们从青春期开始，就产生了这种融入家庭之外的更大群体的渴望。无论我们在哪里成长，何时长大，多数人都会记得自己少年时期面临的同伴压力——这导致我们不得不穿某个品牌的鞋子，听某种音乐，在许多方面向同龄人看齐。在这个时期，我们的同龄人，以及他们对我们的看法，会对我们的态度和行为产生远超过父母的影响，这正是每个家长都清楚和担心的事情。年轻人通常会参与一些危险的行为，例如豪饮、吸毒、鲁莽驾驶，以便在同龄人面前标榜自己。

但同伴压力并不会随着我们青春时代的结束而消失。在我们长大成人时，还是会持续受到同龄人的影响，喜欢和与我们相似的人打交道。如果我们大部分朋友都拿到了更高的学位，那我们也很可能效仿，以便跟上这个群体的步伐。如果我们认识的人大多已经买房，生儿育女，晋升到公司的中高层，那么我们也很可能将这些行动列入自己的人生计划。这样做才可以维系彼此之间的关系，增进彼此的了解，拥有共同语言。

事实上，成年人和儿童、青少年一样，也难免有同伴压力。无论何时，只要有哪个群体促使我们遵从某种行为或穿着，那就是同伴压力对我们施加的影响。当我们违背内心，去追随某种时尚潮流，或者对某个自己并不理解（或者觉得并不好笑）的段子尴尬地笑时，那就是我们希望成为群体的一份子所释放出来的信号。这类影响有可能是健康和积极的，比如它会促使我们加入一个徒步旅行俱乐部或者参加一个戒烟计划，但并非所有的同伴压力都会让我们更好地认识自己，也并非所有社群都能够帮助我们获得成长和积极的转变。

J.D. 万斯在《乡下人的悲歌：危机中的家庭与文化回忆录》中提到了

一些功能极其失调的铁锈地带[①]和阿巴拉契亚山脉的社群，它们已经不具备让个人获得成功的土壤。万斯写道："人们在米德尔顿一天到晚都在谈论工作很辛苦，（但）你在这里的一个小镇走一圈，就能发现 30% 的年轻人每周工作时长不足 20 小时，却没有一个人意识到自己的懒惰。"在这种环境中，在处境艰难的社群（无论是农村、市中心还是衰退的郊区）中生活的人们就必须经历严酷的考验。要同这些影响因素决裂，就必须具备从这些社群中独立出来的决心和意愿。这不是一件容易的事情。

无数研究、书刊和报告显示，童年时期的贫困会对多种生理健康指标、成就和行为产生影响。这些关联具有惊人的一致性结果。从生理健康方面来看，与富裕家庭的儿童相比，贫困家庭长大的儿童低出生体重的比例比前者高 1.7 倍，铅中毒的比例是前者的 3.5 倍，儿童死亡率是前者的 1.7 倍，需要短期住院治疗的比例也比前者多 2 倍。从成就方面的表现来看，这种关联也呈现了可怕的结果。在贫困中长大的儿童留级或者退学的概率是富足家庭子弟的 2 倍，他们遇到学习障碍的概率也是后者的 1.4 倍。低水平的社会经济状况，更容易引发儿童在情绪和行为方面的问题，这些孩子与家庭经济状况良好的儿童相比，更容易受到虐待和被人忽视，也更可能遭遇暴力犯罪行为。

在如今贫富差距已经达到 20 世纪 20 年代以来的最大程度的情况下，人们尤其容易得出穷人会因为经济状况不佳而导致其成才之路受阻的结论。事实远比这个说法更复杂。万斯指出，穷人社区遇到的也是文化影响方面的问题。少数向上攀升的人离开这个群体之后，其余人就失去了可以效仿的成功榜样。许多被抛在后面的穷人就此自甘堕落，对宿命论深信不

---

① 译者注：铁锈地带（Rust Belt）最初指的是美国东北部——五大湖附近，传统工业衰退的地区，现可泛指工业衰退的地区。

疑，并走上酗酒和吸毒的道路。雇主因为在当地招不到合格的雇员，就会离开这个社区，导致该社区信仰崩塌，失去对未来的希望。在这种文化氛围的影响之下，你很难唤起人们努力工作，做长期打算的意识。在这种沉浸在愤怒和积怨中的社区中，人们甚至会认为做一些低技能的工作就是一种“背叛”群体的行为。

即使是成功的社区（包括那些位于前途无量、条件优越的城市和郊区的社区）也难免给我们留下难以磨灭的印记，而这些影响也并不全是好的方面。从某些角度来看，条件优越的文化环境还可能成为一种特殊的陷阱，将孩子们逼到一个强度极限。这种社区从小就向孩子们灌输心怀壮志的思想，要求他们口若悬河、思维敏捷，要求他们进入一流学校，开创高收入的事业。但这些孩子通常没有进行自我探索的时间或空间。他们被飞速运送到传统的成功传送带上，向同一个方向出发，他们的其他兴趣和事业选择都不会得到认同和鼓励。这条传送带将他们输送到一条狭窄的成功通道，剥夺了他们进行自我探索的机会。

健康心理学家希尔·米盖恩（Shilagh Mirgain）指出：“来自同龄人的压力可能会让我们觉得自己必须跟上邻居的步伐，让我们被迫去适应那些并不适合我们的生活方式，或者导致我们盲目追求别人所定义的‘成功’。”接受这种压力的人通常就是我们在本章开头提到的埃里克·瓦尔这种“起点错误”的成功者。他们都有成功的经历，但总会因为迫使他们去适应自己并不感兴趣或者并不能代表他们的真正天赋、激情和使命的事情而崩溃。

除了物质方面的情况（贫穷或高压力的富裕），社区的文化标准也可能成为一种障碍。就算是以积极面为主的文化环境也可能存在某些弊端。

以我自己所在的文化环境为例，我们是斯堪的纳维亚路德教会的成员，居住在明尼苏达州和北达科他州。对我们这个社区的人来说，对他人表达情感和提出问题是一种陌生的行为。我去加州上大学时，觉得周围每个人都很聒噪，很爱吹牛，且生活处境堪忧。但客观来讲，这只是因为旧金山湾区的文化环境、表达方式和我们不同罢了。现在回头看，我才知道自己的地域文化环境极具独善其身的倾向，它虽然倡导许多良好的价值观，例如勤劳工作和吃苦耐劳，但它们也对我产生了不利影响。我这种具有中西部特色的朴素个性，限制了我在加州环境中的发展，也导致我的前进之路受阻。与我在北达科他州的生活经历截然不同，在加州的经历让我意识到，向他人提问是一种正常且极具帮助的行为。这并不是爱出风头的表现，相反，它可以促进学习。我还意识到，只要方法得当，自我推销也不能算是吹牛。

在加州，如果你不了解本地公认的正常和良好的文化标准，你就很难在这里实现腾飞。

很明显，所有社区都会向我们传递一种阻碍我们成才的信念。每个社区都会在其居民身上留下一定的印记，向他们施加压力，要求他们服从它的期望。

规范性社会影响：一种左右人的行为的无形力量

社会是文化环境的第三个层次，它代表具有相同地理条件或社会范围的庞大社会群体，这个群体具有共同的政治传统和统一的文化期望。人们将社会定义为“最高级的人类文化群体和最广泛的文化特性等级”。我们所在的社会为我们提供了最持久的一套文化标准、习俗、期望和行为。它决定了我们的民族特性。它创造了隐性的偏见和含蓄的期望，它会触及人们生活的方方面面，其中包括政治、性别、种族、宗教、性征和健康，以及有关成功和金钱的概念。我们会将这些信仰内化于心。

例如，美国社会就会同时推崇积极的思想（对机会、法规和公平竞争的信仰）和不太积极的思想（不现实的躯体意象，对少年有成的迷恋，以及过度看重权力地位）。无论我们是否意识到了这一点，这些标准和期望都对我们的选择和行为产生了巨大的影响。多数人会在一定程度上察觉到这一点，但他们通常并不会关注这些影响的渗透性。

据尼尔森媒体追踪数据显示，美国人每天看电视、上网、使用手机App、听广播和在各类设备上阅读的时间将近11小时。没错，我们每天在这些事情上投入了将近半天的时间。这些信息渠道就会向我们传输有关信仰、行为和看待事物方法的社会信息。当然，有些人可能会下意识地抵触这种影响，试图走自己的道路，追求自己的兴趣。但对我们大多数人来说，这种无处不在的社会压力实在太强大了，我们根本无力抵抗。它对我们的期望、梦想和自我形象都产生了影响。它塑造了我们的自我意识。

最具渗透性和最为危险的社会压力来自大众媒体——报纸、杂志、书籍、广播、电子游戏、电影和电视。虽然社交媒体的影响力也在不断增长，最终会虏获主要的用户注意力，但电视对儿童及其社交发展的影响仍然远超其他媒体。电视并不具备互动性——我们只是被动地接收它传达的信息，没有反驳或辩论的机会（毕竟，朝着电视屏幕吼叫根本无济于事），这会对人的认知发展产生重大影响。平均来看，美国高中生看电视的时间超过了在教室上课和与朋友会面的时间。即使是刚出生到两岁的婴孩平均每天观看电视的时间也达到了一个半小时。美国家庭平均有两台电视机，将近40%的家庭至少拥有三台电视机。

虽然大众媒体看似相对温和（我们被动选择和吸收内容），但它们却有能力决定我们看待事物的方式。它们为我们示范了如何恰当地同他人互动，也塑造了我们的个人形象。它们可以强烈影响我们的观点和志向，帮助构造我们的社会现实。

另外，大众媒体还会“通过强化现有的价值观和态度”，发挥自己的社会化作用。任何人在观看有线电视新闻或者午夜喜剧时，都能够迅速发现电视倡导哪些良好的价值观，否定哪些不好的思想意识。人们现在吸收的多数信息来自在媒体上看到的内容，而非个人经历所得的认知。

今天的媒体越发迫切地要求我们与特定的群体标准达成共识。福克斯新闻的粉丝会将自己的社会身份与MSNBC观众的标准和态度进行对比，从而支持自己的自我认同感。吉米·坎摩尔（Jimmy Kimmel）的深夜脱口秀节目粉丝可能会在吉米·法伦（Jimmy Fallon）节目粉丝面前自我感觉良好。媒体为观众提供了许多类似的机会，让他们形成和维持自己的社会身份。我们通过媒体来学习如何融入群体和脱离群体。例如，青少年通常会通过戏剧来掌握一些社交技巧，学会怎样开始和结束一段关系，或者应该使用哪种幽默方式来搭讪。媒体为用户提供了心理学家所称的“社会认同满足感”。

但大众媒体传达的信息远不只是社交技巧和推荐的搭讪方式。它们还可以通过塑造刻板角色和行为，忽视或者拔高少数群体的地位，倡导某种文化、种族或性别偏见。频繁接触媒体内容可能导致观众将媒体描绘的情况当成现实。研究人员将这种现象称为“教化”，时间久了，重度电视观众可能就会开始相信电视描绘的就是真实世界的情况。频繁接触媒体的人就会形成这种观念。

例如，大量观看电视节目的人可能会误以为，十个男性里面就有一人在执法部门工作。事实上，这种概率只有百分之一。媒体大量展示身形瘦削的女性形象，就会导致女人们认为这才是理想、标准、符合预期的身材，这才是魅力的标准。研究人员尤为担忧媒体在种族、民族和性别方面的刻板印象，以及对待暴力态度方面的教化作用。其他研究则显示，媒体可以通过让人们了解与自己不同的个体，为观众提供积极的学习机会，破除人们的刻板印象和偏见。21 世纪初，《埃伦》（*Ellen*）与《威尔和格蕾丝》（*Will and Grace*）等电视剧出现的男女同性恋的荧幕形象，极大地推动了人们对同性恋态度的改观。

在过去的七十五年中，除了大众媒体之外，社交媒体也在推波助澜，它们对我们产生了几乎无孔不入的影响。社交媒体迅速产生了一种新的比较文化——一种庞大的自媒体，世界各地的人们都可以从中展示自己精心策划的美好形象。虽然这些理想化的自我形象通常与现实存在出入，但它们充斥着我们不断收窄的信息流，加入了媒体推动的标准、态度和信念的攻势，让我们加量吸收这些整齐划一的信息。

· · ·

这一切和大器晚成又有什么关系呢？

对于大器晚成者来说，这里的问题就在于大众媒体和社交媒体助推的许多标准和期望可能对我们不利。就算我们自己对媒体的影响完全免疫（比如说我们没有电视），我们还是无法逃离这个深受媒体影响的社会，而社会倡导的标准又会对我们产生直接的影响。这样，媒体就会影响我们对成功的定义，引导我们去相信哪些职业或关系比较受欢迎或者可以被人接受，我们应该达到哪些人生目标，等等。所以，社会主流文化可能会让那些并不能遵从这一标准的人产生自我怀疑甚至是自我厌恶的倾向。我们会感觉自己难以融入社会。20 岁的处男处女会羞于向朋友和同龄人提起自己没有性经历的事实。25 岁时还在做一些基层工作、思考自己未来出路的人，可能就会觉得自己是个失败者。如果我们走上了一条步履缓慢或非常规的路径，我们作为人的价值可能就会受到质疑。今天的媒体总在疯狂宣扬年轻有为的故事。我们很难忽视这种现象对儿童、青少年和成人所产生的影响。比利时统计学家阿道夫·凯特勒（Adolphe Quetelet）曾精辟地点评了这个社会阴暗面："社会在为犯罪铺路，而负罪感就是它实现这一点所使用的唯一工具。"

大众媒体要求我们根据电视提供的那个不可实现的完美版本，比较自己的身材、性生活、婚姻、住宅、汽车、家庭和社区。社交媒体则要求我们根据他人（我们所认识的人）有意策划的精彩生活，对比一下自己平淡无奇甚至是无趣的现实生活。有人说过一句大实话：不要用你内在的自我和他人的外在形象做比较。虽然这是一条很好的建议，但社交媒体的出现似乎摧毁了这种可能性。

为什么我们难以做到这一点呢？我们都有自由的意志，不是吗？要了解服从统一标准的压力为何会让我们难以遵从自己的内心，不妨先看看社会学家对社会规范的看法。

· · ·

社会规范是一套社会约定俗成的规则，它并没有什么法律依据。每套社会规范都具有大量的社会控制作用，能够帮助协调人们的行为。它们是从语言到社会交往、烹饪、关爱、性、婚姻、偏见和物质期望等一切事物的基础。它们就是一系列看似自然的互动方式（例如为长者开门，或者为残疾人让座等行为）所倚仗的基础。它们甚至会影响个人喜好，例如我们喜欢的音乐、阅读的书籍、支持的政策等方面。事实上，我们真的很难想象一个没有社会标准的人类社会该如何运行。我们需要这些规范来指导和引导我们的行为，为我们提供秩序及可预测的社会关系，为我们彼此的行为提供合理的解释。

规范的概念是我们理解研究人员所称的“规范性社会影响力”的关键，它解释了近乎普遍的人类特性，以及我们的统一化倾向。

规范性社会影响的巨大力量来自我们渴望被他人接受的倾向。我们人类毕竟是一种社会动物，需要强烈的群体归属感，渴望被人接受和获得强大的社会关系。这意味着我们必须在思想和行为上都与家人、社群和社会成员保持一致。

规范性社会影响究竟有多大的力量？我们可以举例进行说明。

假设有人邀请你去参加一项心理调查研究。你在指定日期和另外七名参与者到达了研究地点。你们都坐在一个小房间的桌子前。

研究人员也到了，她告诉你们今天的研究目的是探索人们的视觉判断力。她在你们面前放了两张卡片。左边卡片有一条竖线，右边卡片有三条长度不同的线段。这两张卡片上的线段看起来就像这样：

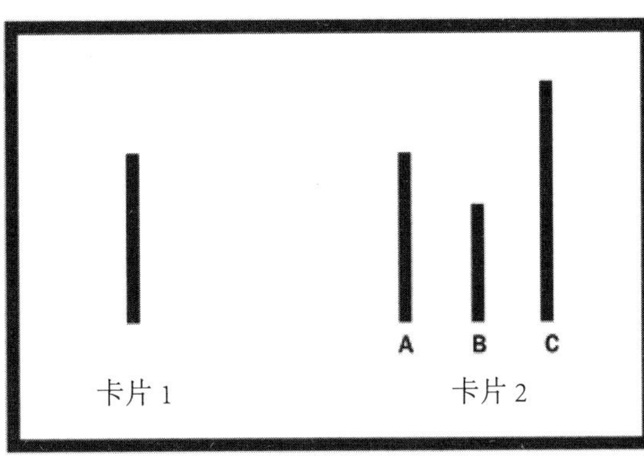

然后，她挨个让你们从右边卡片中选择一条长度与左边卡片的竖线相同的线段。你可能不知道，其他七个人和研究人员都是一伙的。换句话说，他们都是同谋。他们的行为都是早就策划好的。只有你才是真正的研究对象。

研究人员用不同的卡片多次重复这个过程。在某些情况下，其他参与者都会行动一致地选择出错误的线段。很显然他们都错了，但他们的答案就是如此一致。这个时候，你会服从多数人的意见吗？还是相信自己的判断力？

答案可能出乎你的意料。

社会心理学家所罗门・阿希（Solomon Asch）在 1951 年设计了这个经典的实验。如果参与者提供了错误的答案，那么这显然就是群体压力产生的结果。阿希针对斯沃斯莫尔学院的 50 名学生执行了这项测试，让每名测试对象与另外 5 到 7 名假冒的“参与者”共处一室。他们总共进行了 18 次实验。假冒的“参与者”在这些实验中提供了 12 次的错误答案。就连阿希本人也对实验结果大吃一惊。在这 12 次“错误答案”的实验中，75% 的测试对象都提交了错误答案，并且至少有一次服从了大多数人的意见。

为什么他们看到明显错误的答案，还要附和他人的意见？在采访过程中，有些参与者表示，他们的确认为小组成员提供的答案是正确的。而大多数人则承认，他们并不相信大家提供的答案是正确的，但为了避免被视为“异类”，只能勉强附和众人的意见。他们只是在寻找认同感，避免被他人拒绝。随后的一系列研究结果出现了比阿希实验更高的认同比例——附和群体意见的测试对象比例高达 80%。

这就是规范性社会影响的力量。

研究人员后来又开始研究人们究竟能够在多大程度上，察觉到社会规范对自身行为的影响。当我们对某个并不好笑的段子尴尬地笑，为了附和众人而提供明显错误的答案，或者虽然自己爱吃汉堡但仍然表示素食有益健康的时候，我们是否意识到了自己的这些行为在多大程度上受到了社会的影响，在多大程度上是发自内心的选择？

越来越多的研究表明，在关于自己为何容易附和他人看法这个问题上，我们多数人其实都很无知。现代人越来越有环保意识，提倡节约能源和回收利用资源，这主要是社会规范的影响在发挥作用，与其他因素关系不大。我们之所以会采用环保回收垃圾箱，是因为邻居们也都这么做。但在这些研究中，参与者们却在评估自己改变行为的原因时，将规范性社会影响列为最不重要的因素。规范性社会影响让酒店的毛巾重用率上升了将近 30%，也成功地减少了大学生中的酗酒现象。

许多有关规范性社会影响的研究得出了一个明显的结论：规范性社会影响是一种强大的说服杠杆。但我们却一直在否认或者没有意识到这一点。多数人无从辨别自己行为的真实意图。正如心理学教授罗伯特·恰尔尼迪（Robert Cialdini）所言："规范性社会影响无处不在且势不可当，但令人意外的是，人们在破译自己行为的意图时，却鲜有人察觉到这种强大影响力的存在。"

这正是规范性社会影响的强大之处——它可能也会与我们缓慢的成才速度产生冲突。它是一种无形的力量，是一种我们看不见、摸不着，甚至也不愿意相信的力量。但它的确在影响我们几乎所有的行为、选择和观点。

社会规范会对我们的个人预期产生巨大的影响，会说服我们许多人相信，世间只有唯一的学习、成长和成功路径。今天，这条路径就意味着年轻有为。心理学家将它称为"规范性思维"。

如何跳脱规范性思维，发掘自身优势

规范性思维会让我们认为，我们社会群体中的模范成员所走的路径，就是唯一的正确路径。这种思维当然有一定的好处。人生很艰难，如果我们可以通过观察和模仿他人的行为来渡过生活中的难关，当然可以更轻松地过好这一生。规范性思维也给我们制造了一些挑战。我们许多人都倾向于相信，我们的人生应该有一个制定好的路线图。事实上，人才成长——无论是从生理、认知、道德还是职业上看，都没有唯一的“正确”路径。这个现实揭露出了规范性思维存在的一些明显弊端。

首先，规范性思维根据收入、阶层、种族、宗教、性别和教育等特征，制造了一些令我们彼此疏离的非正式社交障碍。这些障碍让我们产生了对于被他人排斥的恐惧。这方面的例子包括一些特殊团体，它们仅限“知情者”，拥有可靠消息的人，属于某个社交群体的人，或者拥有足够财力的人加入。为了获得良好的自我感觉，你就必须掌握正确的线索或信号，拥有适当的人脉及和大家相同的信仰。如果你不具备这些条件，那就意味着：你不是我们当中的一员。

规范性思维的另一个弊端在于，它会引发看似永无止境，并且具有破坏性的比较过程。我们都会拿自己的生命历程与自己眼中的基准人物进行比较。无论是对自己还是对子女，我们都会根据标准的时间表来衡量自身的成长和成就。这些时间表可能包括学步、阅读、分数、考试、毕业、考大学、第一份工资、理想的事业、婚姻或者第一套房。我们会和自己的父母比较——他们 40 岁的时候取得了什么成就？ 50 岁的时候呢？还会和朋友及兄弟姐妹比较。我们还常把自己的孩子和别人家的孩子做比较。当我们在这些时间表上落后他人时，就会开始担忧，我们是不是太慢了？我们的孩子发育是不是太落后了？我是不是很失败？我们害怕这种偏离基准的现象会引发严重的问题。

这其实是一个弄巧成拙的过程。我们生活的各个方面，其实都存在条条大路通罗马的选择。我们可以通过许多方式达成一个目标，获得专业经验，或者实现梦想。无论是在体坛还是乐坛，这种例子都不罕见。努力的摇滚乐队、乡村歌手、嘻哈歌手和歌剧家都可以取得音乐上的成就。身形矮小的足球运动员和高大魁梧的 NBA 运动员都有机会成为体坛的焦点。但我们就算尽了最大努力，也还是很难看出多条通往罗马的道路在哪里。我该如何一毕业就进入谷歌？我该如何向雇主解释退出职场做一个全职家长的经历可以让我成为一个更好的管理者？如果我没有这么做，还有什么投资房产的最佳方式？我们会在困惑不解中，默从大众的标准，走上和别人相同的道路。大器晚成者的问题在于：这条路已经被捷足先登的年轻有为者挤满和堵死了！等我们这些大器晚成者上路时，这些道路上的机会之门已经关闭了。我们的人生又迟到了！这会让我们觉得自己被边缘化了，甚至为此感到羞耻。

· · ·

那么，为什么没有更多的人站出来反抗这种文化期望？我们为什么不直接无视“规范”，忽略传统标准，快乐地踏上没有太多人涉足的旅途？事实就在于，打破文化规范实在是太困难了。

我们是社会性的动物。社会规范对我们人类来说是最具文化意义的事物。我们的自我意识就建立在社交联系和亲近关系之上。从进化论角度来讲，我们这个物种就叫作“人类”。用传记作者简·霍华德（Jane Howard）的话来说：“你将它称为宗族也好，网络也好，部落也好，家庭也好：无论你怎么称呼它，无论你是谁，你都离不开人类这个群体”。

科学家格里高利·伯恩斯（Gregory Berns）及其在埃默里大学的团队执行了一项有关群体一致性的神经科学研究，使用功能磁共振成像（fMRI）扫描了参与者的大脑，研究人在偏离某项规范时会产生什么生理效应。研究人员很关注人在迫于压力的情况下，服从大多数人的意志时的大脑活动情况。他们发现当参与者试图摆脱群体的影响时，与消极情绪有关的杏仁核就会被激活。换句话说，抵触标准化社会影响（即使大多数人的意见显然是错误的），会导致消极的生理后果。换种方式来说，这说明我们天生就具有服从集体意识的倾向，无论这种意识有多荒谬。

那些与集体意志相悖的人，几乎都会遭受最强烈的敌意。我们会将这种人称为叛徒、卖国贼、逃兵和中伤者。所有文化和社会群体都设计了对付异议者的手段，这包括耸肩、翻白眼、侮辱性的诨号，乃至生理折磨甚至是监禁和死刑。最普遍的惩罚手段之一就是社会排斥——将拒不服从视为顽固不化，将标新立异视为离经叛道，将特立独行视为自甘堕落。

这就是社会文化隐藏起来的冷冰冰的那一面。它就是由家族、社群和社会创造出来的难以抵抗的洪流。它就是通过规范性社会影响、规范性思维和文化认知，迫使人们服从社会期望的压力。面对这种情况，那些具有不同天赋，需要按照自己的时间表来成长的人，也就是我们这些大器晚成者该怎么办呢？那些充满好奇心和创造力的探索家，该如何跳出主流文化的传送带，开创自己的命运呢？

答案就在下一章。

第六章

放弃也可以重获新生

放弃。

没错，只要放手就行了。

我在上一章结尾提了这个问题："那些充满好奇心和创造力的探索家，该如何跳出主流文化的传送带，开创自己的命运？"我们只需要放弃就可以了，放弃我们现在被迫走的道路，放弃讨厌的工作，放弃我们痛恨的课程，退出那些充满负能量的朋友圈和社会关系，放弃让我们后悔的生活。

我们在上一章中已经看到，我们所在的文化和社会规范创造了一套有关正确思想和合理行为的强大规章制度。反对这种文化及其社会规范实非易事。但我们这些大器晚成者无论如何都应该迈出这一步。为什么？原因很简单，作为大器晚成者，我们一直没有得到社会文化和社会规范的承认和尊重。这套不成文的规章制度，现在正向少年有成者一端倾斜。

想想看，我们的社会文化对放弃这种行为有什么看法。这套不成文的社会规定会这样描述这种行为：放弃意味着你无法发光发热，你无法应对压力。你内心缺乏勇气，你缺乏毅力。放弃的人永远不会赢，赢家从来不放弃。如果你放弃了，你就永远不会成功。

有目的的放弃是奔向目标的捷径

我们的主流文化总在倡导要坚持不懈，不屈不挠地应对所有挑战，克服一切困难。没错，坚忍不拔的确是一个无懈可击的优点。我们已经听过无数有关人们顽强不屈最终获得成功的故事。大众和科学著作都已经将这个思想（“不屈不挠是获得成功和幸福的关键”）深深嵌入人们的意识之中。如果我们想成功，就必须努力努力再努力。我们要有愿意为之奉献的精神，甚至要做好吃苦的准备。我们应该具有钢铁般的坚定意志。

从记者查尔斯·杜希格（Charles Duhigg）所著的《习惯的力量》（*The Power of Habit*），到前海军海豹突击队队员乔克·威灵克（Jocko Willink）的《自律即自由》（*Discipline Equals Freedom*）、凯利·麦格尼格尔（Kelly McGonigal）的《自控力》（*The Willpower Instinct*）、威廉·麦克雷文（William H. McRaven）的《叠被子》（*Make Your Bed*）再到乔丹·彼得森（Jordan Peterson）的《人生十二则》（*12 Rules for Life*），有许多书都在歌颂意志坚定的好处，宣扬坚持不懈的优势。这些书都在用自己的方式，为自律、刚毅和决心等美德唱赞歌。大部分作者所提出的理论在特定情况下的确十分奏效。但顽强不屈和意志坚定，却不该被吹捧为通向成功的路径。

顽强不屈固然是一种宝贵的美德。正如英国作家塞缪尔·约翰逊（Samuel Johnson）所言：“成大事不凭力气而凭毅力。”我们也将在稍后指出，坚持不懈的确是大器晚成者的必备素质，只要方法正确，加上耐心和决心就能成功。但我认为，当前人们对顽强不屈的精神吹捧过头了。

毅力固然可以实现成就，但也不要忘了换种眼光来看待问题：有时候放手才是正确的决定。事实上，为了正当理由而放弃，也可以让我们收获巨大成就。丹尼尔·J. 布朗在写他那本国际畅销书《激流男孩》的时候已经 60 多岁了。很少人知道，他在早年时曾经面临艰难的抉择——不得不做出可能让家人担忧，但对他来说却至关重要的决定。

布朗人生中的第一次重大的放弃就是高中退学。他对此解释道：

在我17岁之前，我一直在同焦虑症做斗争。我在学校就会感到无端的恐惧。那时候，大家都不太了解焦虑症是怎么一回事。我只能寄希望于自己能熬过去。我好几年都在忍受焦虑症的折磨。我那时候真的过得很惨。后来有一天，我上高中三年级时，我进了生物实验室。我不记得当时是什么状况，只知道自己整个人都被焦虑吞噬了。

我忧心的并不是自己的学业，而是难以融入校园的社交环境。我直接起身走过大街，进入自己的1963款雪佛兰英帕拉汽车，开车回家了。我告诉妈妈，我再也不想上学了。我憋了很久才说出这句话。妈妈非常不安。她没有生气，只是觉得十分担忧。父亲回家后，我说了自己的决定，他听后十分震惊。我当时已经完全决定由自己来掌控人生。

我不知道自己要做什么，我只知道自己不能再忍受下去了。妈妈调整了一下自己的情绪，就去和学校沟通了。他们安排我参加函授课程。这样我就可以每天在加州大学伯克利分校的图书馆坐上八小时，在这里完成这些函授课程。这些课程的学分也会得到高中的承认。最终我还是通过这种途径拿到了高中毕业证。在我开始每天去加州大学伯克利分校，去那里的图书馆学习后，我的人生发生了一个巨大的转变。这些函授课程并没有那么困难，我通常用几个小时就能完成了。但这个学习机会让我有缘接触了大学校园，这一点改变了我的人生。我因此得以在世界一流图书馆的书海中遨游，探索人生。

以一般标准来看，丹尼尔·J. 布朗算不算轻言放弃的人？他真的缺乏勇气吗？他缺乏抱负吗？如果他还坚持在高中煎熬，忍受痛苦和放任自我，最终是不是有可能精神崩溃？我认为退学对于当时的丹尼尔·J. 布朗来说就是最好的选择。通过对他人，甚至是父母的期望说不，他成功地让自己走上了更健康的人生轨道。

后来，布朗做出了人生中的另一个重大的放弃决定。他为此辜负了父亲的期望：

我哥哥曾经是一名空军上尉，后来他进入法学院，最终成了一名律师。我当时在圣何塞州立大学担任写作课的兼职老师——收入勉强能够支付房租。那时候我父亲过世了。他临终前肯定还有一个心愿未了："丹尼尔这辈子会有出息吗？"我父亲其实并不是那种望子成龙的家长。但他还没有看到我结婚生子和真正出人头地的时候就去世了，这是他此生的遗憾。

我父亲曾在大萧条时期不得不中断学业，从法学院退学。我不知道哥哥是不是因为这种压力而选择进入法学院，但我认为他知道进入法学院可以得到父亲的肯定。我实际上也尝试过这种举动——考入法学院并获得父亲的肯定。但我这一次又失败了。我的确考入了法学院，却总共只上了三天课。迫使我高中退学的那种焦虑症再次向我袭来。我在法学院上了三天课后，意识到自己真的走错路了。

我打电话给父母，把这个情况告诉了他们。当时我已经 26 岁了。我说我觉得自己又要让他们失望了。我之前是被动地进入法学院的。我说："我不想再这么做了。我只是真的不想这样做。"

我感觉糟糕透了。后来我意识到，这种选择是正确的。我才刚上路就能很快意识到，不，这条路不对。我得另外开辟一条路。

我得用最诚实的态度来面对这个事实。我并非一半如释重负一半心生愧疚地想"唉，又退了一次学……"而是产生了这种感觉："天哪，我又要退一次学了。老爸会有什么想法？"

没有人想成为一名连环放弃者，也就是那种遇到一点逆境就心生退意的人。很少有人去关注放弃的真正原因。放弃有可能让大器晚成者获得更好的成长机会。在今天这个推崇神童、赞扬少年得志者的时代，我们很容易忽视或者否定放弃的念头。实际上，放弃才是我们大器晚成者在事业、创新和几乎各个生活方面取得成就的策略。放弃未必只是为了得到解脱——有目的的放弃也可以成为我们奔向目标的捷径。

坚忍可以，但要尊重毅力的限度

虽然我们的文化环境很推崇意志坚定的精神，但总有一些情况根本不适合用坚持不懈的毅力硬扛到底。有研究指出了“始终坚持不放弃”这一行为的三个尴尬真相：①坚忍不屈，或者毅力，它是一种有限的资源；②放弃可能是一种健康的做法；③放弃而非硬撑，通常可以得到更好的结果。

我们的文化推崇意志坚定的精神。这里面的第一个问题在于，使用单一思维的决心来处理你并不太有把握的事情，这实际上会导致你的工作更加低效。坚忍不屈的精神如果用错了地方，就可能侵蚀我们召唤毅力的能力，导致我们在真正需要毅力的时候无从发力。这种思想来自“自我损耗”这个心理学概念，这个概念在 20 世纪 90 年代时颇为流行，原因是当时的社会心理学先锋人物罗伊·F. 鲍迈斯特（Roy F. Baumeister）进行了一系列影响巨大的实验。1996 年，罗伊·F. 鲍迈斯特及其凯斯西储大学的前同事艾伦·布拉茨拉夫斯基（Ellen Bratslavsky）、马克·穆拉文（Mark Muraven）和黛安娜·泰斯（Dianne Tice）研究了测试对象抵抗美食诱惑的毅力。

在实验开始前，鲍迈斯特让测试对象待在一间散发着新鲜出炉的巧克力饼干香味的屋子里。之后，他向测试对象展示了真正的饼干和其他巧克力零食。其中一部分测试对象可以吃这些甜味的零食，其余测试对象却只能吃生萝卜，以此测试这些人的毅力和决心。

结果呢？那些吃萝卜的人并不太满意这种安排结果。鲍迈斯特在实验报告中写道，许多吃萝卜的参与者“对巧克力表现出了明显的兴趣，还会恋恋不舍地盯着摆放在那里的巧克力，有些人甚至还拿起巧克力饼干放在鼻子底下闻”。

在大家都吃完指定的零食时，鲍迈斯特要求所有参与人员解开一个谜题，以此测试他们的毅力。那么，这些被迫抵制巧克力饼干诱惑的人，在解答谜题的时候还能坚持多久呢？结果相当惊人：与可以吃巧克力的人（以及那些仅参与谜题解答测试的控制组）相比，被迫食用萝卜的人在试答谜题的过程中，投入时间不足前者的一半。很显然，这些被迫抵制甜食诱惑的人已经无法召唤多少毅力，完成第二轮考验毅力的任务了。

因为他们在第一轮测试中就耗尽了毅力，他们的决心已经所剩无几了。

鲍迈斯特的研究得到的突破性发现就是，自控能力（包含毅力、决心和坚持不懈等类似的精神）会被耗损。毅力并不是一种可以精通的技能或者能够培养的习惯。过度运动可能导致肌肉受伤，顽强不屈的毅力也可能让我们疲乏，最终导致我们崩溃。鲍迈斯特指出，我们的决心“似乎相当有限”。他在总结这个著名研究的结果时，将毅力称为“一种稀有而宝贵的资源”。自我损耗意味着“可能严重降低人的控制能力”。

实际上，早在20世纪20年代时，精神分析学家西格蒙德·弗洛伊德（Sigmund Freud）就已经预想出了这个概念（自控力取决于有限资源的支出）。弗洛伊德认为，自我（受到控制的自我）需要一些精神或心理上的动力来抵制本我（本能的自我）和超我（将文化规则内化于心）的鼓动。

弗洛伊德使用了马和骑手的比喻来描述这种关系。骑手（自我）通常负责驭马，但有时候也很难阻止马（本我和超我）走向它所向往的地方。鲍迈斯特的研究结果就是建立在这种早期认知的基础之上：当骑手很疲劳时，马就变成了主导方向的角色。

· · ·

比尔·鲍尔曼（Bill Bowerman）令人惊叹的教练生涯也反映出了人类毅力存在极限。过分的坚忍可能让我们心力交瘁，甚至导致我们疾病缠身。鲍尔曼在 20 世纪 50 年代到 20 世纪 70 年代，曾是俄勒冈大学的一名田径教练，后来成了运动装备公司耐克的联合创始人。鲍尔曼的传记中这样写道："在他的执教生涯中，他训练过 31 位奥运会运动员，51 位全美运动员，12 位美国纪录创造者，22 位 NCAA（全国大学体育协会）冠军和 16 位 4 分钟内跑完 1600 米的运动员。"这些运动员中就包括美国传奇长跑运动员史蒂夫·普利方坦（Steve Prefontaine）。

比尔·鲍尔曼成为中长跑运动员教练的经历本身就是一种传奇，因为他本人并没有第一手的长跑专业知识。他在大学曾经是一名橄榄球运动员和田径短跑运动员。以释放爆发力著称的橄榄球－短跑运动员（快收缩型）和以耐力持久得名的中长跑运动员（慢收缩型）这两者在体能和心理上的差异巨大，这两者或许是体育界中差别最大的两种类型。鲍尔曼担任教练时却偏偏选择了在体能和心理要求上与自己相反的项目，也就是对持久耐力有要求的中长跑。

他究竟是如何克服了这种差别？在 1962 年前往新西兰的一次旅途中，他遇到了一位自学成才、大器晚成的教练亚瑟·利迪亚德（Arthur Lydiard），此人开发了一套极不寻常的中长跑运动员训练理念。利迪亚德直接挑战了当时流行的高强度间歇训练法。在他看来，间歇性的田径训练，例如奋力跑完 400 米，然后休息两分钟，再接着跑 400 米——如此循环反复一二十次，虽然可以快速见成效，但运动员在之后几个月就会进入瓶颈期。人们认为提高间歇性训练的强度，可以让运动员突破这种瓶颈，但这种方法只适用于一些运动员，多数人最终会因此受伤或患病。利迪亚德认为其中的罪魁祸首就是低血液 pH 值。利迪亚德怀疑，每天执行的高强度间歇性训练，会导致运动员体内产生过量的乳酸，这会降低运动员血液的 pH 值和整体免疫力。利迪亚德指出，间歇性释放力量的跑步运动员，会因为当天的训练而筋疲力尽，而当晚的睡眠质量也会很差。

值得注意的是，利迪亚德既没有接受过担任教练的正式培训，也不具备科学家的专业知识背景，也并没有什么机构要求他这么做。他只是自己进行了试验，通过观察、记录、检查脉冲，查看趋势线并做出判断。

利迪亚德的非正统训练方法取得了异常成功的结果。他让自己所有的跑步运动员，包括彼得·施奈尔（Peter Snell）这种 800 米跑运动员及巴里·麦吉（Barry McGee）等马拉松运动员，参加持续数个月的有氧长跑训练。其目标是一周跑 160 千米，其中包括周日至少跑 32 千米的计划。他要求大家尽量慢跑，要将速度控制在跑步过程中能够说话交谈的这种水平。

建立了有氧运动这个基础之后，利迪亚德又让运动员们交替进行了几天的山地训练和轻松的长跑，通过有氧运动平衡山地训练释放出体内的乳酸，恢复健康的血液 pH 值。最后，在跑步赛季之前和赛季期间，他会给运动员提供一些短跑突击训练和高强度的间歇性训练，但都会交替进行几天轻松的慢跑，以便平衡大家的跑步速度。他的方法极其奏效。在 1960 年的罗马奥运会上，他带领的运动员赢得了 800 米和 5000 米跑的金牌，还拿到了马拉松赛的季军。1960 年的新西兰人口仅有 240 万，但就是这样一个小国在随后二十年持续领跑世界男子长跑项目。这个说法实际上并不准确。其实应该说是亚瑟・利迪亚德在领跑这个项目。

利迪亚德的故事让美国人比尔・鲍尔曼深受震撼，他带着记录详细的笔记本回到了美国。

鲍尔曼的传记作者肯尼・摩尔（Kenny Moore）写道：“鲍尔曼开始劝告自己带领的俄勒冈中长跑运动员要‘振奋而非奋力’的训练……他会在训练时监督他们的形体，捏捏运动员的喉咙，检查他们的脉搏。他还会检查他们眼睛的神采，让那些精神紧绷和神情呆滞的人，尤其是那些脉搏没有回到每分钟跳动 120 次的人去洗澡放松。他相信过犹不及的道理。”

摩尔指出鲍尔曼这种与主张苦练的方法背道相驰的理念，并没有得到教练协会的认同。“鲍尔曼首次详述这种‘张弛有度’的方法时遭到了人们的鄙视。当时多数教练多主张‘一分汗水，一分收获’这种理念。当鲍尔曼指责他们方法不当（‘清醒一点，用最明智的方法才可能获得最大的进步’）时，却被后者认为是一种侮辱。他这种轻松训练方法遭到了嘲笑。人们认为他这种因材施教的训练方式根本就是溺爱。”

我认为鲍尔曼的故事对我们的启发就是：坚忍只有在某些情况下才是一种美德，因为我们每个人在心理和生理上的决心都有一定的限度。如果社会标准怂恿我们过度支出自己的决心，或者白费力气，那么我们的决心就可能被消耗殆尽。为了满足他人（无论是家人、社群还是社会）的期望而不懈坚持，就有可能耗尽我们的毅力。这样会让我们徒劳无获地结束一天的奔忙，晚上却还是不能安眠。而当我们真正需要靠决心和意志来发力时，就有可能因为后劲不足，无法走上新道路或者追求真正的激情。

・・・

那些认为我们可以无限增强自身毅力的观念，往好处说算是误导，往坏处说就是有害了。世俗观点告诉我们，如果我们能够进行一定的训练或练习特定的习惯，那么我们就可以增强这方面的力量。但科学和研究结果告诉我们，这种说法并不正确。我们不能简单地靠决心和毅力对生活中的每件事下狠劲——这样我们迟早会被打垮。当我们强迫自己去做一些自己其实并不喜欢，或者并非我们的激情所在的事情时，我们就会为此付出代价，因为它会消磨我们的积极性和动力。

比尔·伯内特（Bill Burnett）和大卫·埃文斯（Dave Evans）在《人生设计课》（*Designing Your Life*）这本书中提到了一位成为律师事务所合伙人的女性。让我们先来思考一下这是个什么概念。这位女性在大学时表现要非常出色（拿到全 A 成绩，成为学校优秀毕业生），才能顺利进入了十大法学院之一（因为她目前所在的律师事务所会优先录用这些学院的毕业生）。也就是说，她在法学院的成绩要十分拔尖。在律师事务所担任助理律师时，她每周至少得工作 80 小时，至少坚持 5 年，然后才有可能成为合伙人。这意味着她要连续承受好多年的工作压力和最少的睡眠。也许有人认为她就是喜欢这种生活，但实际上她并不喜欢。在历尽艰辛终于成为合伙人之后，她感觉自己已经筋疲力尽了。她并没有享受到自己的新合伙人身份和七位数的收入带来的欢愉，而是每晚在极度抓狂和绝望的痛哭中入眠。她的决心和意志已经被耗尽了。

人的毅力好比银行账户，我们可以从中提取一定额度的毅力，但不能无限额地提取。我们得明智地做出选择，以免余额不足。

盲目推崇坚忍品质的另一个问题在于，它没有正视放弃有时候也是一种正确做法的事实。我们所渴望的多数东西（这在很大程度上也是拜社会文化所赐）都是可望而不可即的。研究表明，当我们放弃一些不可能实现的目标时，我们就会变得更快乐，更释然，甚至更少生病。没错，放弃实际上具有生理上的好处。

有大量跟踪受试者从青少年、青年到老年时期发展情况的研究结果表明，脱离目标，也就是放弃，可能对生理健康产生强烈的积极影响。有三项研究发现，能够放弃不可实现的目标之人，其激素水平更健康，睡眠质量也更高。坚持不放弃却有可能让人更为抑郁，承受更多压力和焦虑情绪。这些症状可能更改我们内分泌和免疫系统中的生物进程，导致我们更容易遭遇哮喘等健康问题，增加我们患病的概率。换句话说，使用不当的坚忍和毅力可能让我们生病。

迷恋毅力这种现象的另一个问题就在于，它没有意识到放弃其实也可以是一种迂回战术。我最喜欢的事例之一就是 20 世纪末伟大的 CEO 安迪・葛洛夫（Andy Grove）及其公司英特尔的故事。

我认识葛洛夫。他是一个坚忍不拔的人。他出生于匈牙利，20 岁到达纽约时身无分文，举目无亲。他在纽约市立学院（当时该校免收学费）读完了大学，还拿到了去加州大学伯克利分校学习化学工程的奖学金。葛洛夫很快脱颖而出，得到了伯克利校友和硅谷著名技术专家戈登・摩尔（Gordon Moore）的赏识，后者将他引荐给仙童半导体公司。

1968年，摩尔和同事罗伯特・诺伊斯（Robert Noyce）离开了仙童半导体，创立了英特尔。在他们要开仙童半导体时，他们带走了安迪・葛洛夫。葛洛夫就这样成了英特尔的第三名员工。20 世纪 70 年代，英特尔大部分收益及利润都来自存储芯片销售。1971 年，英特尔推出了一款前途光明的新产品微处理器。微处理器是一项全新的变革，它在整个 20 世纪 70 年代对英特尔利润的贡献非常之小。存储芯片才是英特尔的主要收益来源。

但在 20 世纪 70 年代末，日本和韩国公司也开始角逐存储芯片市场，分割了英特尔的利润。到 20 世纪 80 年代初，英特尔陷入了一场财务危机。葛洛夫提出了一项彻底的解决方案：英特尔放弃存储芯片业务，将赌注押在微处理器上。这个提议遭到了强烈反对。诺伊斯认为放弃芯片业务相当于失去了整个市场，但葛洛夫还是坚持这条战线。多年后他回忆这个经过时表示：“我问戈登（摩尔），你知道，如果别人收购了我们会发生什么情况？新来的老板会怎么做？戈登回答：‘新来的老板肯定会把我们开除了（大笑）和放弃存储芯片业务。’”所以英特尔就这么做了。它放弃了衰退无效的业务，将目光转向了更有前景的项目。

任何富有经验的科技创业公司创始人都会告诉你，了解何时放手这一点非常关键。像英特尔等成功的企业始终知道该何时放弃项目和业务。英国企业家和亿万富翁理查德·布兰森（Richard Branson）就是一个连环放弃者。他发现哪项业务运行不如预期时，就会果断放手，比如维珍可乐、维珍数码、维珍汽车、维珍婚礼等。

硅谷有一句著名的箴言：“越早失败越好。”但在失败之前，你得先进行尝试，之后你要更努力地尝试。不过在某些情况下，在你发现毫无前景的时候，或者你能够更好地使用时间、人才和资源的时候，就应该转向其他机会。普通人放弃毫无希望的目标就会被贴上放弃者的标签，而企业家做了相同的事却会得到众人喝彩，将军的这种行为则会被盛赞为英明神武的撤退之计或者灵活的战术，这实在是有悖常理的现象。

放弃是在逆转颓势，探索更好的自我

当然，放弃并不容易，甚至是很困难的。我们放弃的时候，总会因为愧疚感而内心不安。我们会觉得这是一种羞耻。放弃意味着我们得克服世人的期望，无视社会带来的压力。但社会规范所创造、倡导和强调的不屈不挠的品质，有时候会让筋疲力尽的人对自己当前的生活方向心生不满。我们的社会在大肆宣扬锲而不舍走向成功的案例，却很少提到因放弃毫无意义的项目或路径而产生积极结果的故事。

对放弃的蔑视也是人们迷恋少年有成现象所产生的结果之一，这种蔑视实际上削弱了我们的自我价值感。这种现象不但不公平，而且具有严重的破坏性。我们的社会在压制人的个性和强化文化规范的过程中，将这种最有效的自我探索路径之一简化成了带有消极色彩的两个字：放弃。往坏处来说，它就是一种泰勒主义[①]，它强化了这种信息：要不计一切代价地待在社会公认的成功传送带上，这样才能走向成功。

反对放弃的文化环境是一个非常实际的障碍，但这种阻力并非人们唯一的消极思想来源。我们都存在一些认知偏见，这会阻碍我们放弃可悲的工作或者无效的活动。这些偏见可以用两个经济学概念来定义：沉没成本谬论和机会成本。第一个概念是沉没成本，它与我们过去的投入有关。这里的沉没成本可以是我们已经在一个项目或生活中某个方向上投入的金钱、时间和精力。我们在某个事物上投入的资源越多，投入时间越长，就越难以放手。沉没成本谬论就是指我们暗示自己，因为已经投入了许多时间和金钱，所以我们不应该轻言放弃这种情况。

第二个经济学概念就是机会成本。与沉没成本不同，这个概念与未来有关。它意味着我们在某个任务或方向上投入的每个小时或每一块钱，都相当于我们放弃了在更好的不同任务或方向上投入的机会。换句话说就是，我们不应该执拗于那些并不可行，或者不能让我们开心的事情，而应该将精力投入到能够让我们更快乐、更适合我们的生活方式，或者有助于我们

① 译者注：也就是前文提到的泰勒科学管理方法，泰勒认为科学管理的根本目的是谋求最高劳动生产率，最高的工作效率是雇主和雇员达到共同富裕的基础，要达到最高的工作效率的重要手段是用科学化的、标准化的管理方法代替经验管理。

赚到更多钱的方向——只要我们不过于纠结沉没成本的问题就行了。

问题就在这里：我们成年人真的很难摆脱沉没成本谬论。我们本不该为此而伤神，但我们却一直在做这种事。俄亥俄州立大学心理学家哈尔·阿克斯（Hal Arkes）与其同事凯瑟琳·布卢姆（Catherine Blumer）的研究指出，我们真的很不擅长衡量沉没成本。他们发现，多数成年人在考虑沉没成本这一点上的表现，比儿童更糟糕。没错，这都是拜我们的沉没成本谬论所赐。

为什么呢？在阿克斯和布卢姆看来，我们显然从小到大都在遵从一个不能浪费的规矩，并且过度强调了这种节约的原则。我们放弃一些事物的时候，就会觉得自己浪费了已经投入其中的时间和精力，比如学弹钢琴、备考医学院，或者追求能够取悦父母的梦想。为了更好地理解其中情况，我们先看看阿克斯和布卢姆进行研究的情景：

假设你花了 100 美元购买周末去密歇根滑雪旅游的门票。几周后你又买了一张 50 美元去威斯康星州滑雪旅游的票。你认为在威斯康星滑雪可能比去密歇根滑雪更有趣。就在你将刚刚购买的威斯康星滑雪门票塞进钱包时，你发现两张票的有效期是在同一个周末。现在已经来不及转卖其中一张票了，你也无法退掉其中一张票。而你只能使用其中一张票，你会选择留下哪张票呢？

你会选择留下哪张票？价格更高的那张票，还是你认为可能更好玩的那张票？

超过半数受试者表示他们会选择价格更贵的那张票，也就是他们认为比较不好玩的密歇根滑雪票。为什么？因为这张票的投入成本更高（沉没成本），所以放弃这张票意味着浪费了更多资源。有大量其他实验也可以证明，避免浪费是人们舍不得沉没成本，不肯放弃一个无效行动的一大考虑因素。

在沉没成本谬论的情境下，放弃一个失败的路径似乎浪费了我们之前已经投入的资源。对大器晚成者来说，这会让我们产生这样一种感觉：如果我们现在放弃了，那么这些年为了获得博士学位、律师事务所合伙人身份，或者时尚界的事业而投入的时间、金钱、汗水和泪水，就变成了竹篮打水一场空。

沉没成本谬论是人们做出积极改变并获得美好生活的一大障碍。但还有其他心理因素也在阻碍我们放弃一些事情，导致我们无法得到更幸福和更成功的生活。2008 年，畅销书《怪诞行为学》（*Predictably Irrational*）作者丹・艾瑞里（Dan Ariely）指出，有一种叫作“认知失调”的心理状态会阻止我们放弃一些事物。艾瑞里表示，我们坚持某个行为习惯的时间越长，就越有可能过度合理化自己的行为。如果我们在某个工作上投入了十年时间——就算我们每天都很讨厌它的工作内容，我们也还是会说服自己相信我们热爱这份工作。另外，艾瑞里还提到，我们实际上很喜欢为自己所爱的事物吃苦。实际上，因为我们太喜欢这些东西了，以至于我们会在为某事受苦的时候认为，我们必须去爱它！艾瑞里还指出兄弟会、姐妹会、军队、体育队等组织都会利用这种心理倾向，让团队成员做苦力或者承受极端的困苦。

但是拒绝放弃我们对大学课程、职业或并不适合自己的路径的投入，也同样会让我们付出巨大的代价。因为我们如果在并不可行的方向上加倍押注，就等于是在放弃其他可能极具价值的机会。行为经济学和心理学原理已经告诉我们，真正的浪费并不在于放弃失败的行为，舍弃过去的付出，而在于停止追求更美好的事物，牺牲我们的未来。

到底何时该放弃

我们不妨换个思路，将这种放弃称为战略性撤退。把它当作一种转折或者重生。用扑克牌友的话来说，这就是“知道什么时候该摊牌”。事实上，知道何时该放手和转变方向，这一点的重要性绝不亚于知道何时该坚持到底。我们都会后悔没有放弃一份走入死胡同的工作，后悔没有及早结束一段有害或不快乐的关系。当我们放弃了那些不再适合自己的事情时，就可以让自己的决心和毅力得到解脱，将其用于更有意义的事情上。毕竟我们的时间和注意力都很有限。

放弃未必就等于我们很弱或者很懒惰。放弃其实也意味着我们忠于自己的内心。放弃实际上就是一个拒绝的过程。通常来说，无论是拒绝深夜回复邮件，拒绝一份工作，拒绝去某个城市，还是拒绝追求一个不可能的目标，都可能成为改善我们生活的最佳方式。如果我们仔细思考一下，就会发现几乎每个成功人士或杰出人物都是放弃者。塞思·戈丁（Seth Godin）在《教你何时该放手，何时该坚持的小手册》［（*The Dip: A Little Book That Teaches You When to Quit (and When to Stick)*］这本书中提到，真正成功的人士都是“明智的放弃者”，他们会在发现当前的路径行不通，无法走向终极目标的时候及时更改方向。及时止损能够让这些成功人士重新分配时间和精力，以便执行那些能够令其继续前行的事情。戈丁表示，了解何时该弃那些无效的行动，可以“让你获得一种权利感”。

放弃是否还存在其他深意？没错，放弃是一种承认真实的自己和内在天赋的宣言，它本质上要求我们勇于承担个人责任。它意味着我们认清了自己的局限性和潜力。对我们大多数人来说，这种个人行为就是一种强大的自我认知。当我们需要改变方向的力量，当我们发现自己正在走下坡路时，放弃就是我们逆转颓势的必需力量。

关键就在这里：放弃是一种力量。

为了正当理由而放弃，并不是自暴自弃。这并不代表投降和认输。这只是承认这份工作并不适合我们，这只是在尝试后发现它并不适合自己而做出的调整。在这种情况下，放弃实际上就是探索过程的一部分。无论是在俱乐部、学校、职场还是兴趣等方面，我们都可以通过放弃来定义自己的身份。强迫自己忠于某份工作或者为之不计代价地奉献，只会导致我们激情衰退，最终失去活力。但放弃却可以是一种成长的过程，一种生活的过程。

正如《魔鬼经济学》作者斯蒂芬·列维特（Steven Levitt）所言：

如果要我说自己究竟是如何克服重重困难，在经济学领域取得成就的，其中最重要的因素就是，我是一个“善于舍弃”的人。我从一开始就将“早点败，快点败”当成自己的座右铭。假设我刚开始提出了100个想法，如果其中有两三个想法可以写入学术论文，那么我就算是很幸运了。作为一名经济学家，我的最佳技能之一就是能够意识到越早失败越好，我会在发现一个项目很可能失败的时候就毅然放手。

记住，对于我们多数大器晚成者来说，放弃未必是一种永久的状态。我们许多人会退学后又返校学习。这正是空档年（见第三章）如此盛行的原因。从这一点上看，放弃也是一种耐心。这意味着我们的身体和大脑在告诉我们，我们还没有做好应对某个挑战或特定生活阶段的准备。这种耐心表明放弃通常也是一个过程或阶段，它并非最终结果。我们可以通过放弃，将一些模糊不清的热情，转变为真正的激情：这种转变相当于摄影术衍生出电影摄制，诗歌演变为文案写作，法学院上升为执法机构，在医学院的痛苦经历转变为长期的护理职业。

如果我们不去尝试，并在发现不合适的时候放手，我们还能找到自己真正的激情吗？

当然不能。

这个现实就提出了一个重要的问题：我们怎样才能知道该何时放手？这个问题真不太好回答。放弃毕竟是一种个人选择，但我们或许可以参考一下研究领域流传的一些实用建议。《魔鬼经济学》作者斯蒂芬·列维特曾说过："我几乎放弃了所有我不擅长的事情。"沉没成本方面的专家哈尔·阿克斯表示："最重要的是你得撕掉那层创可贴，快速行动起来。"阿克斯认为能够成功放弃一份工作或者进行重大转折的人，通常也是能够快速制定决策和立即行动的人。他称："我认为这是一种不纠结于过去的思想，我知道这是一种很老套的表达，但真的有许多具备这种能力的人会勇往直前。"就我个人而言，我认为如果你已经有了清晰的备选方案，如果你已经能够构想自己重获新生的情形，那么你就应该放弃当前不对路的选择。这就像戒掉一种坏习惯一样，如果你有其他替代方案，那么放弃一条不成功的人生路径其实并不难。

放弃给予我们的一个最重要的启示（我希望你能够始终怀有这种信念）就是，放弃是一种优势而不是缺点。我们应该战胜自己内心的沉没成本谬论。我们应该正视放弃的优点——它是一种"早点败，快点败"的能力。

实际上，每个人都会有所放弃。成功的大器晚成者会更擅长这一点。

第七章

克服自我怀疑的魔障

我们大多数人在生活中总是难以摆脱自我怀疑的阴影。这一点对大器晚成者和少年有成者来说都一样。但对于颇有前途的大器晚成者来说，自我怀疑可能会让他们背负更沉重的负担。今天的成功传送带将我们划分成了少年有成者和陪跑人员两种类型，这导致人们的自我怀疑倾向愈发强烈。在这个充斥大量数据和信息的时代，无论是考试成绩、薪水，还是脸书点赞，我们关注的都是其中的数字。公开这些数字当然也有一定好处，但这同时也会让我们更多人陷入自我怀疑的情绪。

另外，文化环境（见第五章）也制定了我们不得不遵从的条条框框。我们可能出生于充满纷争和恶语不断的家庭，接受过于严格的教育或者背负着父母不切实际的期望。我们有可能成绩普通，进不了名牌大学，或者没有拿到“理想”的学位。今天的社会文化都在警告我们，如果我们离开了快速成功的跑道，我们就会为此付出代价。如果我们做了一些不合社会标准的事情，就可能被他人评头论足。如果我们跳下少年有成的传送带，我们当然就会摔伤。

最后，我们许多大器晚成者还可能遇到一些讨厌的人生挫折，比如离婚、疾病，或者丧偶。这就会导致我们心态不稳，意志动摇。我们可能面临上有老下有小，自己还有病在身的处境。或者因为人生中的一些变故，迫使我们不得不暂时放弃事业。这些情况都会让人心灰意懒，丧失斗志。许多女性都会因为研究人员所称的“竞争危机”，比如怀孕、照顾子女和其他家庭责任，陷入深深的自我怀疑。这些紧急情况会拖延我们在事业上的准备和进步，可能会要求我们以非常规的渠道接受教育，导致我们迟迟才实现事业上的成就。看到过去的同学或者前同事在事业上一路高唱凯歌，而我们却因为这样那样的原因身陷困局，我们可能就会不断滋生自我怀疑的情绪。

现在我们先停下来思考一下。作为大器晚成者，我们走的当然是不同寻常的成功路线。如果我们不能接受这个真相，我们通常就会因为低估自己的能力和价值，一路跌落到深渊。这种自我怀疑会引发各种痛苦，比如窘迫难堪、精神焦虑和一蹶不振。除此之外，自我怀疑还会产生比这些初级的疼痛更严重的危害。自我怀疑恶化到一定程度，会产生终生的消极心态。放任自我怀疑的情绪蔓延会阻碍我们充分发挥自己的潜能。

这真不是件好事。

它有什么好处吗？

好处就在于，自我怀疑实际上是一项成功的秘密武器（虽然这听起来很奇怪）。如果管理得当，自我怀疑可以成为一种信息和动力来源。因此，它有助于攻克自满情绪，改进我们的准备状态和表现。它驱使我们去追问结果，尝试新策略，让我们更加愿意接受不同的解决方案——与大器晚成者的好奇心和韧性等优势有关的所有策略。此外，自我怀疑并不仅仅是一种改进表现的工具，它还是塑造睿智的领导、老师、家长和朋友的秘诀。与自我怀疑的情绪达成和解，可以让我们变得更有同情心，更善于洞察自己和他人的内心。

这里的关键在于要将自我怀疑转变成信心和动力。但这种点金术并不会自动施法。大器晚成者必须学会利用不同的技巧，将这种看似劣势的情绪转变成力量之源。他们必须学会将自我怀疑这种不可避免的情绪控制在一定范围内。管理自我怀疑情绪的最佳策略就是用同情且诚实的态度来看待自己。我们必须学会承认自我怀疑的存在，并以一种更健康、更有建设性的方式对其加以约束。我们必须学会正视自我怀疑的本质——把它视为一种信息，仅此而已。

我们将它视为一种纯粹且简单的信息之后，就可以让这个终身的死敌转变成可靠的顾问，让它帮助我们实现目标，最终真正绽放异彩。

人们习惯用自我设限来保护脆弱的自我

自我怀疑究竟是什么概念？“怀疑”（doubt）一词来自拉丁语“dubitare”，意思是“摇摆不定，犹豫不决，不确定”。从进化论的角度来看，怀疑是件好事。它已经深深嵌入每个人的生存性状。我们的祖先在决定是否穿越一条汹涌的河流之前都会“摇摆犹豫”一番。他们因为这种怀疑而获得了生存。在今天，我们在向骗子转账之前也会感到这种“不确定”。这是件好事。对危险情况和不甚明确的命题表示怀疑，就是一种生存性状。怀疑在人类这个物种的进化过程中发挥了重要作用。

因此，自我怀疑意味着对自身能力的摇摆不定、犹豫不决和不确定。这说明我们对自己本身、自己的能力和决定不够自信。这也可能是件好事——它有助于我们通过追问来确定自己的能力。但如果放任它走向极端，这种不确定性就可能让我们错失良机或者浪费才能。我们迷恋比较和排名的这种文化本能，可能导致许多颇有前途的大器晚成者在自我怀疑中纠结。坚守我们无法达到（或者我们自己选择那些无法实现）的标准，会让我们更易于贬低自己独一无二的能力。

多数人该如何迈过自我怀疑这道难关？这的确不太容易。我们许多人都会自我设限，甚至断送自己成功的机会。我们总会在还没有验证自己真实能力的时候，就给自己想象出了一道障碍。这样如果我们失败了，就可以为自己的失败找到合理的借口，以此保护我们对自己的天赋和才能的那点可怜的信心："我考试前一晚喝多了，所以当然就没有发挥好。"拖延症是大器晚成者最普遍的自我设限形式之一："我昨天到最后一刻才匆匆写好简历——所以当然就没被录用。"或者："都怪我老板，我所有的时间都被工作排满了，导致我没做好这个陈述。这就是它搞砸的原因。如果多给我一两天时间就好了。"

需要明确的是，自我设限并不只是制造借口的行为。那些自我设限的人，往往会故意给自己使绊，目的就是避免正视自己可能存在的缺点。许多自我设限的行为只是一些微小琐碎的坏习惯，比如迟到、讲八卦、做事拘泥于细节、采取被动攻击的行为，或者做事力求完美等。我们可能没有意识到这些不利于自己和自我设限行为的本质，甚至还可能误将它们当作一种优势。实际上，它们通常会阻碍我们的成长和成才。

除此之外，许多自我设限之人还很依赖心理学家所称的"明日幻想"。这种幻想就是将所有期望和计划都放到明天，等到自己想努力了再去实现。我们认为等到时机成熟了，自己就会全力以赴，这当然就更容易走向成功。"我不太关心这个项目。如果是能够让我产生激情的项目，我就会努力去做。这样就能让大家见识到我真正的本事。"这种错觉会导致我们做事缺乏激情，舍不得使出全部的看家本领。人们习惯用自我设限来保护脆弱的自我，但这样做会导致我们永远无法体验真正的成功。

有些大器晚成者会通过研究人员所称的"抬举他人"的策略来应对自我怀疑的情绪，这是一种合理化自我设限行为的表现。这些人认为，那些少年有成者是因为更有天分，颜值更高及其他所有条件都更优越，所以才能获得成功；他们天生就是光芒万丈的人物，所以注定会成功。"她拿了 SAT 满分，而且心态那么好。我还有什么机会？我永远不可能和她一样。”或者：“他只是因为年轻英俊所以才得到了那份工作。他们只会提拔形象气质佳的销售人员。”我们会将他人的成就归结于一些先天优势来抬举他们，同时又低估自己的天赋和才能，深信他人是因为天生条件优越所以能够过上更好的生活。社会对少年有成现象的迷恋会加深这种信念。当社会过度追捧少年有成者时，我们剩下的其他人就很难看到自己的价值了。

最后，另一个普遍（可能也是最有害）的大器晚成者应对自我怀疑的策略就是“成见威胁”。我们会将对自己才能的消极成见内化于心，说服自己相信我们永远无法做好某些事情，无论我们多努力都不会成功。许多大器晚成者无法达到义务教育的目标，这会导致他们接收到一些消极的信息，例如，“你永远不会是个优秀的学生”，或者“你根本就不是读书的料”。

我们长期接触这些消极的成见，可能会对它们深信不疑，并以此作为回避某些话题、挑战的借口。例如，我们可能会认为自己“学不好数学”或者没有领导能力。我们采用的对策并不是打破这些成见，而是回避那些涉及数学或者需要管理他人的情形。我们就这样轻而易举地放弃了掌握某种技能或者考验自己真本领的机会。我们通过这种方式，将成见威胁行为当作一种自我保护和自我设限的策略。

这些无益的自我设限应对策略，对你来说是不是很熟悉？我就有过这些经历。我强烈怀疑有些大器晚成者也正在被它们阻挡去路。这些并不仅仅是人们用来应对自我怀疑的心理策略，它们更是我们大多数感觉被社会边缘化的人物用来保护自我，避免自己因失望或失败而受伤的手段。但也不必太纠结于这一点。它们只是我们解锁自我怀疑的途中的一些颠簸和碰撞。

成功者擅长利用自我怀疑来改进自己

想象一下，如果你是一位世界知名的物理学家，是现实世界的谢尔顿或莱纳德（美剧《生活大爆炸》中的角色）。你研究过原子颗粒，解开了弦理论，研究过宇宙奥秘。你还发表了数百篇同行审阅的学术论文。你是一流大学的终身教授，你备受学生、同事、家人和朋友的敬仰和爱戴。你是世界上当之无愧、最受人敬重的精英之一。

你就不会产生自我怀疑了，对吗?

答案是错误的。

2005 年，社会学家约瑟夫・赫曼奇思（Joseph Hermanowicz）发现事实的确如此。即使是最聪明、最有成就的物理学家（现实版的谢尔顿和莱纳德）也难免产生大量的自我怀疑。事实上，他们承认自己的成就越高，产生的自我怀疑也就越多。

赫曼奇思调查了顶尖科学家对自身成就的评价。这些物理学家都在权威刊物上发表过 100 篇以上的同行审阅论文，他们的研究成果曾被引用过数千次，也都是一流大学的终身教授。他最初假设这些成功科学家的自我怀疑应该会减少。毕竟，他们可都是世界最成功的物理学家。但他的研究发现事实并非如此。

有一名物理学家承认："当你的提议连续两三次遭到否决时，你就会担心自己实际上是不是已经走下坡路了，或者你提的想法根本就是错误的。"还有一名科学家坦言："我总在怀疑自己。我总是感觉自己完全不合格，没有做好准备，但有时候就是像被赶鸭子上架一样。"还有一名物理学家表示："我们许多人都缺乏安全感。我们对自己究竟有多优秀毫无把握。不确定自己表现如何，不确定自己是不是德才配位。"

我们可以停下来思考一下。就连世界顶级的物理学家都时常陷入自我怀疑，“我表现够好吗？”“我会成功吗？”或者“我真的具备成功的条件吗？”你可能会认为他们的成就和荣誉能够让他们产生强烈的自我肯定。实际上现实并非如此。

我们必须清楚这个要点：我们所有人都难免产生自我怀疑。

无论我们有多成功，我们都会产生自我怀疑。对于尚未取得成就的人来说，他们的自我怀疑可能会更为严重，但这并不意味着我们会受到损害，更不能说明我们就是异类。自我怀疑是一种正常现象。没有一个人能够真正独善其身，免于这种苦恼。有人可能会认为，拿过多次奥斯卡奖的梅丽尔·斯特里普（Meryl Streep）应该不会产生自我怀疑。但她实际上很爽快地承认对自己的演技并没有什么把握，她曾经在《奥普拉杂志》（*O: The Oprah Magazine*）上感叹：“我对自己说‘我不知道怎么演戏——为什么大家会想在银幕上看到我呢’？”无论是普利策奖获得者马娅·安杰卢（Maya Angelou）、流行音乐家、世界著名的脑外科医生，还是最聪明最有创意的人士都难免遇到这种挥之不去的可怕感觉——这种感觉最终会让人们认为自己实际上毫无才华和一文不值。马娅·安杰卢曾经承认：“我写过 11 本书，但每次我都在想‘完了，大家很快就会发现了。我实际上是个徒有虚名的冒牌货，他们迟早会发现这一点’。”

所有健康之人都会产生自我怀疑。有些大器晚成者可能会觉得，这种心理是我们独有的负担，但它实际上是各行各业的人们都会遇到的普遍问题。从进化角度来看，自我怀疑实际上很有用处。自我怀疑可以警醒我们，激发我们的动力。只有当我们放任它肆意发展，并采用自我设限和抬举他人等策略来应对这种心理时，它才会给我们带来危害。此外，多项研究表明，适当的自我怀疑实际上可以改进表现和增加成就。没错，自我怀疑有助于我们改进表现。有多项涉及高尔夫、跳绳、射击、参加学业考试和执行分析任务的研究表明，适当的自我怀疑可以取得更好的成绩。因为，这些任务的参与者产生自我怀疑时，就会在准备过程和临场表现期间更为谨慎，投入更多精力，自然就可以取得更好的结果。无论是在体育领域，还是学术领域，能够自我怀疑的参与者都会更加关注自己的表现情况，并有意识地投入更多精力。所以，只要进行适当的管理，自我怀疑就有助于克服自满情绪。

对于我们这些大器晚成者来说，这真是一个鼓舞人心的好消息。在我们这一生中，社会总在拿我们和年轻有为者进行比较。这导致我们不断产生自我怀疑，现在我们许多人可能深受这种负面情绪的困扰。已经成功的人与有待成功者之间的一大区别就在于：成功者并不会让自我怀疑阻挡自己的去路。他们会利用自我怀疑来改进自己。

· · ·

我曾在第四章中称赞了大器晚成者著名橄榄球教练和比尔·沃尔什的洞察力。我在《福布斯》杂志的早期职业生涯中，曾邀请沃尔什为《福布斯》杂志科技版（*Forbes ASAP*）撰稿。他当时刚回到斯坦福大学担任橄榄球教练。在此之前，他曾带领旧金山 49 人队走出 NFL 的低谷，不到三年就问鼎超级碗。他后来又两度赢得超级碗冠军。他显然是那个年代最杰出的橄榄球教练。就算是他的批评者们也不得不承认：沃尔什这位西海岸进攻战术的缔造者是橄榄球领域的杰出创新者。我曾经参观了他在斯坦福大学的办公室，并同他交谈了一个小时，当时我还做了采访记录。

在初次与比尔·沃尔什会面之前，我曾经以为他是一位极其自信、具有武将风度的人——我认为这就是成功的一流教练的典型形象。但从表面上看，他其实属于截然相反的类型。他的自我怀疑倾向就像暴露在外的伤疤一样一目了然。他不停地变换自己的座位，纠正自己的措辞，不时起身走向陈列整齐的书架核对事实。沃尔什这位伟大的橄榄球教练，行为举止却和神经过敏的教授如出一辙。

我们之间的对话也加深了我对他的这种印象。沃尔什以一种谦逊的方式描述了自己担任教练的历程。他总是在学习和尝试，总在应对自我怀疑的情绪。

有一天，我问他自信心对于事业成功的重要性时，他不屑地哼了一声："自信心，在我的职业生涯中，我见识过许多虚张声势和极度自信的人。自信心可以让你快速起飞。虽然自信心可以让你拿下第一份工作，可能还能让你接连获得两次提拔，但自信心也会导致你不思进取。不久之后，自信心就会变成对你的讽刺。我执教生涯中不知道遇到过多少个'自大狂'，他们 40 岁之后就没有什么成就了。"

沃尔什直到 46 岁才首次担任主教练，他到 48 岁时才初次成为职业主教练。尽管他起步很晚，但他还是一路向上攀登，成了史上最棒的教练之一。沃尔什从不试图掩饰他在选派特定球员或者制定具有风险的战术时产生的自我怀疑。他使用自我怀疑进行试验和重新评估，再试验和再评估。

在我看来，沃尔什很好地概括了应对自我怀疑的策略：将自我怀疑作为提升表现、不断改进的手段。这就是我的观点。如果我们想成才，就必须学会勇于正视自我怀疑，将它当作一种正常的成长机会，借此改进自己的表现。

但这究竟该怎么做呢？

驾驭自我怀疑的关键在于，我们要对自己本身有信心。这种信心就是心理学家所称的"自我效能"。至于什么是自我效能，这就要先从阿尔伯特·班杜拉（Albert Bandura）说起。

自我效能的积极作用

在心理学领域，阿尔伯特·班杜拉是一个如雷贯耳的名字。但除非你十分关注这个领域的人，否则你可能并不知道这位大人物。2002年，班杜拉在《通俗心理学评论》（*Review of General Psychology*）史上最重要的心理学家排行榜中名列第四。他的排名仅次于B. F. 斯金纳（B.F.Skinner）、让·皮亚杰（Jean Piaget）和西格蒙德·弗洛伊德这些赫赫有名的人物。他的杰出成就包括提出了自我效能理论。自我效能是指个人对于完成自我设定目标的信心。

班杜拉于1925年出生于加拿大阿尔伯塔省多风的西北平原上的一个小镇，他家中有六个兄弟姐妹，他是家中最小的孩子。他在一个规模很小的学校上小学，学校只有两名教师。他表示，因为教育资源有限，“学生们基本上只能靠自学”。

只能自给自足的小班杜拉意识到，虽然“教科书内容很有限……但一个人借助自我指导的工具也可以逐渐学到许多知识”。在加拿大农村地区的自学经历，无疑对他后来强调的自我引导和自主意识产生了重大影响。

班杜拉后来进入不列颠哥伦比亚大学，主修生物科学。他夜间打工，次日清晨再赶早与其他同学乘车返校。有一个学期，他每天都在上课之前就到达学校。他不得不想法打发等待上课的这段时间。他解释道：“有一天早上，我在图书馆打发时间。看到有人忘记归还课程目录，我就开始翻看课程目录，想看看有没有什么课程可以填补我等待上课的这段空隙。我发现有一门心理学课程在时间上非常吻合。这激发了我的兴趣，我也因此找到了自己的终身事业。”

班杜拉仅用三年就拿到了学位，后来进入艾奥瓦大学深造。他拿到博士学位之后，于 1953 年进入斯坦福大学工作至今。

他在 1977 年撰写的论文《自我效能：趋于统一的行为改变理论》（*Self-Efficacy: Toward a Unifying Theory of Behavioral Change*）引起了世界关注，推动了心理学领域的巨变。自我效能就此成为该领域最热门的研究主题。但自我效能究竟是个什么概念？

班杜拉将自我效能定义为一个人自信有能力以不同方式开发自我潜能和完成任务的表现。更简单地说就是，它是个人对自身能力的信心，例如有信心完成参加考试、开办公司、达成交易、发表演讲、跑完马拉松等特定的任务。高度的自我效能是件好事，因为我们如果不能真正相信自己可以达成期望的结果，那么我们一开始就不会有多少动力进行尝试，或者在面临挑战的时候坚持到底。

在过去数十年，有许多研究验证了自我效能在学业、职业发展和事业成功方面发挥的作用。许多横向和纵向研究证明，高度的自我效能对薪水、职业满意度和事业成功具有积极的影响。人们在多个领域研究和验证了自我效能的积极作用，这些领域包括社交技能、运动能力。

为何自我效能如此关键？

几乎所有人都可以确定自己想实现什么目标或者想改变什么习惯。不过，我们多数人都清楚，让这些计划付诸实现并没有那么容易。班杜拉和其他人发现，自我效能在我们实现目标和克服挑战的过程中发挥着重要作用。对于大器晚成者来说更是如此。因为社会迷恋年轻有为的现象，所以大器晚成者的两项强大的自我效能感通常无法得到肯定。这两项自我效能感的来源就是“熟练经验”（Mastery Experiences）和“社会榜样”（Social Modeling）。

熟练经验就是指一个人精通一项任务或能实现一个目标。在一门课程或考试中拿高分，擅长一项体育运动，搞定一次求职面试，这些都是能够增强自我效能的熟练经验。因为我们无法向社会制造的榜样看齐，所以通常就无法实现世俗意义上的成功。我们可能无法在考试中拿高分，无法得到期望的升职，或者实现社会文化的期望。

自我效能的另一个来源就是社会榜样，它是指我们看到与自己类似的人获得成功就会对自己产生信心，鼓励自己也去掌握出众的能力。不幸的是，大器晚成者的成功案例甚少获得世人关注，因为人们的注意力全在少年有成者身上——大家只关心那些很早就展现天分和胸怀壮志的成功者。大器晚成者大多被排挤出了社会榜样的名单。对我们多数人来说，这种缺乏榜样的现状，也会导致我们的自我效能受到打击。

这里要注意一个明显的区别：自我怀疑和自我效能并不是同一回事。拥有强烈自我效能的人只会将很有难度的问题视为需要精通的任务。比如梅丽尔·斯特里普等人，他们可能会产生一种普遍的自我怀疑意识，但他们还是能够继续前行。他们对自己参与的活动产生了强烈的兴趣，并形成了一种提升这种兴趣的责任意识。他们更容易从挫折和失望中恢复常态。而自我效能感较弱的人却会回避挑战性的任务，认为这些任务超过了自己的能力范围。他们倾向于关注个人缺陷和消极的结果，这会导致他们对自己的能力失去信心。

换句话说，适当的自我怀疑并无不妥，但如果缺乏自我效能就不一样了。我们可以毫不夸张地说，低自我效能是一种有害的心理意识。自我效能几乎会影响到生活的各个方面，影响我们的学习、工作、爱情和生活。对大器晚成者来说，强烈或至少是较为强烈的自我效能感可以让我们有信心抵抗世俗标准，坚持不同的成功路径，为身边的其他人树立成功的典范。因此，如果我们想成功，就必须先具备和提升自我效能。没错，就算具有高度的自我效能，我们也还是有可能产生自我怀疑，但我们还是能够保持一种自主意识，面对自我怀疑时仍然相信自己可以采取积极行动。这种信心就是将自我怀疑转变为动力和信心的核心基础。

所幸我们可以通过大家已经在做的一件事情来提升自我效能，那就是：交谈。

积极的自我暗示带来美好的结果

语言是人类特有的属性。它可以让我们建立深度的关系，它可以让我们向他人传授知识。我们一人独处时也在使用语言。我们遇到逆境和顺境时，都会和自己展开对话。此时它就是我们脑海中的声音。它是我们内心的啦啦队，或者我们内心的批评者。心理学家和研究人员将这种内心的声音称为自我对话。我们通过自我对话与自己建立关系。我们可以通过自我对话来回顾自己的经历——回顾自己的生活。在一定程度上说，我们同自己对话，其实是因为我们想尽量客观地看待事物。在一个如此偏袒少年有成者的世界中，这种客观性可能对大器晚成者具有极大的好处。它可以帮助我们战胜从家人、朋友和社会那里吸收的消极文化信息。

自我对话通常被人视为一种怪癖，但研究发现它可能影响人的认知、行为和表现。积极的自我对话可以帮助调节我们的情绪、思想和能量，改进我们的表现。它还可以增强我们的信心，改进协调能力，提高注意力。在《小火车做到了》（*The Little Engine That Could*）这本童书中，“我认为我行，我认为我行”这种语句实际上就具有减少自我怀疑、增强自我效能、改进我们在现实生活中的表现这种积极作用。这听起来可能是老生常谈，但积极的自我对话的确可以激发我们的动力。

积极的自我对话及它同自我效能的关系，一直就是体育心理学研究者极为关注的话题。研究人员安东尼斯·哈兹格尔吉亚迪斯（Antonis

Hatzigeorgiadis）及他在希腊色萨利大学的团队，研究了自我对话对水球运动员投球准确性和距离方面的表现产生的影响。与其他队员相比，采用了励志自我对话的队员在这两项任务中的表现都有显著的提高。下图就可以显示他们发现的结果。

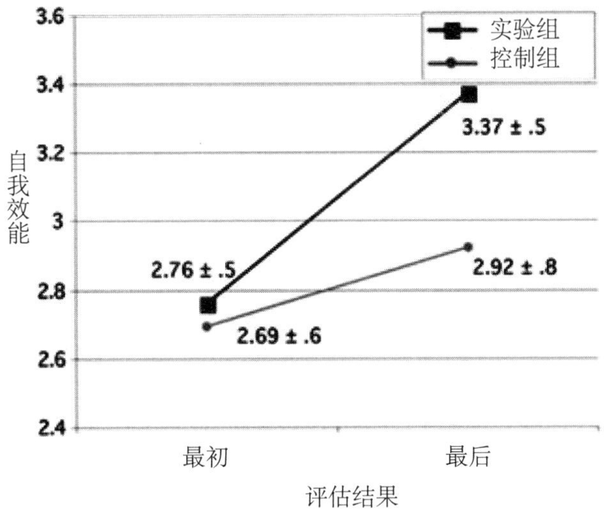

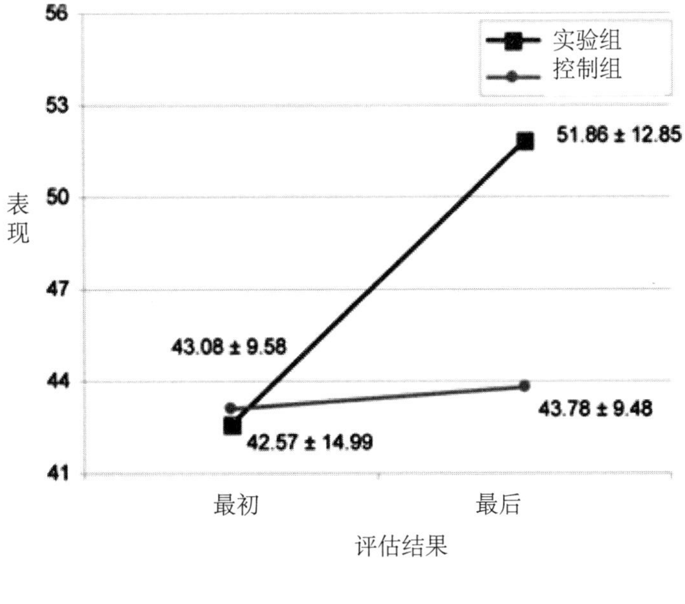

从整体上看，研究表明励志的自我对话可以极大地增强自我效能和提升表现。它还证明班杜拉所提出的增强自我效能与改进表现之间的关系。

无论我们针对某项任务的能力如何，都可以通过自我对话增强自我效能，并发挥更好的表现。自我对话在体育之外的大量领域，包括管理、咨询、心理、教育和沟通等方面也展现了它的强大作用。它可以通过提高我们的自我效能，改进我们在投镖、掷垒球、打手球和立定跳高方面的表现。它可以让遇到瓶颈的写作新手和初次创业的企业家获得信心，面对挑战坚持到底。

我的个人经历就可以证明自我对话的强大力量。我学开飞机的时候，会在执行各种操作，例如保持一定高度进行 45 度转弯，在侧风情况下着陆等情况时进行自我对话。我参加私人飞行员考试时，考官建议我使用自我对话的方法，因为这种方法可以展现“情境意识”，有助于保持专注。

就连我们看待自己的方式，也会对我们的表现产生重大影响。密歇根大学的自我控制与情绪实验室主任伊桑·克罗斯（Ethan Kross）发现，人们在面临压力时，如果能像对待他人那样（使用自己的姓名或你这个代词来称呼自己）进行自我对话，其发挥的表现优于使用第一人称“我”进行自我对话的时候。克罗斯在一次研究中给参与者五分钟准备时间，要求他们在评审团面前发表一次演讲，以此触发他们的紧张感和压力感。有半数参与者要使用第一人称代词“我”来安抚自己的情绪：“我为什么这么害怕呢？”另一半参与者要使用自己的姓名或“你”这个人称代词同自己对话：“凯西为什么这么害怕呢？”或者“你为什么这么害怕呢？”在每个人发表演讲之后，这些参与者需要评估一下自己演讲的时候究竟有多窘迫。结果发现，使用自己的姓名或者“你”的人员的自我感觉比使用“我”的参与者更良好，并且他们的发挥水平也要优于后者，因为他们的演讲更为自信，也更有说服力。

克罗斯认为，人们将自己当成另一个人时，“有助于他们为自己提供客观有益的反馈”，原因就在于他们的自我疏离感——他们会从第三人称的角度来看待自己。克罗斯解释称：“我们之所以能够为他人提供有关某个问题的建议，有一个重要原因就是，我们是旁观者清，不会对这些问题感到纠结。我们在远离这些经历的时候，可以更清晰地思考问题。”我们可以通过他人的角度同自己对话，将自己视为另一个人，从而为自己提供更客观的建议。

这里的经验就在于：如果你已经陷入倦怠期，需要为自己加油打气，可以考虑采用第二或第三人称同自己对话。这有助于你从一个合乎逻辑的客观角度来看待形势，以免受到情绪和偏见的干扰。

在增强大器晚成者自我效能这一点上，语言的激励作用并不仅仅体现在自我对话这一点上。在我们（尤其是作为低自我效能的家长、伴侣或者同事）同他人对话的时候，语言的这种作用同样不容小觑。口头建议有可能让我们相信，我们能够成功应对过去曾将我们压垮的任务或挑战。当他人说服我们，让我们相信自己的确具有掌控困难局势的能力时，我们就会尽更大的努力去实现目标。用班杜拉的话来说：“劝说可以提升内心的自我效能，让人们更努力地进行尝试，它可以促进技能发展，提升一种个人效能感”。

而消极的反馈可能让脆弱的自我效能走向恶化。针对想打破“恶性循环”的低自我效能之人，班杜拉提出的建议是避免对某项技能的熟练程度进行负强化，或者宣扬某个任务很简单。

这里要再次重申我们已经知道的一个观点：语言的力量不容小觑。

与其告诉大器晚成者“这又不是脑外科手术（有什么困难的）”，不如对他们说“这只是一个挑战，但你可以解决的”。与其告诉自己“我现在感觉完全崩溃了”，不如暗示自己“亚历克斯，你有能力做好这件事，方法在这里”。这些简单的语言调整就可以极大提升大器晚成者及其他任何人的自我效能。

需要注意的是：这种口头鼓励并不是让你去做一个没心没肺、盲目乐观的啦啦队员。凡事要能够看到它的积极面是一回事，产生不切实际的信心和期望则是另一回事。不管我们有多伶牙俐齿，都不应该轻描淡写地将挫折和错误撇在一边。我们应该将它们视为自我反思和学习的机会。要从自我对话或者任何类似的口头鼓励中提取最大的收获，我们就必须采用有助于确立现实自我形象的陈述。荒唐的积极陈述可能令人沮丧，并且实际上会削弱自我效能。那么我们该如何把握鼓舞与现实之间的平衡呢？

在帮助自己（或者我们所关心的大器晚成者）管理自我怀疑情绪或者战胜挫折时，我们应该先通过心理学家所称的“框架”（Framing）找到合适的措辞和语气。

重新调整认知框架

画框可以巧妙地将人们的注意力引向画作的特征，它会影响我们看待色彩和线条的方式。同理，我们也可以利用认知框架来影响自己的行为。例如，我们对待批评的认知框架是什么？应对挫折的方式又是什么？遇到新挑战又会有什么表现？

多数时候，我们会自动针对各种情况形成一定的认知框架。我们可能没有意识到，我们的认知框架是根据过去的经验（无论这种经验是好是坏）建立的关联模式。许多大器晚成者习惯于用消极的或者对自己不利的假设来看待自己遇到的挑战。这样在我们的潜意识中，我们其实还没有开始就已经失败了。这种消极的认知框架会阻碍我们走向成功。所以这里的关键问题在于，我们能否跳出消极的思维模式，学会以积极的认知框架来看待自己面临的挑战？答案是肯定的。

哈佛商学院的艾莉森·伍德·布鲁克斯（Alison Wood Brooks）最近研究了认知框架对我们情绪的影响，她观察了人们在 KTV 唱歌、公开演讲和数学表现中的焦虑状态。布鲁克斯还研究了一个替代性策略：将焦虑转变成兴奋。与那些试图保持平静的人相比，将焦虑能量转变成兴奋感的人可以感受到真正的热情，并因此发挥更好的表现。

布鲁克斯发现，我们可以通过自我对话等简单的策略，例如大声说“你很兴奋！”或者向自己传达一些简单的信息（“兴奋起来！”），将焦虑转变为兴奋。这些框架信息会让我们将焦虑能量导入机会心态，而不是威胁心态。布鲁克斯的发现结果表明，我们对自己的意识和产生的感觉都有惊人的控制力。我们看待自己的感觉并用言语将其表达出来的方式，有助于我们构建出自己实际上的感受。

这对大器晚成者来说或许是个鼓舞人心的好消息。在许多情况下，我们的意识会因为多年的消极反馈和输入，导致我们自发形成了有害的认知框架。这种认知框架是可以改变的。

心理学研究中的多数框架模式包含两个对比鲜明的替代选择，例如自律与散漫，提升与阻碍，健康与不健康，或者前文研究提到的兴奋与焦虑。积极框架（自律、提升、健康、兴奋）会将人引向更大的毅力、创新，并促进学习和成长。相反，消极框架（散漫、阻碍、不健康、焦虑）则会导向糟糕的结果，让人产生厌恶风险之感，形成一种将新形势视为失败风险的认知偏见。

如果说我们有能力选择自己的认知框架，那么为什么我们会选择以打击自己积极性的方式来看待事物呢？整体而言，研究人员认为许多自我形成的认知框架，例如大器晚成者惯用的框架，其实是一种自我保护模式。但自我保护框架会极大抑制我们的学习、改进和成长：它们就是“我不够好”和“我会搞砸的”这类思想。作为大器晚成者，我们要是接受这种充满局限性的认知框架，而不对其发起挑战，那就可能产生严重的后果：这会导致我们无法实现自己的目标，无法找到自己的激情，或者认真地度过这一生。

成功的大器晚成者不会让自己默从这种自我保护的框架。相反，他们会重新调整框架。这个概念就是，我们都可以自由地将任何想法转变成更积极的思想，就像情绪紧张的表演者将焦虑转变成兴奋一样。重新调整框架并不意味着忽略事实。它意味着改变看待事实的角度，为其赋予更多积极的意义。

简单来说，重新调整认知框架包含两个步骤：第一步就是承认消极框架的存在，将其替换成积极的框架。假设你刚刚求职失败，自我感觉很糟糕怎么办？那么，你应该问问自己：“你还想被糟糕情绪困扰多久呢？是不是要跑到社交媒体上发泄一番，抹黑招聘人员才肯罢休？”重新调整框架的最大挑战就在于，承认你有机会重新看待一个困难的处境。我们可以换一个健康的心态来看待求职失败的情况：“真难受。我从这次面试中得到了什么教训？可能我准备不充分，可能我潜意识中感觉到了这份工作并不是太适合我，而招聘人员也看出了这一点。”换句话说，你应该像帮助一位好友那样重新看待这种失败。单是意识到你的默认框架（“我好悲哀，我永远不会有什么出息了”）的存在，就可以让你得到解脱了。如果你还有更好的认知框架能够转变对逆境的看法，那么你就可以打破自我保护的枷锁，回归自然心态，准备走向成功了。

第二步就是将挑战与更宏大的目标联系起来：“这个大型演讲不但让

人激动，它还可以让我得到曝光度，给我带来更多机会。”你的脑中应该存有对这个宏大目标的清晰而强烈的概念。这个目标要能够促使你采取一些可以在实质上改善生活的新行动。

在遭遇失败的现实时，调整认知框架的作用仍然不容忽视。如果你错过了一个机会，既不要过于自责也不要找理由为自己开脱。你要将自己的失误视为一个学习的机会。你不应该说“我搞砸了这次演讲”或者“他们给我安排的时间不对”，而应该自问：“观众是从哪里开始对你的演讲失去兴趣的？”然后承认：“丽萨，你没有尽自己最大的努力。下一次，你要准备得更充分一点”。无论是大器晚成者还是其他人，都可以利用事后调整认知框架这个强大的工具重建信心。

明智的认知框架调整有利于个人和组织的成长。认知心理学家指出，有效地调整认知框架是组织获得成功的关键，它适用于各个领域。懂得重新调整认知框架的人更善于解决问题、正视挑战和推动重大变革，也是更出色的团队成员。不仅如此，这类人员通常也更具领导能力。领导就是集体的代言人：他们创造了共同意识，建立了共识，会带动集体关注问题，激发大家的积极性。能够将挑战视为学习机会的领导，能够将变革举措视为帮助他人的机会的领导，往往能够取得更大的成就。这意味着学会管理自我怀疑，学会将挑战和障碍视为机会的大器晚成者，不但更有可能成为出色的团队成员，还可能成为更有成就的团队领导。

重新调整认知框架只是一种单纯地用积极眼光看待事物的方法吗？并非如此。它并不是让我们假装所有事情都很好，而是让我们以积极心态来诠释自己面临的挑战。它会促使我们去寻找更好、更有成果的前进道路。重新调整认知框架并不是简单地关闭我们的消极思想，不是压抑我们的忧虑或恐惧，也不是将不真实的消极思想转变成不真实的积极思想。它要求我们后退一步，为自己和我们身边的人建立更积极的现实心态。

自我对话和调整认知框架，如果再加上用更客观的角度看待自我和挑战，可以取得更好的效果。我们已经知道，用第三人称来指代自己是一个可行的技巧。即使是最成功的大器晚成者也难免为自身的缺陷所困，或者因自己的错误而万分自责。当我们身边的人将我们标榜为不寻常、慢热或不合群的人之时，我们就更容易陷入这种困扰。并且从现实角度来讲，我们的人格和观点也不太容易因为研究结果告诉我们应该怎么做而在一夜之间发生变化。

还有一项管理自我怀疑的工具可以让大器晚成者获得更健康的客观心态。注意，这可能是你最重要的工具。它就是自我同情。

自我同情与情绪复原能力

谈到自我怀疑这个话题，大众对此提供的建议往往就是它的反面——更自信，更大胆，更加心无顾忌。但这里的问题就在于，我们该如何获得信心。我们总是习惯于用低俗的方法来获得高度的自我尊重。我们贬损他人，或者以己之长较他人之短。我们遵从社会文化标准，相信社会倡导的价值观就是我们的价值观，社会的成功定义也必须是我们的成功定义。这些低俗的自信技巧并不可靠，不管是我们事事顺心还是诸事不顺，它都有可能让我们走向自恋。

大器晚成者会采用更好的方式管理自我怀疑和增强自我效能。与我们需要更适合自己的成长节奏一样，我们也需要用更好的方式来看待自己。我们可以通过增强自我同情心来实现这一点。自我同情是一种自我接受和内在同理心的形式。自我同情会鼓励我们承认自己的缺点和局限性，从更客观和现实的角度来看待自身的不足。自我同情是在我们建立积极的自我对话，以及将焦虑的情境视为令人兴奋的机会的过程中必不可少的环节。

我们该怎样自我同情？关键就在于，无论社会怎么评价我们，我们都应该承认自己已经做得很好了。我们都有权利去追求自己的目标。在我们犯错时，我们也有责任从中吸取教训。只要我们从某个情况中学到了知识，就可以继续前行，让这个错误翻篇。对大器晚成者来说，自我接受就是自我同情的基石。

当我们不再强迫自己向少年得志者看齐或者以天才的标准来要求自己时，我们就会更容易接受反馈和批评。我们宽容一点地接纳自己时，会更容易将挑战和错误视为学习的机会。杜克大学心理学家马克·莱亚里（Mark Leary）及其团队研究了具有自我同情心的人应对生活不快之事的方法。他们发现，自我同情可以让人们有效对抗消极的自我感觉，在人们接收到消极自我感觉时调节他们的情绪，帮助人们承认自己在消极事件中的角色，而不会让他们被消极情绪所压垮。研究人员总结道："总体而言，这些研究表明自我同情可以通过优于自我尊重的独特方式，削弱人们对消极事件的反应。"

自我同情与这种大器晚成者的优势——情绪复原能力紧密相关，它包括自我安慰、承认自己的错误、从错误中学习、鼓励自己实现成功的能力。自我同情还与情绪健康的指标有关，这些指标包括乐观、生活满意度、自主权，以及较低的焦虑、抑郁、压力和羞愧水平。不难理解，与其他人相比，具有自我同情心的人更容易在错误、失败或缺点的基础上加以改进，因为他们会更客观地看待这些问题。因善待自己而产生的自我价值感，要比自信膨胀而产生的自我价值感更稳定和持久。

最后，自我同情还可以增强动力。更具自我同情心的人通常不会有太强的对失败的恐惧感。有一项研究发现，当参与者在测试中失败时，表现出较高自我同情倾向的人会更加全力以赴地准备补考。因为自我同情有助于建立容忍失败的意识，所以它会激发我们的动力，让我们更加努力地尝试。

尽管如此，有些人还是认为自我同情是一种软弱的表现。事实恰恰相反。业界领先的自我同情研究人员克里斯廷·内夫（Kristin Neff）博士表示："在你身处战壕之时，你需要的是敌人还是盟友？"信心旨在让我们感觉自己能力充足而强大，无论我们实际上的能力究竟有多么强大。因此，如果我们能够进行自我关怀，在我们失败的时候，我们产生的意识就不会是"我真可怜"，而是"没关系，大家都有失败的时候。大家都会遇到困难。人生总是难免失意"。这种心理意识可以极大地改变我们对自我怀疑和失败的看法。如果我们可以说"哦，这很正常，这正是人生经历的一部分"，我们就有可能从这种经历中获得成长。而如果我们认为自我怀疑与失败是异常现象，那么当我们失败时（我们总会失败的，尤其是在我们选择了独特的成功和幸福路径之时），我们就容易陷入自责或埋怨他人的处境。

大器晚成者该如何培养自我同情心呢？第一步，也就是最重要的一步就是，倾听我们脑中的声音，也就是我们引导自己经历人生的自我对话。这种声音通常是批评性的。我们许多人每次遇到错误时总会打击自己。要变得更有自我同情心，我们就必须关注这种声音，承认批评，以更有同情心的方式调整心态。

内夫博士解释道："自我同情就是以你对待亲人的那种友善、关怀来对待自己。我们应该以人性化的方式善待自己。这正是自我同情如此独特的原因：'我不是一个拥有完美人生的完美之人。'"

我们多数人都有同情他人多于同情自己的经历。如果好朋友说他们经历过一次磨难或者犯了个错误，我们多数人都会用友善的态度来安慰他们。

当我们的朋友恢复心情并继续与我们交流时，我们就会鼓励他们从错误中吸取教训，制订后续的行动计划，不屈不挠地面对困难。

在这个意义上，接纳自我同情的意识相当于用我们对待好友或亲人（即使他们犯了错误）的方式来对待自己。要清楚，这并不是让我们对自己撒谎，而是让我们改变自我对话的方式。我们脑中的严厉批评并不是我们的敌人。自我同情要求我们同这种批评达成和解，客观地看待这种批评，将其转变为激发动力的工具。

我们每个人都会犯错。成功的大器晚成者就很善于在跌倒后迅速爬起来，而不是狠狠地打击自己。他们会接受自己只是凡人这个事实，承认自己的失败和挫折，避免自己堕入内疚和自责的深渊。如果我们想摆脱那些让我们陷入不安全感和自我怀疑的错误看法和社会压力，就必须学会善待自己。

· · ·

总之，所有健康之人都会自我怀疑，但我们大器晚成者通常会过度自我怀疑，接受无益的应对策略，例如自我设限、保护自我形象等，这只会恶化我们的处境。这些应对策略还会让我们更加偏离成功的目标。自我效能是心怀志向的大器晚成者与自我怀疑达成和解的工具。自我效能就是我们以积极合理的态度，相信自己能够完成一个特定的任务，根据事实制订计划，通过培养自我对话、调整认知框架和自我同情的意识获得成长。这些技巧都是大器晚成者获得成功的基础，我们还应该结合好奇心、同情心、韧性和镇定冷静等优点，让自己绽放光芒。

这些大器晚成者的特性现在看起来很重要，而将来可能还会更重要。我们许多人不久就会发现，软件可以取代我们的工作。许多“基于规则”

的职业正在被人工智能所取代（见第二章）。那些参与复杂工作的人员数量将更为庞大，而低复杂性的工作将日益实现自动化。与此同时，我们还将面临自身工作技能价值加快流失的处境。

你可能已经看出来我在说什么了。由于人们的工作复杂度和协作性日益上升，大器晚成者具有好奇心、同情心和洞察力的优势也将愈发明显。我们应对自我怀疑的技能（承认错误、支持自我效能、形成挑战意识和展现同情心的能力）都将在创新、持续学习和改善团队协作等未来需要的能力方面发挥重要作用。这些大器晚成者的天分就是我们不同于许多少年有成者的“万金油”技能。

这未必代表大器晚成者注定只能成为优秀的员工。许多具备这些特性和技能的人也可能成为很有能力的领导者。具有同情心、支持自我效能、能够调整对任务的认知框架的领导，更容易赢得他人的信任和推动创新。愿意接受现实和激发他人积极解决问题能力的领导，往往也更善于克服困难、应对挑战。这类领导比较无私和务实，更容易与团队成员、同事融为一体。接受自我怀疑的领导（例如比尔·沃尔什）更擅长优化绩效和提高成员的忠诚度。麦肯锡公司、德勤会计师事务所和美世咨询公司等全球咨询机构都认为好奇心、同情心和镇定冷静（这些都是大器晚成者的优势）是未来领袖的关键能力。

只要使用得当，自我怀疑就不是一种障碍，而是大器晚成者的强大力量。

第八章

告别过去，重塑自我

也许你的发小儿总是用让你难堪的乳名来称呼你；虽然你多年工作勤勤恳恳，老板还是因为你不是名牌大学毕业，担心你的学历挂到公司官网上不好看，所以一直不肯给你升职。这些情况都可能让你觉得自己陷入瓶颈，难以突破。你好像就是无法和过去的自己挥手告别。

这对于我们这些非年轻有为者，没有名校文凭，刚毕业就失业的人来说的确是极为常见的情况。如果你本来是“收发室里的鲍勃”，后来通过职业进修拿到了会计文凭，你仍然可能是同事眼中的“收发室里的鲍勃”。要成为“受人尊敬的财务主管鲍勃”，你可能就得换一家公司。同理，如果你本来在高中是“书呆子凯蒂”，二十年后同学聚会时，你可能还是大家眼中那个“书呆子凯蒂”。要让大家完全接受“有两个孩子的职场宝妈凯蒂”，你可能就得离开原来的朋友圈，甚至是搬家。

我们通常难以承认，其他人会对我们的成功或者不成功产生一定的影响。如果花盆已经容不下繁花盛开的玫瑰丛，那么你就得给它换盆。同理，如果你想充分发挥自己的潜能，可能就需要跳槽、换公司甚至是搬家，否则有些人还是可能用过去的眼光来看待现在的你。

当你努力提升自己，突破自己当前的局限，你的这种自我主张就可能导致身边的社交圈失去平衡。你的成长会让你当前的社会或职业等级受到挑战。如果你的成就比身边的人更高，这就会导致他们质疑自己的成就和生活。他们会开始感觉自己落后了，然后就会试图（不管有意还是无意）让你止步不前。

为什么这些人，甚至是朋友想让你“止步不前”？动物和人类都具有地位意识。蟹类总会拉扯同伴，将那些试图离开陷阱或水桶的成员拖入死局。心理学家和社会学家将这种现象称为“蟹笼综合征”。人类群体的成员也会试图阻止某个成员的成就超越其他成员。

已经取得成就的大器晚成者容易“树大招风”，招人忌恨。你就有可能被原来的阶级、宗教或种族群体视为叛徒。有时候，这些群体会出于公开的嫉妒、恶意或恶性竞争，用消极的语言来打击你。但更多时候，你的批评者可能并没有意识到他们身上的负能量。他们可能会用关心的语气真诚地警告你：“我不知道，萨拉。我只是不希望你受到伤害。”作家汤姆·沃尔夫在解释《令人振奋的兴奋剂实验》（*The Electric Kool-Aid Acid Test*）和《太空英雄》（*The Right Stuff*）这两本书背后的哲学时表示：“地位或多或少都会影响我们看待事物的方式。例如，《太空英雄》的主题实际上并非太空，而是飞行员的地位之争。”在沃尔夫的这本书中，人类以极端方式展开地位之争的这个事实看似充满无穷乐趣，但在现实生活中，没有人会想成为金字塔底端的低成就者。

在这种情况下，有一个明确的解决方案就是：我们必须将自己移植到不同的土壤中。这种重塑人生的积极过程并不太容易实现。它本质上就容易让人们之间的关系趋于紧张，这正是许多不同时代和社会的文学著作以人的成长故事为主的原因。在这种文学题材中，趋于成熟的年轻男女意识到他们拥有独立的思想，他们并不想遵从家庭和社会的期望。但摆脱一个人的家庭和社会环境永远不是件容易的事。

这种移植操作可能产生一定影响，甚至带来重大的变化。这可能需要你投入一定的时间与志趣相投的新群体相互磨合，寻找新工作，或者搬到另一个地方生活。你得做出改变，采取行动，尽量迁移到有助于自己发展的环境。

改变环境，重塑自我

当我们想重塑自我的时候，通常会遇到外界和自身内心的阻力。我们多数人会拒绝改变，尽管现状已经让我们感到痛苦或者难以前行。社群或者“部落”的吸引力就在于，它们可以让我们获得安全感（见第五章）。如果我们的部落同时也在阻碍我们发展呢？如果原来的部落并不适合我们，而陌生的环境看起来又都那么可怕，我们又该怎么办？

另一个让许多大器晚成者备受困扰的因素来源于我们的自我暗示。我们将这些暗示（例如，“我在高中时很害羞，我以后也会一直害羞下去”）牢记在心，就好像它们是不可磨灭的事实一样。但这些暗示起源于过去的我们，过去还没有成长的我们。它们会暗示我们具有某些固定的行为特性，并且未来也会如此。这种对于我们自身的固定看法会阻碍我们迁移阵地和尝试走向其他路径。

在《告别平庸》这本书中，哈佛大学的托德·罗斯指出行为特征并不是固定的：

> 你是一个外向者还是内向者？这种欺骗性的简单问题会让我们陷入心理学中最古老也最具争议的一个争论——你个性的本质。为此问题争辩的一方是特性心理学家，他们坚称我们的行为由定义明确的个性特征所决定，例如内向和外向……另一方就是情境心理学家，他们声称环境对我们个性的影响力远超个人特征的影响力。

在过去数十年，特性心理学家和情境心理学家对此展开了激烈的学术辩论，但罗斯认为情境心理学家占据了上风，他们提供了更好的证据。这对大器晚成者来说是个好消息。我们过去的行为，无论它有多愚蠢、不成熟、不正常或者无能，它都不会深深嵌入我们的个性。如果我们能改变自己的行为和处境，就有可能改变自己的境况。

罗斯本人就是一个大器晚成者（他高中退学时，平均成绩为D），他解释称自己后来换了个环境，成了犹他州奥勒姆市的韦伯州立大学的一名学生。

回想过去在高中的经历，那时候学校将我称为“好斗的孩子”。我想起我祖母听到这个评价时，她根本就不相信，只是告诉我父母“他在我家时一直很乖巧”。这并不是因为祖母很健忘。我在她身边的时候真的很听话。我只有在特定情境的刺激下，才会出现好斗的特性，比如遭遇霸凌的时候。在班上我因为丢纸团的事情陷入了麻烦，有三个块头更大的孩子总爱对我推推搡搡。我在教室外总是尽量避开他们，但在班上我通常只能像个小丑一样回应他们的欺凌，因为我觉得如果自己被他们嘲笑，他们可能就会放我一马。这种方法通常很奏效，不过它也导致我不得不走向心理咨询室。

后来当我进入韦伯州立大学时，我凭借自己的学习表现改变了和同学打交道的方式。我刚开始做的一件很有价值的事情就是，避开那些可能会遇到高中同学的课堂。我知道那种情境会导致我又变回班级的小丑，而且我也知道如果在大学继续扮小丑，我就永远不可能成功。

这种换位的障碍并不仅仅局限于心理层面上的顾虑。我们多数人将互联网和搜索工具视为具有积极作用的创新，因为它们增加了我们接触信息的渠道。它们还让之前许多高门槛的信息变得更为平民化，其中包括出版和投资。它们还增强了我们建立人脉的能力。相反，互联网和搜索工具也可能成为重塑自我的障碍。它们通过渗入我们生活的方方面面，事无巨细地记录我们所犯的每个错误、失误或做出的糟糕选择，让我们永远无法摆脱与它们的联系——导致重塑自我变成了一种遥远的理想。在一定程度上可以说，我们集体失去了遗忘过去的能力。这还导致我们丧失了一个极具美国特色的理想——重获新生的权利。

关于移植环境的另一个障碍就比较现实了：美国人的地域流动性正在急剧下降。美国境内的迁移率目前只有 20 世纪 90 年代初的一半左右。没有人清楚这究竟是什么原因，但有些理论可以显示这和较高的购房率有关，买房会让人们背负巨额的住房贷款。除此之外，由于人们的物质消费水平不断增长，搬家的物质和心理成本也越发昂贵。过去美国人开一辆拖车就可以来一场说走就走的迁移，但现在多数人似乎都需要六辆大篷货车才能搬走所有家当。另一个原因在于，现在夫妻双双外出工作的概率更高：都在上班的两个人组建家庭就意味着，你很难让两个人同时放弃自己的工作，并且同时在同一个地方找到新的工作。最后，工资增长缓慢也是一个原因，许多工薪族现在搬家或跳槽之后，很可能遇到难以回本的情况。

除了这些实际的挑战之外，还有一些和人有关的障碍。离开自己熟悉的社群的确是一种痛苦的行为。我们很难割舍自己的亲人，毕竟他们那么爱我们，而他们也会很思念我们。

最后，真诚的朋友和家人还是会希望我们找到最适合自己的归宿。他们希望我们追求自己的理想并获得成长，尽管这样可能导致我们天各一方。

· · ·

金柏莉·哈林顿（Kimberly Harrington）是一名大器晚成的作家，她出版自己的第一本书《业余时间：在写作与咒骂中育儿》（*Amateur Hour: Motherhood in Essays and Swear Words*）时已经 50 岁了。在此之前，她曾分别在洛杉矶和波特兰的广告公司担任文案人员和创意总监。但她始终无法舍弃散文写作的梦想，她意识到自己必须离开大城市的广告界才有可能实现这个愿望。她就选择了佛蒙特州作为自己的新住所。

如果我一直在洛杉矶，还能写出一本书吗？我可以很肯定地回答，不能。如果你观察我早期的广告职业生涯，就会发现这是一个只能在大城市扎根的行业。就算你并不在大城市工作，这个行业本身也非常消耗你的能量。你的生活处处离不开广告。你认识每个广告圈中的同行，你只能和这些人打交道。你和时髦城市中的时髦人往来，但这种时髦一直都有代价。直到被解雇时我才真正意识到这一点。我的职业虚荣心突然间就这么消失了。

在佛蒙特州，我周围都是一些学者和环保主义者，他们通常认为“广告是一个破坏世界的垃圾行业”。

发现自己真正热爱的工作，以及你为之付出一生的职业在他人眼中并没有那么高大上，这真是一种很难堪的感觉。但我认为这也进一步开阔了我的视野。离开广告行业固然让人遗憾，但我认为它并不是生活的全部，它不是我的全部人生。

离开时髦的大城市和全职广告界，在一个小城市做灵活的自由职业，让我有机会放空自己去思考其他事情。我在佛蒙特州的自由职业让我突然赢得了一些思考空间。我开始尝试向《纽约客》《麦克斯韦尼》和 Medium 平台投稿。我感觉自己的人生格局不断扩大了。如果我还保持着在洛杉矶的那种生活节奏，我就不可能得到这些收获。

有许多研究也证明，金柏莉这种从“职业虚荣心”转向更多元化（并且比较不“时髦”）环境的经历具有积极的作用。她走向新生活的历程包括接纳与真正的自我更和谐的角色和职业。研究表明：“当个人能够很好地融入环境时，就可以获得较高的满意度，并且保持身心健康”。这里的环境也包括工作环境。

作家丹尼尔·凯布尔（Daniel Cable）和提摩西·贾奇（Timothy Judge）认为，能够成功实现工作或职业转换的人，不会过于强求个人与职业的兼容，他们会更重视个人与组织的兼容。换句话说，与实际工作岗位相比，一个组织的文化和环境才是影响个人成就和满意度的重要因素。这意味着求职者除了关注特定的岗位之外，还应该认真收集和评估与该组织相关的文化信息。这也意味着个人价值观与组织价值观相吻合的求职者会表现出更好的“工作态度”，并且更有可能取得成果。用凯布尔和贾奇的话来说，求职者如果能找到满足自身需求的环境，他们对工作就会更投入，更有积极性和更为忠诚——这些特性可以让他们具有更好的工作表现和获得更高的满意度。

现有的研究显然也支持了金柏莉的观察，这表明正确的地理位置对人的成功来说非常重要。虽然这听起来很可怕，但换一家公司或一座城市对人的成长确实是具有重大影响的。

在自己熟悉的领域有选择地跳槽

你应该自问的重要问题是：“我是不是身处最有利于成才的环境？”

找到一个完美的巢穴可能并不太现实，或者需要耗费大量时间，所以你还应该再追问：“适合我的天赋、性情和激情的地方在哪个范围之中？”

苏珊·凯恩在《内向性格的竞争力》这本书中引用的相关研究结果称，有些人天生就有很强的适应性，几乎在哪个地方都能成才，而其他人只有在特定的地方才可能成才。我们多数人的情况介于这两者之间，这意味着如果我们的才能、性情遇到最适宜的环境，我们的成功（或成才）率就会大为提高。

哈佛大学的儿童发育中心负责人杰罗姆·卡根（Jerome Kagan）确认“高反应性”的婴儿（对照明、声音最为敏感，并且会用哭泣对此做出反应的婴儿）与终身的情绪敏感倾向存在关联。这些婴儿会成长为内向者，更喜欢在独处和安静的环境中打发时间。而“低反应性”的婴儿情况则与之相反，他们对照明和声音并没有那么敏感。他们会成长为外向者，更喜欢与人打交道和参加活动。

伦敦大学的育儿专家杰·贝尔斯基（Jay Belsky）指出，高反应性的儿童（容易受到照明和声音刺激的孩子）成年之后更容易在压力之下患上抑郁症、焦虑症且表现羞怯。错误的环境可能会伤害这些孩子，但如果他们得到良好的家庭教育，在稳定的家庭环境中成长，就有可能施展才华和获得成功。

作家大卫·多布斯（David Dobbs）用植物来比喻压力之下的不同儿童。低反应性的蒲公英几乎在任何环境下都能成长和开花，适应环境的范围比较广泛；而高反应性的兰花只有在特定环境下才能成长和开花。

兰花这种比喻也适用于大器晚成者。如果我们成长缓慢，或许是因为我们的性情更像兰花，我们居住的环境与我们自身的性情并不合拍。我本人遇到的就是这种情况。我出生于北达科他州的俾斯麦市，这里的环境并不适合我。它和许多小城市一样，更适合曾经是高中体育（橄榄球、篮球和曲棍球)明星、外向者、积极实干者和空间IQ出众的人(也就是擅长开发、建设和修理油井、水道、桥梁和建筑，并为这些实体物质设定价值的人)。但内向者对书籍和抽象概念更感兴趣，他们就像兰花一样，在这里找不到适宜的生存土壤，通常要在大城市和大学城才能找到理想的安身之所。

你是蒲公英还是兰花呢?你在考虑移植到新环境的时候，有必要先思考一下这个问题。

· · ·

假设你已经决定通过跳槽来改变自己的环境。如果工资就是你的主要收入来源，我强烈建议你不要选择对你来说完全陌生的岗位或职业。这种激进的移植操作对年轻人和退休者来说都是一种奢侈。对于处于职业中期(即将迈入40岁的职业人士)，上有老下有小、身上还背着房贷的大器晚成者来说，如果真的要换个环境，应该优先考虑那种“相邻的空间”或相似的工作，就像金柏莉·哈林顿从广告文案转向散文写作一样。她已经具备专业的文案写作技能，她只是调整了自己的写作产品和读者。她没有完全放弃自己的天赋和对写作的热爱，而是将其移植到了一个相邻的空间。

我可以用我熟悉的新闻职业，再给你提供一个有关相邻移植的操作案例。

一般来说，新闻记者的收入都不太乐观。可能在全美国所有媒体中，从印刷界到电视再到互联网，只有数千名记者的收入处于中上水平。所以结婚或者生了二三胎的记者，往往会突然对这份工作心生厌倦。他们觉得自己这份职业已经没有什么上升空间，所以就会转移阵地，跳槽到公共关系这个相邻的领域。

在公关这个领域，如果不看收入的话，这些记者的地位的确会有所下降。记者是一个心高气傲的群体，就算公关领域收入更高，他们也还是难免对它心生排斥。有许多记者可能会想："我永远不会去干公关的活儿，这会违背我的原则。"但他们后来又会因为收入问题而不得不转移到公关领域，并且意识到这份工作远比自己想象得更有趣。他们会调查客户，探索自己的挑战，提出一系列有趣的推广解决方案，然后再执行这些方案。高级的公关人员更像是管理咨询者。这样你就会获得较高的地位，同高端客户打交道，并且这些人还很敬重你的工作经验，会耐心聆听你的建议。因为你已经不再是初级公关人员，你就不必再熬夜撰写新闻稿，或者热脸贴冷屁股地央求记者给你发通稿。

我就认识不少原来当记者，并且认为自己不会去做公关，但现在却很认同这份工作的人。猜猜他们后来都怎么样了？他们就像重获新生了一样。我以前的同事昆汀·哈迪（Quentin Hardy）曾经是《福布斯》硅谷分社社长，后来担任《纽约时报》记者。他在《纽约时报》的确表现出色，他的名字经常进入世界人工智能和大数据等专题的最有影响力的记者名单。

今天，昆汀已经是谷歌云所有内容的总编。他成功地变成了公共关系中的甲方，并且掌握了主动权。他勇敢地从一份光鲜有尊严但是没有发展前景，薪水平平甚至还会下降的职业中抽身而退。他现在在谷歌的收入颇为理想，并且是与当代最重要的数字技术领域中的一些最具聪明才智的人员共事。他所在领域的竞争对手是微软和亚马逊，这可以激发他的无限斗志。

这种类型的移植十分适合昆汀。他转移到了一个相邻的空间。他在还没有变得愤世嫉俗的时候（这是记者群体常见的问题），在可以利用自己的成功经验和职业人脉的时候，适时地完成了职场上的华丽转身。他由此实现了持续成长，免于陷入停滞状态。

向你的同辈寻求帮助和建议

还有一种值得一提的移植操作是这样的：在你怀疑自己的老友会阻碍你成长时，移植到新的朋友和同事圈。对此我的建议是采用和换工作一样的移植策略。承认当前的环境对自己很不利，我们需要与它决裂，这是其中一种情况。但更常见的一种情况是，我们发现自己像温水煮青蛙一样，既不能逆袭，又不能奋力跳出原来熟悉的环境。自己的工作还算凑合，工作中的同事也还算过得去。虽然有一些朋友可以陪伴打发时间，但他们并不能激发你的斗争，不会鞭策你成长。那么你该怎么办呢？不管现状好坏，孤注一掷地放弃这一切，冒险换一个新的环境吗？

在这种情况下，比较保险的方法是加入一些同辈群组。同辈群组的始祖可能就是建立于 1924 年的 Toastmasters 演讲会，它旨在帮助成员掌握更好的公开演讲技巧，并由此建立职业上的信心。（《内向性格的竞争力》作者苏珊·凯恩就指出 Toastmasters 是内向者和害羞人士重获信心的有效途径。）另一个重要的同辈群组是成立于 20 世纪 30 年代的匿名戒酒协会（Alcoholics Anonymous），它由两名没有职业培训经历的酒徒成立，以此帮助其他酗酒之人戒酒，并由此实现自救。它实行的模式让许多非戒酒组织也争先效仿。

我见过的最有趣的职业同辈群组是伟事达（Vistage International），它的付费会员都是小企业主。当这些小企业主遇到重大挑战时，他们会向谁倾诉？当他们想不出对策的时候该怎么办？当一流员工跳槽到竞争对手那里时他们又该如何？当他们发不出工资时怎么办？或者当他们的家庭生活和健康出现问题时要怎么办？他们当然不太可能向自己的员工倾诉这些烦恼，而他们的董事会成员可能还会将这种寻求建议的行为视为脆弱的表现，并趁他们最脆弱的时刻向其发出致命一击。

但向同辈（其他并没有直接竞争关系的小企业主）坦白自己的问题，这可能会让他们获得一点安全感，并且这些成员还可能提供一些无须收费的可靠建议，他们只需要在别人有需求时给予同等回报就行了。大家彼此没有什么情感纽带，这样大家更容易承认自己的脆弱，寻求帮助和接受建议。

教会和其他与信仰有关的组织也是一种很好的同辈群组来源。我曾经询问一名大教会创始人和牧师里克·沃伦（Rick Warren）关于马鞍峰教会得到发展的秘诀。他回答称："小群组就是马鞍峰教会真正的成就。我在周日的布道，并不是大家对马鞍峰教会忠诚的原因。真正让大家保持忠诚的是从周一到周五的小群组所发挥的作用。"我自己所在的教会及许多类似的组织都有工作日群组，帮助大家从离婚中复苏，提供育儿指导，帮助大家走出失业的阴影，提供创业建议和克服其他许多挑战。与匿名戒酒协会和其他戒瘾群组一样，小教会群组也都是由非专业人士运行，并且严守保密原则的组织。它们只要求你在得到帮助之后也能对他人施予援手。小群组是你在探索移植出路时的一种安全低风险的选择。

寻找有助于自己成长的环境

在你决定迁移到一个更合适的环境后，下一步就是设想一下自己的未来。加州大学洛杉矶分校哈尔·赫什菲尔德（Hal Hershfield）指出，能够清晰构想自己未来的人往往能够做出更有利于自己的决策。你所构想的未来的自己，必然应该是实现腾飞的自己。你得相信自己的未来不是梦。在心理学领域，这种现象就叫作“创建一个身份目标”。研究人员彼得·戈尔维策（Peter Gollwitzer）、帕斯卡尔·希兰（Paschal Sheeran）、维丽娜·密恰尔斯基（Verena Michalski）和安德里亚·谢菲特（Andrea Siefert）表示，将一个身份目标同实现一个重要的目标（例如追求一条新的职业路径）联系起来，更有助于实现目标。换句话说，你应该去想象未来的自己会是什么模样。未来的你要有什么样的衣品，吃什么档次的东西，有什么样的言谈举止？未来的你将如何与他人打交道？

在我们转换环境时，我们的行为也可能发生变化，但要注意不要过于扭曲你原来的性情。而应该利用自己的性情，释放你的性情，让它变成你的优势。我在撰写《生活 2.0》（*Life 2.0*）时，采访了一位从纽约迁到艾奥瓦州得梅因市的人。他是个保险推销人员。在纽约地区，他的销售水平经常受到批评，公司认为他的销售手段不太有闯劲。人们告诉他“你得再提升一下工作热情”。他搬到艾奥瓦州之后，却得到了截然相反的反馈：“能不能再低调一点？”对他来说，低调要比高调更容易实现。他在得梅因市迎来了事业上的腾飞，因为这个地方认同这种低调的性情。我最后一次同他交流时，他已经在得梅因市购置了一幢漂亮的房子，上下班通勤时间仅为 15 分钟，他热情洋溢地表示自己的邻居都是很好的人。他称自己超爱得梅因这个地方。如果他想去大城市的时候，从这里前往芝加哥或明尼阿波利斯也非常方便。

让你获得适宜发展环境的最佳方法其实就是自己创造环境。这正是过去许多时代，无数企业创始人采取的做法。人们普遍认为，创始人是因为经济原因，出于致富的心理而创业。事实上有许多企业创始人是因为各种个人原因而创业，这包括致富、证明一个观点、打破现状、“名留青史”、填补市场空缺、自由支配时间等。这些原因的共性就在于，他们都在追求一种控制感。创业者可以自由选择产品、员工和合适自己的企业文化。他们实际上是在建设适合自己的环境。

在过去三十年的商业写作与采访经历中，成功企业的类型让我感到异常惊奇。这里的类型并不是指产品、行业或地理位置，而是指组织结构和企业文化——企业环境的性状和发展土壤。联邦快递（FedEx）由弗雷德·史密斯（Fred Smith）于1971年创立，目前已经成为市值达650亿美元的世界快递巨头，它奉行的是军事化的管理理念。因为史密斯本人曾经是一名水兵，他要求男员工穿白色衬衫系领带，并严格遵守公司的纪律。他决不允许员工开会迟到。不管联邦快递的企业文化是否有助于一个员工成长，它的文化特征就是这么鲜明，没有一名员工会弄错。而理查德·布兰森创立的那些公司恰恰相反，它们的结构更为松散，因为留着长发、不走寻常路的布兰森就是喜欢这种类型的发展环境。

软件巨头VMware公司联合创始人黛安·格林构建了有利于员工平衡工作和家庭生活的企业文化，这当然和硅谷的工作狂风气有关。在2019年1月之前，这名谷歌云CEO一直在鼓励家中有小孩的谷歌员工回家同家人共进晚餐。谷歌云最激烈的竞争对手是亚马逊云服务（Amazon Web Services），它的主要负责人是直接向亚马逊创始人兼CEO杰夫·贝佐斯（Jeff Bezos，全球要求最严格的老板之一）述职的安迪·杰希（Andy Jassy）。亚马逊倡导的是一丝不苟的企业文化，那些向贝佐斯述职的高管更是马虎不得。某些人可能会在亚马逊这种企业中获得成长，但有许多人可能并不适合这种环境。只要你在求职网站Glassdoor和其他免费的网络资源上进行一番调查，就不难发现这个世界存在许多风格大相径庭的企业。

所以，找到合适的发展环境（不论是地理位置还是组织文化）对我们的成长来说至关重要。我们有些人更像蒲公英，在多种环境下都可以茁壮成长。但许多大器晚成者却更像是苏珊·凯恩和大卫·多布斯笔下的兰花。

如果你一开始并不清楚新环境是什么模样，也还是可以采用这种移植策略。我们毕竟还是得让自己行动起来，去兑现心理学家所称的“目标承诺”。有大量研究表明，目标承诺是实现目标的关键。目标承诺有助于极大改善健康状况、学术成就和工作表现。有一项研究发现，写下自己的学业目标并承诺实现这些目标的学生，的确比没有清晰表达自身目标的学生更易于实现目标。他们在学业上的进步也比后者更明显。另一项 2002 年关于目标承诺的研究结论指出，“承诺是推动变化的最重要因素之一”。

如果承诺就是改变的关键，那么我们该怎么做呢？作为大器晚成者的我们，该如何承诺实现像移植到新环境这么具有颠覆性的目标？

当然就是迈出第一步。

没错——只要先向前迈出一步。不要太担心这一步是否会走错。你可以先调查一下某项兴趣、某个同辈群组、某个地方、某个希望的可行性，研究一下你要移植的目标环境。

要注意，移植到一个新环境，并不等于逃避一些事物。康复计划将无休止的移植称为“四处漂泊”。你不应该将自己所有的问题都归咎于身边的人，认为只要你在另一个城市重新开始，情况就会有所不同了。

除了这种情况之外，只要你发现当前的环境无助于你的成长，就真的要考虑换个环境了。你不要因为顾虑再三而推迟这个计划。与自己当前的生活告别的确很困难，这可能会让你面临一些阻力。虽然我们许多人都梦想获得一个与现在截然不同的未来，但总会有些强大的心理因素和社会力量阻碍我们重塑自我。你必须接受这个现实。毕竟，生活中的一切变化都会遇到阻力。

加州大学伯克利分校心理学家拉文纳·赫尔森（Ravenna Helson）表示：“我们都应该在生活的不同阶段适时调整自己的身份。”赫尔森在过去五十年跟踪观察了 120 位女性，研究了她们的个性特征、社会影响力和个人发展情况。她在这个过程中，证实了重塑自我永远没有年龄上限的观点。她称：“就算是 60 岁，人们也可以下定决心变成更好的自己。在我的研究中，大约有 12 名女性是在 60 至 70 岁之间出现了人格上的重大积极变化。”

要记住，在移植到新环境这一点上，大器晚成者具有超越少年有成者的明显优势。大器晚成者具有好奇心和韧性，不怕特立独行或者摆脱传统。他们真心想看到自己的极限在哪里。这些大器晚成者的优势能够促使他们做出改变，让他们去寻找合适自己的人际圈，寻找有助于自己成长的环境。

移植的真正益处在于，我们可以定义自己的生活，而不是让别人来定义我们的生活。这种移植并非一劳永逸的过程，因为我们一直在成长，我们始终在学习。我们可以利用自己收获的经验来解决后来的挑战，将其应用于我们的下一个移植环境。只有敢于抛弃不快乐的人生，才有可能找到全新的生活激情。我们都有重新开始、自我定义和自我决断的权利，它们都是最基本的人类理想。

让我们一起勇敢地和过去挥手告别。

第九章

人生是一场马拉松

已经 92 岁的退休老人杰拉尔丁·韦斯（Geraldine Weiss）十分清楚坚持到底的意义。她 30 多岁的时候，负责在家照看孩子。丈夫是一名收入有限的海军军官。后来，她以大器晚成的逆袭方式，成了史上最成功的女性股票投资者。

韦斯于 1926 年出生在旧金山，她在本地高中毕业后进入加州大学伯克利分校攻读金融学位，业余时间在图书馆阅读各种经济和投资类的书籍。她很快就被 1934 年出版的《证券分析》（*Security Analysis*）这本书的不凡逻辑所吸引（该书还让一名在当时默默无闻的青年深受影响，此人就是后来的沃伦·巴菲特）。该书作者本杰明·格雷厄姆（Benjamin Graham）和戴维·多德（David Dodd）声称由于企业股票代表股东对真正的公司掌握一定的所有权，所以它具有“内在价值”。另外，这种内在价值始终会被股市错误定价。在 20 世纪 20 年代股市形势大好的时期，股票往往定价过高，在 1929 年股市崩盘之前曾一度狂飙超出了其内在价值。在股市崩盘之后和 20 世纪 30 年代初期，多数股票交易价格远低于其内在价值。大众对股市失去了信心，因为他们的股票在 1929 年股市高峰期之后大多遭遇亏损。本杰明·格雷厄姆和戴维·多德表示股市在任何时候都很少出现准确反映股票内在价值的情况。从短期来看，股市就像一个投票机，一场人气竞赛。但从长期来看，它就像一台体重秤，它会愈发接近于反映股票的真正内在价值。

1949 年，格雷厄姆和多德出版了他们的第二本更著名的著作《聪明的投资者》（*The Intelligent Investor*）。这本厚度达 640 页的巨著表现惊人，问世仅数年销量就超过了 100 万册。在我 2018 年夏季撰写本书时，这本书仍然在亚马逊金融类畅销书榜单排名第三。在《聪明的投资者》这本书刚刚面世和强调有关内在价值的投资理念时，杰拉尔丁·韦斯就已经开始进行超越格雷厄姆和多德的思考，开发了自己的股票投资理论。

韦斯对内在价值这个理念没有什么异议，但她对股票价值的决定方式心存怀疑。格雷厄姆和多德特别喜欢使用市盈率和市净率两个概率来描述股票的价值。今天的股票投资者仍在使用这两个比率计算股票价值。你在任何一天收听 CNBC 的节目，都能听到股评人吉姆·克莱默（Jim Cramer）在谈论股票的“P/E 率”（市盈率）和它的“市净率”数据。你在谷歌上搜索一家公司的股票，也能看到页面立即弹出其股票的市盈率和市净率。韦斯对这两个比率表示怀疑。她刚开始就觉得这两个比率可以由企业高管进行操纵。

韦斯认为真正能反映一家企业金融状况和发展势头的应该是股利分配而非盈余。她认为股利上升可以预测股票增势。人们可以通过一家公司股利的上升或下降趋势，得到一个反映其股价是否被高估或低估的模式。

她迫不及待地想检验自己的新理论，就开始向投资公司求职。但她立即就遭遇两次碰壁：在二十世纪五六十年代，投资界仍然盛行反犹太主义的风气，并且这一行还歧视女性。尽管她拥有金融学位，她对格雷厄姆和多德的理论了如指掌，对主要的投资教科书如数家珍，还是没有一家公司愿意为她提供除了秘书之外的其他工作。

1962 年，因为在圣迭戈过着“勉强糊口”的生活，她就询问丈夫她是否可以购买 100 只符合其“蓝筹股”标准但是按股利来看价值已被低估的潜力股。事实证明她这次投资很成功，韦斯后来四年的投资均证实了她的股利理论。此时她已经掌握了独特的投资优势，也就不用再向企业求职了。她在 40 岁的时候，创立了一个投资新闻快报《投资品质趋势》（*Investment*

Quality Trends）。她根据自己的分析，在这个刊物的第一期推荐了 34 只“被低估值”的“精选蓝筹股”。她在 1966 年挑选的这 34 只股票包括 IBM、家乐氏（全球知名谷物早餐和零食制造商）和通用汽车。

这份新闻快报就是今天的《IQ 趋势》（*IQ Trends*），其运营者是韦斯亲自指定的继承人凯利·赖特（Kelly Wright），它至今仍在为读者提供投资建议。不过韦斯创办这份刊物的时候手头仍然相对拮据。虽然她从 1962 年投资 100 只股票的时候开始赚到了一些钱，但她最初参与的都只是一些小投资。在 1966 年她创办这份刊物时，她仍然经济困窘，认为自己只能为此投入 2000 美元。从 1966 到 1969 年，她艰难地坚持着，将每一份读者订阅费都拿去投资股票了。这份刊物经历三年才终于实现盈利。她对此表示：“我从中学会了坚持。”

杰拉尔丁·韦斯并没有放弃对抗性别歧视。2017 年伦敦报纸《每日电讯报》用了这样一段话来描述她：“过去没有人想听从女性的投资建议。她收到了一位男士的信件，该男士声称拒绝接受女性提供的建议，除非韦斯的这些建议都是向男性取经得来的真传。为了避免这种偏见，她将自己的签名写成‘G. Weiss’，好让大家都以为这是一家由男性运营的机构——直到她于 1977 年在热门电视节目《每周华尔街》（*Wall Street Week*）中露面时，人们才知道真相。”

韦斯表示：“当时我经营公司已经有些时候了，也有不少人因为我提供的建议赚到了钱。”那一年她 51 岁，而投资界才刚刚开始注意到这个女人的存在。

杰拉尔丁·韦斯大器晚成的故事可以归因于她的锲而不舍——一种因耐心得到滋养，因深沉的热情而得到升华的品质。耐心就是韦斯的投资理念的一部分。没有人可以通过投资股利而一夜暴富。事实上，韦斯在股市泡沫末期时还经常亏钱，尤其是在 1999 年，当时投资者的兴趣从股票转向了网络公司。但她对自己的投资理念深信不疑，坚持多年在无情的股市和投资循环中检验这一理念。她并不会因为偶然的流年不利就彻底放弃。

找到合适的“土壤”进行深耕

杰拉尔丁·韦斯是一个典型的大器晚成者，也是我们所有人的楷模。在我们这一生中，无论我们天分多高，运气多旺，或者冲劲多大，实现任何成就都离不开坚持二字。我为撰写本书而采访大器晚成者的时候，几乎每个受访者都表示如果你找到了自己的激情和合适的“土壤”，就必须在此深耕——你得坚持下去。

假如我们都有耐心坚持一项追求或者一份热情，我们就有机会在人生中的任何节点实现重大突破。许多“一夜成名”的故事实际上都有二十年、三十年甚至是五十年的积累和铺垫。因为社会迷恋少年有成的现象，所以人们通过多年努力取得的成果往往就被误当成天资聪颖的结果。你可以将本书提到的许多成功故事当作一种启发，一种持之以恒的学习、尝试、坚持最终获得成功的范本。

无论我们准备得多么充分，还是有许多人会心存疑虑：“我真的可以凭借内在实力和坚持到底的毅力，掌握自己的命运吗？”它可能意味着放弃一份稳定的工作，离开熟悉的朋友圈，或者在信仰和意志发生动摇的时候仍然坚持下去。

答案是：没错。

为什么我可以这么肯定地回答呢？因为，我们许多人甚至无法坚持每天运动，更不用说坚持熬过多年的逆境了。而大器晚成者可以坚持走完这样一段不寻常的重塑自我之旅，特别是在面临不可避免的挫折，在父母不支持、朋友心存怀疑的情况下，他们仍然可以坚持下来。

我之所以相信大器晚成者能够坚持下去主要有两个原因。第一，我们都是天生的故事家。在我们个人生活中，我们都是以故事的形式进行思考、交流、沟通甚至做梦的。可以说，讲故事就是人类意识的默认模式。我们会本能地为混乱找到合理的解释，并分析生活中发生的随机事件之间的因果关系。我们通过讲故事实现了自己的梦想。讲故事就是一种看似不太明显的坚持动力，但我们讲故事的能力其实远超我们多数人的想象。

第二个原因就是，我们会随着年龄的增长而越发乐观，并且在我们逐渐积累经验和吸取生活中的教训（通常是痛苦的教训）这个过程中，我们的耐性也会得到磨炼。与我们的心理特征（以及我们的神经系统结构）的各个方面一样，我们的毅力也远比我们所认为的更有韧性。

毅力及天赋、情绪调节能力和其他与成功相关的心理特性，都会受到经验的影响。我们的毅力会随着我们的成长而增长。当然，毅力不会自动增长。它与其他人类品质一样，会在沮丧、气馁或被忽视的情况下萎缩。因此，我们得积极发挥自我能动作用，促进毅力的增长。另外，比较奇怪的就是，与在体育馆的训练经历相比，我们更容易从电影中获得让毅力滋长的养分。

为了更好地理解大器晚成者获得毅力的关键，我们还是先来观察一下故事的力量、毅力的可塑性，以及这二者之间的联系。

故事可以改变我们的思维方式

故事并不仅仅是描述事件发生的经过——它们有助于决定事情发生的结果。我们给自己讲的故事会影响我们的态度，增强我们的幸福感。对大器晚成者来说，这是一个极好的消息。有广泛的研究表明，故事可以改变我们的思维方式。换句话说，如果大器晚成者可以改变自己的故事，就可以改变自己的行为甚至是人生。这听起来可能像是一种自我催眠，但故事的确是促进成长和成功的隐性催化剂。

叙事的力量就是“叙事心理学”这个全新研究领域的实现前提。它是心理学家西奥多·萨宾（Theodore Sarbin）、杰罗姆·布鲁纳（Jerome Bruner）和丹·麦克亚当斯（Dan McAdams）于20世纪80年代提出的概念。这是一个关注人们如何通过构建、讲述和重述故事来实现目标的思想流派。如果说神经科学和心理学的某些分支将大脑视为一个容器、一台机器或者类似于电脑CPU的东西，那么叙事心理学的特点就是将大脑视为“伟大的故事家”。

当然，将意识视为故事家并非心理学领域的新概念。早在心理学开始借助文学评论的工具进行研究之前，弗洛伊德及其继承者似乎就已经察觉到心理健康方面的问题可能与大脑的故事不连贯有关。

弗洛伊德在与个人合作，拯救对方糟糕的人生这方面有着不容忽视的天分。弗洛伊德派精神分析学家得到的一个重要结论就是，他们的病人就是无法让自己的故事保持连贯的人——或者说他们根本就没有什么故事。精神分析学家的任务是像一个脚本医生一样，修复这些实际上已经残缺不全的故事。换句话说，精神分析的真正价值在于，与病人合作剖析或过滤对他们来说没有什么意义的随机性记忆和事件，以便构造一个连贯的故事。

这种故事可能是如何让病人从过去的 A 点到达现在，然后以一种有意义的方式引导他们走向未来。

在一定程度上可以说，构造故事的作用不仅仅是以全新的方式帮助个人看到自己生活中的事件。它还可以让故事变得具有可管理性，以此重塑他们的现实生活。

冷冰冰的客观现实，毕竟是一个混乱的世界。它只是人物、地点和时间等要素的混乱集合，并且不断发生转移和变化。它可以产生爱和美好，但也会带来噩运、灾难和悲剧性的后果。虽然随机性的运气可能是某些宏大或渐进式信仰成形的基础，但它通常并不能创造出一个好故事。

因此，我们大家都必须像小说家、历史学家、传记作者和讣闻作家一样，为原本随机的事件序列强加一个叙事框架，直到它们能够以有利于我们的方式凝聚起来为止。我们可以让事件秩序井然，以此为它们赋予一定的意义。

故事并不只是以有意义的方式让事件呈现秩序。故事并非按时间顺序发生的事件列表。故事要靠非常实际的选择来推动演变，我们可以选择在故事中加入哪些元素，排斥哪些元素，放大和缩小哪些元素。我们脑中具有根深蒂固的叙事渴望，以至于就算不存在故事，我们也会想编出故事来。我们从日月星辰中能看出故事，从云朵中能看出故事，甚至是看到形状或听到声音都能想象出一些故事。

例如，弗里茨·海德（Fritz Heider）和玛丽安·西梅尔（Marianne Simmel）在 1944 年进行了一个经典实验。海德和西梅尔向参与者展示了一个具有不同形状（两个三角形和一个圆形）的动画短片。这些形象在一个盒子中不断运动。研究人员要求参与者描述自己所看到的内容。这些参与者就用讲故事的方式来作答。这些三角形和圆形就好像他们故事中的人物角色一样。他们为其中一个看起来特别顽劣的三角形赋予了“侵略性”“愤怒”“坏脾气”和“迅速攻击”的特征。（在他们的故事中，这个三角形之所以顽劣是因为另一个更小的三角形拐跑了它的圆形女友。）

参与者并不只是简单地为这些非人的事物赋予人性的特征。他们还看出了这些事物的“自主意识”——它们有能力根据自己的意愿行事，做出自由的选择，决定自己的命运。法国哲学家保罗·利科（Paul Ricoeur）写过大量有关叙事与身份的文章，他将自主意识定义为与被动忍受相反的属性。利科认为，当我们失去根据自由意志采取独立行动的能力时，我们就只能逆来顺受，认命服从，放弃抗争。

如果我们失去了自主意识，应该如何重新获得这种能力？答案就是修正和改写我们自己在不断变化的人生故事中的角色。

如果说叙事心理学让我们得到了什么收获，那必然就是，构造一个故事可能对我们的想法和行为产生巨大影响，尤其是在艰难时期和遭遇挫折的时候。它可以改变我们的生活方向。有不少研究表明（这些研究的参与者包括大学生、高度戒备关押的囚犯、关节炎和慢性疼痛患者、刚生完第一胎的妇女、被裁员的男人等），光是创造一则个人故事这个简单的行为就可能对人的健康和行为产生积极影响。

叙事心理学背后的理念并不是让我们自欺欺人，将生活中遇到的坏事或不幸经历视为积极事件。相反，它的目的是让我们在这些事件的发展过程中找到生活的意义和动力。叙事心理学有助于我们认识到环境始终在不断变化。我们在生活中都可能经历从胜利到失败，从厌倦到入迷这个周而复始的过程，有时候甚至在一天之内就可以尝遍这种心理落差的滋味。我们该如何应付这么多情绪并坚持走下去？很简单，故事就为我们提供了忍耐世事无常的框架。

这对大器晚成者来说是一个好消息。在我们生活中的多数时候，我们总在怀疑自己真正的故事（我们找到自己的天赋并释放潜能）还没有写出来。那么，我们该如何编写一个可以引导我们释放自身真正潜能的情节呢？

· · ·

叙事心理学表明，讲故事时我们应该告诉自己，故事比事实更重要。换句话说，故事未必需要具有真实性或有效性。我们的个人故事可能有助于推动我们不断向前。我们的故事可以基于事实，而高于事实。这样我们就可以通过不断为自己描述乐观的未来而坚定信心。这些故事通常要比我们自身更为强大。《新约全书》（New Festament）中的信徒彼得的故事让许多基督徒得到了感化。在耶稣被钉在十字架上受难，彼得的生命受到罗马士兵威胁时，彼得三次否认自己认识耶稣。在这个生死关头，彼得丧失了勇气。此时的彼得必然心中羞愧万分。所以他后来会溜走，重操旧业，以捕鱼为生。这个结果一点也不让人意外。后来，彼得听闻耶稣复活的消息后，再次实现了蜕变。曾经的懦夫彼得变成了罗马基督教会得以建立的基石。他成了一个殉道士，后来人们修建了以他命名的圣彼得大教堂。只要故事对我们来说具有足够的意义，它们就可以指引我们走出最困难的逆境。

毅力是一个好东西。如果我们都只根据实际的成功概率来制定决策，那么我们就不太可能去尝试有风险的事情，获得任何重大成就。事实就是，故事就是因为具有不准确性这个特点，才让我们获得了坚持下去的动力。我们的故事并非与事实一一对应，它们允许我们进行故事性的诠释，而这就是它们存在的理由。毕竟，在冷漠的理性主义者眼中，生而为人的目的只不过是繁衍后代而已。而故事却告诉我们，人类生来就怀有重大的使命。

讲故事就是我们大器晚成者可以使用的一项有利的工具。例如，我们习惯于将自己成长缓慢归咎于运气不好、不够聪明或者懒惰，这就会导致我们难以对未来产生积极的设想。在这种情况下，我们讲述的故事可能就会将我们引入绝望的宿命论。相反，如果我们承认自己犯过错误，直面挑战，从失败中吸取教训，我们就会掌握更多有关人生的自主意识。正如美国作家库尔特·冯内古特（Kurt Vonnegut）的《茫茫黑夜》（*Mother Night*）所言："我们就像我们所假装的那样。我们要谨慎自己在假装什么。"

现在请先回想一下自己的故事。

你被雇主拒绝或被解雇的时候，是不是就证明你未来的事业必将毫无建树？它能不能证明你是一个失败者，是永远不会成功的人？还是说，这次解雇成了你最棒的经历之一，它让你获得了解放，促使你找到了更适合自己的工作？

在编写自身故事的过程中，大器晚成者很容易误入认命的困境。命运和宿命实际上并不是同一回事，但我们就是经常混淆这两者的概念。加州大学洛杉矶分校的著名教授霍华德·苏伯（Howard Suber）写道："你寻找自己的宿命，但会屈从自己的命运。宿命起源于自身，命运是外部的安排。命运是一种超越个人意志和控制的力量，它会从后面推你前进。宿命则是摆在你面前的一道具有吸引力的力量，它就像磁铁一样，让你自己奔向它的怀抱。"

我们会依靠自己的命运。

我们会奔向自己的宿命。

大器晚成并不是被动接受命运的安排，屈从于外部力量，放弃我们的自主权。成才是指承认我们的过往，然后通过鼓舞人心或具有启发性的乐观个人故事（无论这种故事是否真实）去追求宿命的过程所产生的结果。如果我们要对抗文化环境的影响，无视消极的自我信念，那么我们就必须确信，我们向自己述说的是正确的故事。

人的毅力会随着年岁增长

我之所以相信我们可以坚持下去的第二个原因是：我们的毅力水平并非固定不变的。2016 年畅销书《坚毅：释放激情与坚持的力量》（*Grit: The Power of Passion and Perseverance*）作者安杰拉·达克沃思（Angela Duckworth）就是一位毫无争议的决心专家。决心是耐性和毅力的另一个代名词。她对决心的定义较为复杂。她认为只要你有决心，你就可以坚持下去。她设计了一种被其称为“决心量表”的测试，收集了美国成年人的相关数据。下图显示了各年龄段的美国成年人的决心量表得分：

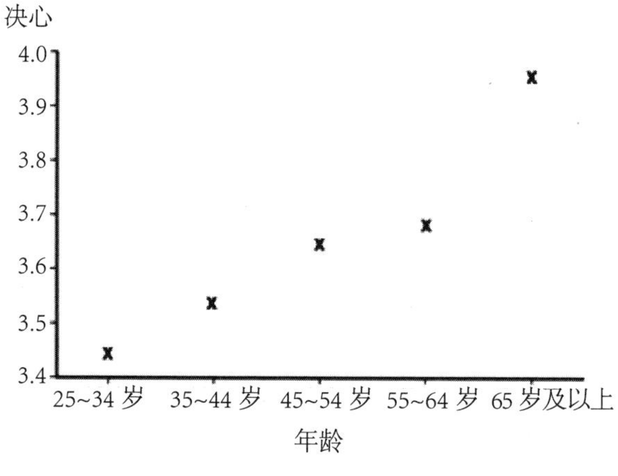

是不是觉得很意外？决心，或者说我们坚持下去的能力，居然会随着年龄增长而增长。你可以从图中的水平轴看到，最有毅力的成年人年龄超过了 65 岁，而最缺乏毅力的人多为 20 多岁的年轻人。这并不是说如果你现在只有 20 多岁，你就没有坚持到底的勇气或耐性。许多 20 多岁的年轻人并不缺乏这种品质。这只能说明你坚持某些重要事项的能力会随着年岁增长。

从这个图可以看出，决心，也就是毅力和年龄呈现正比例增长关系。达克沃思认为这些数据表明，我们的毅力水平会在我们确定自己的人生哲学后，在我们能够识别可以抛弃的低利害目标和需要坚持的高利害目标（这些都是大器晚成者本身的特性）的过程中不断增长。

生活经历为何会改变我们的个性呢？达克沃思认为其中一个原因就在于，我们学到了之前并不知道的知识。无论社会对年龄和这种知识有什么看法，都不可否认这些日积月累的知识的确具有巨大的价值。我们随着年龄增长不断吸取生活教训，在这个过程中，我们终将被迫适应全新的环境。正如达克沃思所言："我们总会遇到变故。换句话说，我们会在必要的时候做出改变。"

至于如何获得毅力，大器晚成者体验过的多种经历就是最好的老师。

在此我得先阐明一些要点。我在第六章中称赞了放弃的各种好处，这并不意味着我认为毅力（或决心）并非人生某些节点的必备品质。很显然，如果我们要实现任何重大成就，就必须具有耐性。我们应该能够在跌倒之后自己爬起来。我在第六章提到的观点就是，没有真正参与感的被动决心是一种无效甚至是有害的品质。被动的决心会阻碍我们的好奇心和试验过程。被强迫的决心会浪费我们成长和成熟所需的宝贵时间。我们不应该盲从社会制定的成功时间表，没头没脑地陷入努力的幻觉之中，而应该静下心来发掘自己真正的天赋和使命。成长和保持成长所需的毅力是一种沉默的决心。它是一种个人毅力，而不是盲目自信的虚张声势或者被迫向年轻有为挺进的征程。

第六章提到的罗伊·鲍迈斯特的自我损耗概念与安杰拉·达克沃思设计的决心量表结果之间也存在区别。自我损耗的概念假定我们的毅力或决心在任何时候都是有限的。在我们每天关注、逼迫或约束自己的时候，都会消耗这些有限的毅力。达克沃思的决心量表结果显示，我们的整体决心

（或毅力）水平会随着年岁和经验的增长而提升。这对大器晚成者来说是一个好消息，但我们仍然要分清主次，将精力和决心分配给我们真正热爱的事物。无论我们的决心量表得分有多高，都应该避免浪费这种品质。

需要注意的一个要点是，我们都应该避免草率地将自己的毅力投入自己所面临的每一项挑战。要知道，有些挑战根本不值得我们如此费心。我们在第六章已经提到，滥用毅力或决心可能让我们筋疲力尽，甚至导致我们患病。但这并不意味着我们应该坐等自己的毅力恢复初始值时再去努力。须知我们还有一些能够刺激和增强毅力的个人品质，比如信仰、目的和耐心。

好消息就是，这三种品质都会随着年岁增长而增长。

信仰、目的和耐心

有一种信仰（姑且称为廉价的信仰）只是一种期待明天会更好的简单期望，它对明天的期望只不过是更轻松地挤上通勤交通工具，或者迎来阳光灿烂的周末。正如苏伯教授对命运的描述一样，这种信仰根本就没有什么责任包袱。毅力则取决于一种截然不同且更有责任感的信仰。它离不开我们为自己重塑未来而付出努力的信念。希望明天会更好与决定让明天变得更好，这两者之间存在重大区别。坚持不懈之人（也是我们大器晚成者所需要）的信仰与运气毫无关系，但与个人目的密切相关。

目的是另一个重要的毅力驱动因素。有目的的人要比其他人更有动力去追求有意义的生活。达克沃思在其研究中发现，在目的这个指标上得分较高的人与决心量表上的高分者具有重叠性。目的可以激发我们的动力。

这可以增强我们坚持到底的能力，让我们所追求的信仰变得更有意义。这并不是说我们都必须是圣徒，而是说它能够让我们看到，大器晚成者的目标与广大世界的关联。

最后就是耐心。我最喜欢的硅谷大器晚成者之一就是黛安·格林，她同时也是不断催促我们“快速前进和创造成就”的急躁商业环境中为数不多的耐心典范。她从小在马里兰州的安纳波利斯长大。她天生热爱海洋。她还是个女孩的时候，就掌握了捉蟹的技巧，并以每只五美元的价格出售了自己的劳动成果。她上大学时主修工程学，但同时也参加了帆板运动（她19岁时就创立了一个世界帆板运动竞赛）及竞技型的航海活动。大学毕业后，她曾在一家近海石油公司就职，但因为无法参观男性主导的海上石油钻井平台而选择离职。后来她进入一家帆板运动公司，之后又为科勒曼（Coleman）这家户外休闲装备公司效力。

格林在33岁时重返校园，拿到了计算机科学专业的学位。这个学历成了她进入软件公司的敲门砖。她表示：“我终于做好了准备，可以接受一份成年人的工作了。”1998年，43岁的格林和丈夫，还有另外三人创办了软件公司VMware。这家公司的优势在于能够让计算机硬件发挥更高的效率。VMware公司大获成功，但当时担任CEO并且已经53岁的格林却被炒了鱿鱼，部分原因就在于她过于低调且不爱抛头露面，这并不符合人们热捧年轻有为的CEO的时代精神的需求。格林的职业生涯并未就此结束。2010年，她成了谷歌董事会成员，在2019年1月之前一直担任谷歌云CEO。

你可能会反对我将黛安·格林这位硅谷千万富翁当作大器晚成者的典范。我以她为例的原因在于，她曾自称自己在33岁之前都没有做好“接受成人工作”的准备。实际上，格林并没有像乔纳·莱勒、伊丽莎白·霍姆斯和无数其他最终跌落神坛的少年有为者一样，将自己人生的头33年视为疯狂追求年轻有为和名利的过程，而是听从内心的召唤，踏上了一条历险和探索之旅。她的历险和探索包括在马里兰捕蟹和卖蟹，19 岁开办一项世界帆板运动竞赛，学习海上划艇，加入近海石油企业与男人们奋战在一线，在户外休闲装备公司设计产品等。

格林的故事听起来理智且明智。她从来没有坐等机会上门，但也从不急于求成。她走的是自己的路，并不屈从世俗的压力。她的故事只有在今天这个全民热捧神童的环境下才会显得古怪离奇。她始终以那种古老的耐心来对待自己和他人。在经营 VMware 公司期间，她家中还有两个孩子未及成年。格林坚持每晚回家与他们共进晚餐。即使是在 20 世纪 90 年代，她这种行为在倡导工作狂精神的硅谷看来也是一种叛逆之举。她这种作风与 Theranos 公司的伊丽莎白・霍姆斯提倡的企业文化形成了鲜明对比，Theranos 公司的首席安全官每晚七点半都要像个秘密间谍一样去各个办公室巡逻，看看有谁在这个时间已经下班回家，第二天就全程不给他们好脸色看。在本书即将出版时，黛安・格林曾经耐心经营的 VMware 市值为 560 亿美元，而那家由神童创办的 Theranos 早就倒闭了。

黛安・格林的故事证实了神经科学告诉我们的道理：自我调节、深度专注和模式识别等成功技能都需要时间和经历的滋养。它的要义是我们不能放弃尝试，我们必须保持学习的心态，我们还需要持之以恒。

苏珊・凯恩在《内向性格的竞争力》一书中提到："人生的秘密就在于你得自己站到合适的灯光之下。对某些人来说，这种光就是百老汇的聚光灯；对其他人来说，这种光是书桌的台灯光。你得运用毅力、专注、洞察和敏感等内在力量，做你热爱之事，做有意义之事，以此解决问题，创造艺术，深度思考。想想你想为世界做出什么贡献，并确信你可以做出这种贡献。"

这是个好主意。除非我们极其幸运，否则我们找到正确灯光的唯一路径就是耐心地进行探索。由于我们耐心尝试新事物和追求新激情所需的意志力是一种有限的资源（见第六章），所以我们大器晚成者就要讲究“投入”毅力的方法。这正是大器晚成者面临的最大困境之一：我们该如何确定自己何时该坚持，何时该放手？

好奇心、探索和发现

答案就是：了解你自己。

大器晚成者就像另一种羽毛的鸟类，另一个品种的猫，另一种面料的布。总之，无论你想用哪种比喻，大器晚成者就是与当今的神童崇拜现象和成功传送带格格不入。我们无法遵从年轻有为者的成功套路，至少无法用任何有意义且可持续的方式创造这种成功佳话。这种对少年有成的追求会耗尽我们的毅力，阻碍我们进行探索。换句话说，我们应该思考一下自己的不同之处，承认自己的局限性和天分，正视自己要走一条不同的路。

50 岁才出版了自己第一本书的金柏莉·哈林顿（见第八章），在思考如何接纳作为大器晚成者的自己时表示：

我从小就是一名晚熟的人。我快 2 周岁时才会走路。我到 9 岁时才学会骑自行车。我所有的朋友都不需要辅助轮就学会自己骑车了，但我不想去掉辅助轮，因为我怕自己摔倒。终于有一天，我告诉妈妈：“把辅助轮拿掉。”她就拿掉了辅助轮。我骑上自行车，发现自己从来就没有摔倒过。

回顾这一生，我发现无论我年龄几何，这个事件始终是我人生的转折点。

我很容易被社会的期望所左右。广告界经常有人进入“30位30岁以下精英”或“40位40岁以下精英”之类的榜单。这种情况通常让我产生糟糕的自我感觉。我会想：“我的成功之路真是曲折坎坷。我甚至不知道自己在做什么，我永远不会成为这些榜单上的人物之一。”每个行业都有一些偏爱青年才俊的荣誉榜之类的东西。但这种现象总在提醒我，我一直就是个晚熟的人。我50岁时才出版了自己的第一本书，用广告界术语来说，我的确算得上是大器晚成者的代言人了。

我们该如何对抗社会文化的期望呢？尝试回顾过去，看看自己真正的本性是什么。我通常发现人们总在有违自己本性的工作上瞎忙。你认为自己的天性不够酷，或者它不符合社会期待，所以就努力想让自己变成并不符合自身气质的人。你努力想变成和朋友、同事一样具有截然不同的性情、不同驱动力和不同思维过程的那种人。

我每次发现自己徒劳无获或者感觉自己很失败的时候，都是因为我试图削足适履地将自己套入一个永远不适合自己的模子。

我做事时，都要先确保自己十分肯定和十分自信才行，因为这就是我的本性。我只要开始动手了，就会全力以赴地投入其中。我可能起步很晚，但我会加速追赶。我的意思是，我喜欢持之以恒的过程。

所以我认为回望过去，是一个不错的方法。这样你就有可能找到应对挑战的答案了。如果你不这么做，那你就有可能终身四处碰壁而一无所获。

金柏莉·哈林顿的故事提醒我们，虽然毅力会随年龄增长，但我们最好在发现与真实的自我最合拍的故事时，再为之倾注自己的毅力。

对我来说，这个过程发生在2016年出席某个领导会议期间。这个会议布置了一个简单的任务。会议组织者要求我们写下自己一生中最自豪的

50 项成就。这些成就可以是履历上的亮点，也可以是我们根本不屑于写在简历上的事情，例如完成了《纽约时报》上的字谜游戏等，还可以是我们暗自得意的成就。我私下引以为豪的成就看起来似乎很愚蠢。

这件事情发生在斯坦福大学的春季假期，那时候似乎半个校园的人都外出滑雪了。我之前从来没有滑过雪，身上也没有什么钱。我当时正处于自己整个跑步生涯中最理想的状态。我每周要跑 110 千米。

在这个周六，我穿上了自己的跑鞋，向校园西边的沙山路出发，打算跑完 20 千米，去喝点啤酒，然后再去打一场垒球。但跑完 8 千米时，我萌生了一个疯狂的念头。我想，也许我可以右转跑上陡坡，到达圣克鲁斯山的天际线。我开始进行 400 米的登山运动，打算满足这个好奇心之后，就下山返程。但爬到山顶时，我又冒出了一个疯狂的想法。为什么不从这座山的西坡跑下去，看看太平洋呢?

当时我身上没带水也没带干粮。当我到达圣格雷戈里奥海滩时，距离我刚开始的出发地已有 40 千米的路程，此时我真是又饥又渴。因为我身上没钱，所以我就做了一些自己从来没做过也没想过的事情。我站在达圣格雷戈里奥杂货店门口，向店主讨要了一些够买一瓶佳得乐（一种运动饮料）和两根士力架的零钱。此时我只能搭别人的便车返程。我又冒出了一个疯狂的念头：“为什么不慢慢跑回去呢？”

在到达山坡的那段平地上慢跑时，有一位度假的英国人骑着自行车与我同行，此时佳得乐已经不在我胃中翻腾了。到山脚下时，这位临时旅伴就和我告别了。现在我得自己再爬 400 米的山坡。到了山顶，我在一个叫斯凯伦达的村子停下来，花掉了最后一点乞讨来的零钱，买了一瓶可乐和一根士力架。我休息了一阵子，撇掉可乐滋滋冒出的泡沫，将可乐一饮而尽，然后就下山跑向斯坦福校园，心想：这真是太疯狂了。我现在不能停下来。

离校园还有 3 千米时，我实在是筋疲力尽，甚至都出现了幻觉，耳边传来了汽车急刹车的声音，有那么一瞬间我还以为车子要从我身上碾过去了。然后我才意识到自己跑得太远了，都蹿到大街上了。我的判断力已经出现了错乱，但我还是挣扎着跑回了宿舍。我从餐厅买了三瓶可乐，从宿舍拖了一把椅子走向男生浴室。我把椅子放在淋浴喷头下，脱掉已经被汗水浸透的衣服和鞋子，一边冲澡一边喝可乐，就这样坐了很久。天哪，我刚才用七个半小时，上山下山跑完了 80 千米。

现在，时隔 41 年，我还是会将这次疯狂的跑步经历放在我这一生最值得自豪的 50 件成就列表的第一位。这次研讨会的这项训练让我开始思考，究竟是什么力量让我坚持跑完了这段路程。我从这次训练中得到了巨大的收获，我很遗憾自己没有提前几十年吸收这些经验。

我从中得到的经验就是：我收获的多数成就，并不是发生在我打算证明什么的时候，而是发生在我进行探索的时候。

这次长跑让我意识到，每当我跑入拐角处和面临又一座大山时，我都会坚持下去以满足自己的好奇心。这个思维过程就是：如果我再坚持一会儿会怎么样？如果我耐心地再坚持跑 2 千米可以看到什么？如果我向他人讨要一些钱是不是可以坚持得更久？我不会将这种跑步当成一种竞争，一种对自身决心的考验，也不会为之制订任何计划，因为那种念头只会破坏这种跑步的过程。只要一想到那些计划我可能就不会迈开腿了。我只是先从小山坡入手，耐心地坚持下去，直到爬完一座大山。

这种方法对我很管用。

我发现，在能够激发好奇心的情况下，我可以发挥出自己的最佳表现。在这种情况中，探索的感觉也很重要。我发现自己渐入佳境时，就会努力追求目标。我会觉得自己被引向目标，而不是被推向目标。这种引力是一种我无法用言语描述的美妙力量。此时，我无须刻意召唤，毅力和耐心也会不请自来。这就是我真正获得成就时发生的情形。此时我会更准确地洞悉自己是谁，我的动力是什么。我的成长就发生在我进行探索的时候，发生在我迈出前进步伐的时候，发生在我心无旁骛地奔向下一道风景的时候。在这些情况下，我会感觉到像魔法一样的牵引力，毫不费力地唤醒内心的毅力。我并不认为多数少年有成者的思维方式也和我一样。他们多数人都能够以目标为导向，可以拿 SAT 满分，以全 A 成绩毕业，成为人生赢家。他们一直走这种成功路径。他们这种富有竞争意识的态度，自然可以在传统的成功传送带上得到收获。

我的跑步经历让我意识到，我是一种不同的人。好奇心、探索和发现才是我的最大驱动力。我并不太适合走以目标、竞争和获胜为导向的成功路线。无论是在事业、生活，还是兴趣爱好上，我的成功路线始终如此。这种对好奇心和探索的追求，就是我前进的动力。最后，这种路径也的确更有成效，因为我从来不缺好奇心。这种路线（以严格的时间表追求严格的目标，为了竞争而成为彪悍的竞争者）会让我丧失动力，毫无斗志。外人可能会因为这些行为将我称为逃兵，但我并不是逃兵。我只是不像少年有成者那样斗志高涨而已。

我想会看这本书的你，应该也是我的同类。

· · ·

成长没有止境。我们未来的故事是用铅笔书写的文字，而不是难以磨灭的石碑铭文。我们可以删改这些故事。自我决心没有固定的年表，个人突破也没有年龄限度。研究结果表明，虽然我们会随年龄增长而丧失一些能力，但我们在此过程中还会收获远超我们所失的其他优势。因此，我们应该自省的问题是：我们可以根据自己的天性和生活经历实现什么成就？

如果我们没有被迫遵从标准的成功时间表，就有可能根据自己的进度实现成长和成才。我们可以利用深度的使命感，强烈的满足感实现这一点。我们在人生马拉松上的成就取决于我们的毅力、耐心及我们真实对待自己的能力。社会热捧青年才俊和少年成就的风气，转移了我们的注意力，让我们看不清这个简单的事实。

作为大器晚成者，我们必须清楚自己仍然具备实力。这种实力可能不像我们少年或青年时期的那种力量，也就是用幻想驱动的力量，那种看似有无限可能实现世俗成功定义的力量。我们大器晚成者的力量不同于此。这种力量要求我们放弃假想的人生，接纳真正的人生，接受人生的跌宕起伏和千回百转。这种力量要求我们去探索和体验，做一个真正的独立之人。这种力量要求我们了解自己，重视自己的价值。

我们每个人都会面临各具特点的不同旅程。放弃社会制定的严格时间线才能让我们得到解放。这样我们才能迎来自然展开和真正可靠的人生和事业。我们在面临大器晚成的挑战的过程中，永远不会知道挑战的积极面是什么。不幸的失败通常也是难得的突破，困难的结局也是全新的开始，命运的凄凉转折也会是美妙的运气。

在我们踏上奔向成功的漫漫长路的过程中，我们会更清醒地意识到自己身在何处，我们将走向何方，眼前有什么新出路。我们在不同的旅程中，可以通过自己的适应性技能找到人生的意义和信心。我们应该去尝试新事物，克服自我怀疑，停止退缩。我们应该重视自己的价值，鼓励自己去冒险，去相信、创造和不断前行。无论推崇少年有成现象的社会文化向我们灌输什么价值观，我们都要清楚世上没有计划完美的人生，也不存在通向成功的唯一路径。

我们有不容忽视的天赋。我们是大器晚成者。我们有值得追随的美妙宿命。

后　记

在我撰写《大器晚成》这本书期间发生了一些意想不到的情况。有不少朋友和熟人，包括那些与我只有一面之缘的人都在打听我的新项目。我告诉他们，我在写一本有关大器晚成的书。有些作者喜欢对自己的新书保持缄默，以免被他人偷师或者自己的创意被剽窃，但我一直很乐于分享自己的最新想法，因为这样做，就可以听到人们提出的“你可以去看一下这本书，或者和这个人聊聊”之类的建议。所以说，这种分享对我很有帮助。

针对《大器晚成》这本书，大家的反应却和过去完全不同。他们十分激动，两眼放光，无法淡定。听到这个想法的人都会抓着我的胳膊，迫不及待地说：“我也是一个大器晚成的人！”就好像大器晚成这个词原来一直笼罩在阴影之下，现在终于有人为它打开了一扇窗户，让它迎来了光明。我发现，身边几乎每个人都把自己定义为大器晚成者，并且他们很想让你知道这一点，即使是那些乍一看似乎是年轻有为的人也不例外。我在第四章中提到自己的大学室友鲍勃，他在大三时就加入了美国大学优等生荣誉学会，后来顺利考入法学院，不到五年就成了世界一流律师事务所的合伙人。但我不久前见到他时，他还坚称自己也是一个大器晚成者，还提到了自己在高中经历的那些琐事和挫折。

我问妻子马吉："你认为大家和我说'我也是大器晚成的人！'这句话的时候，他们实际上是想说什么？"

她回答："大家都想得到肯定。多数人都觉得真正的自我，以及他们的潜力没有得到外界肯定。他们觉得自己并没有完全施展才能和实现抱负。"

《大器晚成》这本书展开的研究让我确信，美国和世界许多国家都面临着一场未充分发掘人类潜能的危机。美国有大量民众觉得自己不被认可，无人赏识和不受尊重。他们希望我们看到他们的痛苦，看到他们的潜力。这实际上不应该是我们这样一个富裕的社会应该发生的现象。但我们却出于无知的好意，设计了一种筛选人才的机器，以一种倡导少年有成的传送带，源源不断地制造这种并不快乐的结局。

我们都有责任去识别和帮助大器晚成者。我们应该为自己、为我们的子女、朋友和他们的子女履行这个责任。如果我们大多数人都觉得自己怀才不遇，无人认可，那么人类进步就会停止。我们最终都将深受其害。

但从相反角度来看，大器晚成者的危机也可以让这个时代成为雇主、中小学和大学实现升级的机遇。大器晚成者的市场潜力巨大，并且尚未充分开发。雇主、中小学和大学可以借此机会，通过创造合适大器晚成者的成长环境，让他们赢得人才竞争中的优势。

2017 年的脸书员工薪酬中值为一年 24 万美元。谷歌为理工科专业的大学毕业生开出的第一年薪酬中值为 17.5 万美元。你的公司拼得过这两个巨头吗？答案显而易见。但一个严峻的事实在于，如果你想招聘成绩最优秀的一流大学毕业生，你就必须能够开出堪比这两家公司的薪水。你未必肯这么做，因为这会极大增加你的人力成本支出，让你的利润大幅缩水。你就应该采取不同的策略。你应该换一种招聘思路，参考美国作家迈克尔·刘易斯的畅销书所述的情况，借鉴奥克兰运动家棒球队[①]的做法。奥克兰运动家队的薪水一直在棒球界中垫底。如果要招聘顶尖的球员，这个穷队在薪水上根本就不是纽约洋基队、波士顿红袜队，甚至是旧金山巨人队的对手。因此，奥克兰运动家队就必须寻找潜力尚未开发的人才。我真心建议雇主们考虑这种策略。

作为雇主，你们真的很幸运。大器晚成者就是一个最大的有待开发的人才库。你只要识别出这些人才，为他们提供一点关爱，培养他们的技能，你就有可能赢得智慧、忠诚、有创意、明智和富有毅力的员工。另外，不妨重新思考一下清退老员工的过时做法，将其换成更有生产力和更人性的职业弧线（见第三章）。

对家长而言，我希望《大器晚成》这本书可以缓解家长望子成龙、望女成凤的焦虑症，不要过于担忧孩子的成长节奏。现在不要再向朋友频频提及孩子发育缓慢，学习落后的情况了——你瞒不过孩子的，并且他们都很反感你的这种做法。不要总想着用钱来“解决”他们学习落后的问题，只要给他们关爱，倾听他们的心声，了解他们的挫折和激情，做他们的坚定后盾就好。要享受与孩子共度时光的乐趣，刺激他们的好奇心和梦想，鼓励他们去奋斗和尝试，让他们从挫折和失败中吸取教训，促使他们不断超越自我。罗宾·威廉姆斯（Robin Williams）在电影《心灵捕手》中扮演的肖恩·马奎尔（Sean Maguire）博士就很提倡这种理念。

对高中学校而言，学校的成功衡量指标不应该是今年有多少毕业生会进入哈佛大学和加利福尼亚理工学院，而应该是大部分学生是否会在二十年甚至更久之后成长为独立、幸福和充实的成年人。

---

① 译者注：奥克兰运动家队是美联元老球队之一，在20世纪初期是仅次于红袜、洋基的超级强队，其新奇的球队管理经营方式因作家迈克尔·刘易斯的《魔球——逆境中制胜的智慧》一书而闻名，该书于2011年改编成由布拉德·皮特主演的电影《点球成金》。

对社区院校而言，院校拥有一些适合大器晚成者成长的宝贵属性。虽然社区院校一向如此，但现在社区院校的机会远比以往更多。

如果专科学院和大学并非所在州的顶尖公立大学，或者没有进入全国知名大学（包括私立和公立院校）前50名，那么专科学院或大学的前途可能会很惨淡。但这类学校有一个巨大的待开发市场。如果这类学校能满足大器晚成者的需求，那么这类学校的未来就会很有保障。大器晚成者需要这类学校，这类学校也需要他们。

对各地区的精神领袖而言，你肯定已经看到了年轻有为的狂热症给无数家庭和个人带来的痛苦。你向具有不同信仰的世界分享这个观点，就是一种强大有力的对年轻有为的狂热症的抗议方式。我们都有一个终极宿命：无论过程有多长，我们都应该去探索自己的天赋，追求自己内心最深的渴望，并实现成长。

谢谢你支持《大器晚成》。希望有一天可以听到关于你的大器晚成佳话。

里奇·卡尔加德

LateBloomer.com

鸣 谢

《大器晚成》这本书的构想，在我脑中已经酝酿了几十年，最后终于在 2014 年变成现实，那时候我写了一篇追忆自己从 12 岁到 27 岁那段慢熟岁月的文章。我在美国阵亡将士纪念日那个周末写下了这段回忆，它大概有六千多字，相当于你手上这本书的百分之七。这段简略的纪事怎么就衍生出了这样一本书呢？

答案是：我得到了许多人的帮助和鼓励。我首先要感谢作为本书总编辑及联合作者的杰夫·利森（Jeff Leeson）。我之前曾与杰夫合作完成了一本有关企业文化的书《软优势》（*The Soft Edge*）。他为这本书做出了巨大的贡献，帮助我将大量想法整合成富有逻辑的故事，并深入挖掘相关研究，以便《软优势》探索某些公司能够基业长青的原因。

在创作《大器晚成》这本书的过程中，杰夫提供了更多更有益的帮助。如果说我本质上是一名概念思想者、故事和逸事收集者，那么杰夫就是一名建筑师。他逻辑严密，能够准确取舍手稿中的内容，识别出结构松散或紧凑的部分，找到推动叙事和脱离主题的环节，知道要在哪里补充调查研究证据，以便增强观点的权威性。如果没有杰夫这名舵手的指引，《大器晚成》这本书可能就会被我变成脱缰的野马，在思绪飞散中失去方向。杰夫及其妻子雷切尔（Rachel）目前在明尼阿波利斯市运营一家名为 Benson-Collister 的高档出版服务公司，如果你需要非常专业的出版服务，找他们就是正确的选择。

Aevitas Creative 公司的超级经纪人托德・舒斯特（Todd Shuster）在收到我们方案不到一个月的时间，就为我们找到了《大器晚成》这本书的八个意向出版商。这足以证明托德在图书出版界的号召力。他的同事切尔西・海勒（Chelsey Heller）和贾斯汀・布鲁克特（Justin Brouckaert）也是业务能力出众的合作伙伴。最后，我们接受了罗杰・肖勒（Roger Scholl）的出版邀请（他曾经在企鹅兰登书屋编辑 Crown Currency 的版本说明），也得到了他提供的许多鼓励和策略性的建议。我还要感谢整个 Crown Currency 团队对《大器晚成》付出的贡献，该团队成员包括蒂娜・康斯特布尔（Tina Constable）、阿耶莱特・格鲁斯佩希特（Ayelet Gruenspecht）、尼科尔・麦卡德尔（Nicole McArdle）、梅根・佩里特（Megan Perritt）、坎贝尔・沃顿（Campbell Wharton）、艾琳・利特尔（Erin Little）和杰梅・鲍彻（Jayme Boucher）。感谢 Fortier Public Relations 公司的马克・福捷（Mark Fortier）及其团队成员劳伦・库恩（Lauren Kuhn）的大力支持。感谢南希・罗莎（Nancy Rosa）和利奥尔・泰勒（Lior Taylor），以及肯・吉勒特（Ken Gillett）及其 Target Marketing 团队为本书发行提供的宝贵帮助。感谢作家迈克尔・S. 马隆［Michael S. Malone，他在 2015 年与我联合创作了《如何创建天才团队》（*Team Genius*）这本书］、苏珊・索尔特・雷诺兹（Susan Salter Reynolds）和尼克・阿尔伯特（Nic Albert）为本书的创作付出的巨大贡献。另外，还要感谢伊丽莎白・格拉维特（Elizabeth Gravitt）提供的重要调查结果及核实支持。

我还要感谢我在福布斯传媒任职 27 年期间的同事。特别要感谢史蒂夫・福布斯（Steve Forbes）首先对这本书表现出的兴趣，以及他对本书始终如一的支持，感谢福布斯 CEO 迈克・费德勒（Mike Federle）、福布斯亚洲公司 CEO 威尔・亚当莫普洛斯（Will Adamopoulos）、兰德尔・莱恩（Randall Lane）、莫伊拉・福布斯（Moira Forbes）、马克・霍华德

(Mark Howard)、迈克·佩里斯(Mike Perlis)、雪莉·菲利浦(Sherry Philips)、杰西卡·西布利(Jessica Sibley)、汤姆·戴维斯(Tom Davis)和珍妮特·哈斯(Janett Haas)。我还要感谢 Interconnect-Events 的莎丽·罗森(Shari Rosen)和朱莉娅·马尔特(Julia Mart),乔·安·詹金斯(Jo Ann Jenkins)、乔纳森·史蒂文斯(Jonathan Stevens),AARP 的拉姆齐·莱恩·阿尔芬(Ramsey Laine Alwin)和斯塔奇·亚历山大(Staci Alexander),福布斯商业科技学院的鲍勃·多尔蒂(Bob Daugherty)和雷·鲍尔斯(Ray Powers),Fargo TEDx 的格雷格·特文(Greg Tehven),斯坦福大学的汤姆·拜尔斯(Tom Byers)及好友马克、唐娜玛丽·米尔斯(Donnamarie Mills)、鲍勃和黛博拉·舒伦(Deborah Schueren)早期的支持、审阅及提供的宝贵建议。同样要感谢老朋友布鲁斯·佩里博士(Dr. Bruce Pery)和杰弗里·普拉特博士(Dr.Jeffrey Prater)提供的帮助。

Keppler Speakers 公司从 2016 年以来就开始为我提供宣传支持,我要感谢其全体团队成员,包括朗达·艾崔奇(Ronda Estridge)、加里·麦克马尼斯(Gary McManis)、约翰·特朗(John Truran)、杰伊·卡拉汉(Jay Callahan)、杰伊·康克林(Jay Conklin)、克里斯·克利福德(Chris Clifford)、南森·汤普森(Nathan Tompson)、乔尔·吉斯林(Joel Gheesling)、杰夫·吉利(Jeff Gilley)、艾莉森·戈林(Alison Goehring)、凯莉·斯基比(Kelly Skibbie)、杰瑞德·舒伯特(Jared Schaubert)、西奥·莫尔(Theo Moll)、乔尔·墨菲(Joel Murphy)、沃伦·琼斯(Warren Jones)、帕特里克·斯尼德(Patrick Snead)、兰迪·埃曼(Randy Ehman)、吉姆和黛比·开普勒(Debbie Keppler)。还要感谢托尼·达阿梅里奥(Tony Damelio)、迈克·汉弗莱(Mike Humphrey)、大卫·拉文(David Lavin)、丹尼·斯特恩(Danny Stern)、马克·弗兰奇(Mark French)、克里斯汀·法雷尔(Christine Farrell)、卡特琳娜·史密斯(Katrina

Smith），以及其他为我的演讲生涯提供了帮助的经纪人。

感谢甘愿为《大器晚成》的创作而接受采访的人士，包括利奥纳德·萨克斯、珍妮·考特尼、斯科特·凯利、卡罗尔·德韦克、斯图尔特·史密斯（Stuart Smith）、薇拉·顾（Vera Koo）、金柏莉·哈林顿、杰里·鲍耶（Jerry Bowyer）、彭蒂什·耶拉姆让（Pontish Yeramyan）、肯·费希尔、苔丝·雷诺兹（Tess Reynolds）、丹尼尔·詹姆斯·布朗（Daniel James Brown）、卡罗·科恩·费舍曼（Carol Cohen Fishman）、理查德·卡尔（Richard Karl）博士、乔·雷尼（Joe Rainey）、埃尔克诺恩·哥尔德伯格、贝丝·川崎（Beth Kawasaki）、埃里克·瓦尔、艾德里安·布朗及其他许多人。虽然没有将所有采访对象列入本书，但我还是要衷心感谢那些慷慨提供帮助的朋友。

我还要在此感谢为《大器晚成》提供了创作灵感和启发的诸多参考书籍，包括苏珊·凯恩的《内向性格的竞争力》、托德·罗斯的《告别平庸》、约翰·塔姆尼（John Tamny）的《工作的终结》（*The End of Work*），斯科特·巴里·考夫曼的《无才无能：重新定义的智力》（*Urgifted*）、菲尔·奈特的《鞋狗》、安杰拉·达克沃思的《坚毅》、利奥纳德·萨克斯的《浮萍男孩》（*Boys Adrift*）和《问题少女》、卡罗尔·德韦克的《终身成长》、赖安·霍利迪（Ryan Holiday）的《障碍是路》（*The Obstacle Is the Way*）、杰弗里·阿奈特的《始成年期》（*Emerging Adulthood*）、亚当·格兰特的《原创》（*Originals*）、保罗·科埃略（Paul Coelho）的《炼金术士》（*The Alchemist*）、J. D. 万斯的《乡下人的悲歌：危机中的家庭与文化回忆录》、埃尔克诺恩·哥尔德伯格的《创造力》、丹尼尔·平克的《驱动力》（*Drive*）及尼古拉斯·里恩曼的《美国式“高考”》。这些都是极具价值的杰出作品。

我的妻子马吉也是一位大器晚成的芭蕾舞蹈演员和水彩画家，她为本书提供了丰富而有力的编辑建议和灵感。我们的孩子卡蒂和皮特，以及我的姐姐玛丽·卡尔加德·伯顿（Mary Karlgaard Burnton）和弟弟乔·卡尔加德（Joe Karlgaard）也为我的创作提供了支持和帮助。在我缓慢成长的初中和高中岁月里，我母亲帕特一直是我最忠实的支持者。最后要感谢已经亡故的父亲迪克和姐姐莉兹，真希望你们还在世和我一起分享这本书。